新聞の力（ちから）

新聞で
世界が
見える

橋本 五郎

労働調査会

はじめに

新聞記者になってちょうど50年になります。50年前と今では新聞を取り巻く環境はすっかり変わりました。特にインターネットの普及で、新聞の発行部数は大幅減を余儀なくされています。新聞の命は今や「風前の灯」と言う人さえおります。でも、私はそうは思いません。むしろ、その役割はますます重要になってきていると思います。

新聞の役割は何か。それはこの世の「なぜ」に答えることであるというのが、私の年来の主張です。新型コロナウイルスが今、世界を席巻しています。なぜ新型コロナウイルスが発生し、かくも蔓延してしまったのか。政治は何をしているのか。なぜ戦争は起きるのか。あるいは母親はなぜ自分のお腹を痛めたわが子を虐待するのか。この世の数限りない「なぜ」について、その因って来たるところをできるだけ分かりやすく説明することだと思います。

そのためには、事実を正確に報道し、その意味を解説し、どうすべきかの処方箋を示すことが必須になります。人間は「神と獣との間の存在」と言われます。時に神のごとき気高さを示し、時に獣にも似た所業に及びます。その人間の営みを解析するのは容易ではありません。しかも時間との競争もあります。報道には多くの困難がつきまとっています。それでもさまざまな事象を多角的に読者の皆さんに提供するために、新聞は日々努力していることをお伝えしたいと思います。

本書は7年前に出版したものの改訂版です。「令和」という新しい時代になってつかの間、新型コロナウイルスという「見えない敵」にさらされています。そこで、使用した新聞記事をはじめ内容はほぼ一新されています。それでも新聞の読み方ひとつで世界や未来が見えてきますよ、新聞を丹念に読むことで、時代を大きくとらえる「鳥の目」と、人々の喜び悲しみを大切にする「虫の目」を養うことができますよ、という自負だけは共通しています。どの章から読んでいただいてもいいような作りになっています。

【目　次】

第1章 いざというときに役立つ新聞の力 ―― 65

第2章 新聞はどうやってできるの ―― 111

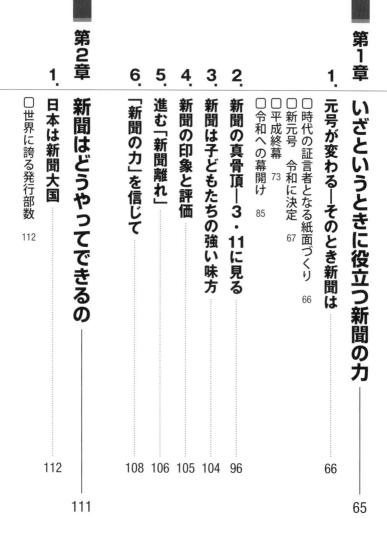

第5章 新聞から「世界」と「日本」が見える——231

序章

世界を席巻する新型コロナウイルス

1. 武漢発（?）で世界に拡大

中国・武漢市に端を発した新型コロナウイルスは世界中で猖獗（しょうけつ）を極めています。2020年5月末時点の主な国・地域の新型コロナウイルスの感染者数と死亡者数を表にしてみました。感染者、死亡者ともアメリカがトップです。3月27日に中国を抜いてからのアメリカの増え方は加速度的です。なぜアメリカなのかはあとで説明するとして、まずどのように拡大したかを簡単に見てみましょう。

新型コロナウイルスによる最初の肺炎患者は、2019年12月8日に発症した武漢の住民だったと言われています。12月以降、武漢市内の海鮮市場を中心に多くの肺炎患者が発生しました。武漢市当局は市外にも感染が広がったのを受けて2020年1月23日、同市と外部の交通を遮断する「都市封鎖」に踏み切りました。

しかし、1月25日は「春節」（旧正月）。毎年のように、その2週間前から旅行や帰省で中国国民が大移動しています。武漢市の人口は1100万人余りですが、市当局によると、この期間中に500万人を超える住民が国内外に移動したと言います。武漢天河国際空港からは16か国・地域の23都市に定期直行便が就航しています。日本、韓国、タイ、モルディブ、シンガポール、マレーシア、アメリカ、フランス、英国、イタリア、アラブ首長国連邦、ロシア、オーストラリアの国々と台湾、香港、マカオです。

1月27日時点でも、なお4096人の武漢市民が海外の旅行先に残っていたと言われ、こうした旅行客などを通じて世界各国に感染が広がったものと見られています。実際、モルディブを除く15か国・地域で1月中に感染者が確認されています。中国政府が早い段階で対応していれば、その後の感染拡大が抑えられたとして、各国から批判を受けることになります。

読売新聞の4月9日付けの特集「武漢感染確認から3か月」には、この間の経緯を分かりやすく図にしています。さらにわずか2か月の間に、新型コロナウイルスがいかに世界の隅々まで感染拡大したのかが一目瞭然の比較の地図とともに、この間の世界の主な出来事もまとめていますので参考になります。

●国別の新型コロナウイルス感染者数・死亡者数

（上位10か国及び中国・日本／2020年5月末現在）

国　　名	感染者数	死亡者数
アメリカ	1,769,776	103,768
ブラジル	498,440	28,834
ロ シ ア	396,045	4,549
イギリス	272,826	38,376
スペイン	239,228	27,125
イタリア	232,664	33,340
ド イ ツ	183,189	8,530
イ ン ド	173,763	4,971
ト ル コ	163,103	4,515
ペ ル ー	155,671	4,371
中　　国	83,001	4,634
日　　本	16,851	891

出典：厚生労働省のホームページ

2020年４月９日 読売新聞

武漢感染確認３か月

コロナ猛威 世界に拡大

封じ込め失敗 米、中国を批判

外出制限 欧米で次々 現在も続く

医療崩壊 伊、院内感染が深刻

中南米・アフリカ地域 爆発的感染に危機感

2. 史上初の「緊急事態宣言」発令

安倍首相は4月7日、東京、神奈川、埼玉、千葉、大阪、兵庫、福岡の7都府県を対象に緊急事態宣言を発令しました。改正新型インフルエンザ対策特別措置法に基づく緊急事態宣言の発令は初めてのことです。安倍首相はこの日開いた政府対策本部で、「全国的かつ急速な蔓延による、国民生活および国民経済に甚大な影響を及ぼす恐れがある事態が発生したと判断した」と述べました。

安倍首相が判断するにあたっては、専門家でつくる「基本的対処方針等諮問委員会」に対象区域が緊急事態にあたるかどうかを諮問しました。諮問委の結論は、①新型コロナウイルスが季節性インフルエンザに比べて肺炎などの発生頻度が相当高まる、②経済機能が集中する東京などで感染経路不明の感染者が急増し、医療体制が逼迫している——ことを理由に、緊急事態の用件を満たしているというものでした。

安倍首相は、東京で感染者が現状のペースで増え続けた場合、1か月後には8万人を超えるとして、「もはや時間の余裕はない」「国家的な危機だ」と危機感を表明しました。さらに国民に対しては、外出自粛で人と人との接触機会を7～8割減らせば、2週間後には感染者の増加を減少に転じさせることができるという試算を紹介し、企業にテレワーク（在宅勤務）の活用などで出勤者を最低7割減らすよう求めました。

その一方で、安倍首相は「海外のような都市封鎖（ロックダウン）ではない」とも強調しました。そもそも宣言によって鉄道や道路を強制的に止めることはできないのであり、「公共交通機関など必要な経済社会サービスは可能な限り維持しながら、感染拡大を防止していくという対応に変わりはない」ことを明らかにしました。

宣言が発令されることで、国民生活にどんな影響が出るのか。新聞各紙では分かりやすく図にしています。

・外出＝食料品の買い出し、病院への通院、職場への通勤はできるが、その他の不要不急の外出は自粛する
・交通＝鉄道などの公共交通機関は運行を継続する。道路も通常通り使える
・医療＝病院や薬局などは事業を継続できる
・イベント＝知事が開催をやめるよう要請できる
・買い物＝スーパー、コンビニは営業できる
・学校＝知事が休校を要請できる
・強制措置＝知事が医薬品や食料品の売り渡しを要請できる。応じない場合は強制収用で

きる。知事が臨時の医療施設開設のため土地や建物を所有者の同意なく使用できる

政府は、緊急事態宣言に合わせて、新型コロナウイルスに伴う緊急経済対策を閣議決定しました。総額108・2兆円で国内総生産（GDP）の約2割にあたり、リーマン・ショック時を超えて過去最大となりました。緊急経済対策は当面の救済策とも言うべき「緊急支援フェーズ」と、感染拡大を止めて経済を再生させるための「V字回復フェーズ」の2段階で行うことをうたいました。

具体的には、世帯主の収入が減った低所得世帯などに1世帯あたり30万円を5月にも給付し、児童手当の受給世帯には子ども1人あたり1万円の臨時給付金を支給する。収入が半分以下に減った中堅・中小企業に最大200万円、個人事業主に最大100万円を支給し、税金や社会保険料の納付を1年間猶予し、担保や延滞料、延滞税は免除する。観光や運輸、飲食、イベント業などを支援するキャンペーンには約1兆6794億円を当てる――などが盛り込まれました（30万円給付はその後、全国民一律10万円給付に変更となりました）。

2020年４月８日 読売新聞

緊急事態宣言 発令

東京・神奈川・埼玉・千葉・大阪・兵庫・福岡

新型コロナ

外出自粛要請 5月6日まで

首相 社会機能維持 呼びかけ

安倍首相は7日、新型コロナウイルスの感染者急増を受け、東京都など7都府県を対象に緊急事態宣言を発令した。期間は同日から5月6日までの1か月間。首相は記者会見で、国民に不要不急の外出自粛を要請した上で、「海外のような都市封鎖（ロックダウン）ではない」として冷静な対応を呼びかけた。

108兆円経済対策決定 財政支出39兆円

都、休業対象公表先送り

日本型の戦い 毅然と

編集委員　飯塚恵子

2020年４月８日 朝日新聞

緊急事態宣言

７都府県対象 来月６日まで
108兆円の緊急経済対策

安倍晋三首相は7日、新型コロナウイルス対応の特別措置法に基づく緊急事態宣言を出した。東京、神奈川、埼玉、千葉、大阪、兵庫、福岡の7都府県が対象で、期間は大型連休が終わる5月6日までの1カ月間。これにより対象区域の各知事は、外出自粛要請や施設の使用停止といった私権の制限を伴う措置が可能となった。特措法を根拠とする緊急事態宣言は初めて。

都の休止要請先 国が難色

首相は7日夕、自らが本部長を務める政府対策本部で「全国的かつ急速な蔓延により、国民生活および国民経済に甚大な影響を及ぼす恐れがある事態が発生したと判断した」と述べ、緊急事態を宣言した。

首相はその後、首相官邸で記者会見し、医療現場が危機的な状況に陥っているとして「時間の猶予はない」と強調。東京都で感染拡大が続けば「（感染者が）2週間後には1万人、1カ月後には8万人を超える」とし、「緊急事態を1カ月で脱出するためには、人と人との接触を7割から8割削減することが前提だ」と語った。そのうえで「海外でみられるような都市封鎖を行うものではまったくない」と説明。公共交通機関や、食料品店などの活動は維持していくとの考えを示した。

一方で、「イベントなどの自粛、また学校の一斉休校も行った。だけど、感染者の拡大を防げなかった」とも発言。自らの判断で打ち出した全国一律の小中高や特別支援学校への休校要請などの限界も認めた。

政府は宣言に先立ち、7日午前に有識者らからなる諮問委員会を開催。宣言を出す要件を満たし、対象区域や期間についても妥当との認識で一致した。首相は午後から衆参両院の議院運営委員会に出席し宣言を出す方針について報告した。

政府は同日、基本的対処方針を改定。医療体制の維持のほか、高齢者や障害者ら支援が必要な人の保護の継続を求めた。また、電力・ガス、飲食店など安定的な生活の確保や、物流・輸送、行政サービスなどの維持も要請した。

今後、実際の措置を講じるのは宣言の対象となった7都府県の知事となる。各知事は、不要不急の外出自粛、学校や劇場、百貨店といった施設の使用停止、イベントの開催制限の要請・指示ができる。医薬品やマスクの保管を命じたのに従わなかった場合などを除き、要請や指示に違反しても罰則はないが、法に基づく要請となるだけに心理的な影響は大きくなりそうだ。

東京都は、休止要請などを出す具体的な施設について6日に案をまとめ、7日夜にも公表する予定だったが、対象施設の種類について国に難色を示され、10日に延期することとした。

また政府は7日、新型コロナの感染拡大に対応するため、事業規模108兆円の緊急経済対策を閣議決定した。減収世帯への30万円の現金給付や、売り上げが半減した中小・小規模事業者への最大200万円の給付金などを盛り込んだ。ただ、今回の宣言によって営業を自粛する事業者らについては、「落ちた売り上げをすべて補償することはできない」（安倍首相）として、個別の補償は行わない方針だ。（安倍龍太郎）

緊急事態宣言を出した後、記者会見する安倍晋三首相＝7日午後7時10分、首相官邸、岩下毅撮影

新型コロナ緊急事態宣言（骨子）

- 対象は東京、神奈川、埼玉、千葉、大阪、兵庫、福岡
- 期間は大型連休が終わる５月６日まで
- 解除、延長は一定期間経過後、専門家の評価をもとに判断
- 都市封鎖は行わず、経済社会機能は可能な限り維持
- 国民の行動を変え、人と人との接触機会の７～８割削減をめざす

長い闘い 行動変えるとき

ゼネラルエディター 佐古浩敏

人類はいま、特効薬やワクチンがまだ見つかっていないウイルスとの過酷な闘いのまっただ中にいる。人命はもちろん経済活動や社会生活の深刻な犠牲が地球規模で広がり、日本政府も7日、安倍晋三首相が緊急事態を宣言した。どうすれば危機的状況から抜け出し、失われた日常を取り戻せるのか。

改正特措法が成立した3月中旬に比べるとウイルス感染のリスクが身の回りに近づき、「自分事」としての警戒感が人々の間で深まっている。宣言については拙速な発出に対する懸念の一方で遅すぎるとの批判もあったが、一定の時間をかけたということは政権が権力の行使を慎重に判断した結果と受け止めたい。

政府や自治体には不当に私権を制限することがないよう改めて求める。特措法改正時に「国民の自由と権利の制限は必要最小限のものとする」と決議した国会にも、国民の代表として政府の行き過ぎを監視する責任がある。

宣言の狙いは医療崩壊を防ぎ、死亡者や重症者を可能な限り少なくとどめることにある。日本の場合は外出自粛やイベント開催制限などについて強制力をもたない要請がベースになっている。だからこそ、実際に宣言の「効能」をどこまで高められるかは一人ひとりの行動にかかっている。

忍耐と協力を国民に求める政治リーダーは、見込まれる効果とコストをデータに基づいて語り、共感を得なければならない。各種の支援策についても丁寧でわかりやすい情報発信が肝要だ。政権は、将来の検証にたえるよう政策決定プロセスも記録し保存しておくことも欠かせない。

そのうえで国民としての対応を考えたい。感染爆発によるさらなる打撃を回避するため、長く厳しい闘いを覚悟して自らの行動を変えていく。一方で、他者への厳しすぎる視線やパニックを招きかねない行動は控えたい。高齢者と若年層の溝ができないよう心がけることも大切だ。私たちメディアもしっかりとした取材を続け、必要とされる情報を届けるよう努めたい。

この感染症との攻防は公衆衛生と人権のどちらを取るかの問題ではない。戦後日本が培ってきた政治と社会のありようが問われているという自覚をもって、最適のバランスを探りたい。

2020年４月８日 毎日新聞

緊急事態宣言発令

7都府県 来月6日まで

「人と接触 8割減らして」「医療逼迫 時間猶予ない」

安倍晋三首相は7日、新型コロナウイルスの感染拡大を受け、改正新型インフルエンザ等対策特別措置法に基づく初の「緊急事態宣言」を発令した。対象地域は、東京、埼玉、千葉、神奈川、大阪、兵庫、福岡の7都府県で、宣言の期間は7日から大型連休が終わる5月6日までの1カ月間とした。首相は記者会見で「医療提供体制が逼迫している地域が生じていることを踏まえれば、もはや時間の猶予はないとの結論に至った」と発令の理由を説明した。

新型コロナ首相会見

首相は会見で「人と人との接触機会を最低7割、極力8割削減できれば2週間後には感染者の増加をピークアウトさせ、減少に転じさせることができる」との専門家による見通しを紹介した。専門家によると、「人との接触を8割減らす」とは、例えば職場内で会う人を10人から2人にすることを意味するという。首相は「効果を見極める期間も含め、1カ月に限定して外出自粛をお願いする」と述べた。

発令により、対象地域の都道府県知事は、住民に外出自粛を要請できるほか、学校、百貨店などの使用制限・イベント開催の制限・停止などを要請・指示できる。私権の制限を伴う行動を法的根拠を持つ形で求めることが可能だ。首相は会見で対象地域の知事に対し「生活の維持に必要な場合を除き、みだりに外出しないよう要請すべきだ」と呼びかけた。

一方、緊急事態宣言の発令に伴う国民の動揺に配慮し、「ロックダウン（都市封鎖）を行うものではない」と強調。「電車やバスなどの公共交通機関は運行される。道路を封鎖することなど決してない」と訴えた。トイレットペーパーの買い占めが起きたことなども例示し、「どうか正しい情報に基づいて冷静な行動をお願いする」と呼びかけた。

会見では東京オリンピック・パラリンピック関連施設を改修し、800人規模で軽症者を受け入れる意向も示したほか、テレワークの活用などにより出勤者を7割減らすよう呼びかけた。保育所や放課後児童クラブは規模を縮小して継続する考えも示した。「発令が遅きに失した」との批判があることには、「私権を制限するから慎重に出すべきだという議論がずいぶんあったが、出すべき時には出すべきだと考え、最大限の緊張感をもって事態を分析してきた」と理解を求めた。

首相は会見に先立って首相官邸で開かれた政府対策本部で、感染経路が不明なケースの増加や、医療提供体制の逼迫などにより、「全国的かつ急速なまん延による国民生活及び国民経済に甚大な影響を及ぼす恐れがある事態が発生したと判断し、緊急事態宣言を発出する」と表明した。【竹地広憲、横田愛】

緊急事態宣言について記者会見する安倍晋三首相＝首相官邸で7日午後7時12分、竹内幹撮影

都、休業要請10日公表

対象施設 国と調整進まず

改正新型インフルエンザ等対策特別措置法に基づく7都府県への緊急事態宣言を受け、東京都は7日、休業を要請する対象施設について10日に公表し、翌11日からの要請を目指すと明らかにした。

要請範囲を絞りたい国との調整が難航したためとみられる。また特措法に基づき、都民に外出自粛を改めて求めた。

休業要請について、大阪府は、外出自粛の効果を踏まえて段階的に検討する。神奈川県は外出自粛の効果やクラスター（感染者集団）の発生状況などを見極めたうえで実施。埼玉県は慎重な姿勢を示しており、千葉県は「今後の感染の推移によって要請する可能性はある」としている。兵庫県は現時点では要請を見送る。福岡県は今後検討する。【内田幸一、芝村侑美】

財政支出39兆円 過去最大

緊急経済対策 閣議決定

政府は7日、新型コロナウイルスの感染拡大を受け、生活困窮世帯への現金給付などを盛り込んだ緊急経済対策と、総額16兆8057億円の2020年度補正予算案を閣議決定した。金融機関や民間からの支出を加えた対策の事業規模は過去最大の108兆円。対策を盛り込んだ補正予算案は4月中の成立を目指す。

民間を除く、国や地方の歳出、財政投融資を含めた財政支出も39・5兆円で過去最大になる。このうち、今回の補正予算に対応する16・8兆円を国債発行でまかなう。赤字国債の発行は14・4兆円となる。

対策は、感染収束までの「緊急支援フェーズ」と、その後の「V字回復フェーズ」の2段階で実施。緊急支援では、収入が減った世帯に現金30万円を支給するほか、減収した企業にも給付金を支給。民間金融機関による無利子融資も始める。人工呼吸器7000台分の確保や治療効果が期待される新型インフルエンザ治療薬「アビガン」の備蓄経費も盛り込んだ。

収束後は、観光業や飲食業などの需要喚起を進め、サプライチェーン（部品の供給網）の強化を支援していく。【和田憲二、宮崎稔樹、横田得之】

今こそ冷静に

解説　新型コロナウイルスの感染拡大で、特別措置法に基づく緊急事態宣言が発令された。「国難」とも言える事態だが、同じ社会に暮らす人間同士、連帯してこのウイルスに立ち向かえば打ち勝てるはずだ。対象地域の人々は「脱出」や「買いだめ」などパニックを起こさず、必要な買い物や医療機関への通院はこれまで通りできる。冷静に対処することが大事だ。

新型コロナウイルスは無症状の人や軽症者でも他の人に感染させる、やっかいな存在であることが次第に分かってきた。政府は感染者の行動履歴を追い、新たなクラスター（感染集団）を生み出すのを防ぐ対策に力を入れてきた。しかし、感染は日本各地に広がり、特に都市部で深刻だ。東京は多い日で143人の陽性が確認され、福岡ではわずか3日間で感染者が倍増した。患者を受け入れられなくなる「医療崩壊」寸前に陥っているのが発令の根拠だ。

宣言には私権を制限する権力の行使が伴う。感染を減らすためどれだけ実効性があったのか、市民生活にどう影響を与えたのか。また、発令のタイミングは適正だったのか。専門家の間でも「遅すぎる」との声があり、評価が分かれている。さまざまな点について、感染状況が落ち着いた後で、政府と自治体は検証すべきだ。

重要なのは行動変容に向けた意識改革だ。人と人との接触を8割減らせば、1カ月後には収束に向かうという専門家の推計もある。仕事や学校などで多数の人と接していた機会を減らし、家族などに限れば可能だという。夜間の飲み歩きやイベントへの参加などは控え、ウイルスをうつさないように心がけたい。また、換気を良くし、人との距離を保ち、近距離での会話も避けてほしい。【阿部亮介】

首相 緊急事態を宣言

７都府県 ５月６日まで

新型コロナ 接触８割減訴え

「感染拡大続けば 東京１カ月後８万人」

休業要請の調整難航

都、11日開始目指す

緊急事態宣言のポイント

- 期間は5月6日まで
- 対象地域は東京、神奈川、埼玉、千葉、大阪、兵庫、福岡の7都府県
- 感染防止へ国民の協力を一層求めるとともに医療体制の強化を図る
- 私権制限を伴う措置が可能
- 不要不急の外出自粛要請に法的根拠が生じるが強制力はない。海外のような都市封鎖（ロックダウン）は行わない

対象となった7都府県の感染者

読者の皆さまへ

正しい情報 伝え続けます

日常を取り戻すために

編集局長 井口文彦

経済対策

財政支出39兆円

108兆円 閣議決定

緊急経済対策の5つの柱

2020年４月８日 日本経済新聞

緊急事態宣言を発令

首相「接触8割減を」
新型コロナ 東京など7都府県

経財相「地域追加も」

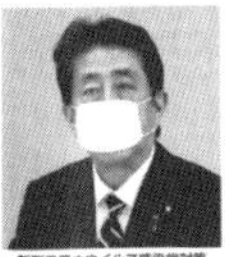

新型コロナウイルス感染症対策本部で緊急事態宣言を発令する安倍首相（7日、首相官邸）

首相記者会見のポイント
感染の現状認識
感染者数は今のペースで感染拡大続くと1カ月後には8万人超に
病床数は明らかに限界に近づいている
緊急事態宣言について
期間は5月6日まで。東京、埼玉、千葉、神奈川、大阪、兵庫、福岡の7都府県
日本経済は戦後最大の危機に直面。事業規模108兆円の経済対策を実施
個別に休業補償せず、困難な状況にある人に現金を給付
今後の対応など
都市封鎖や道路封鎖はせず
人との接触7～8割削減目指し外出自粛を
必要な職種は除いて原則在宅勤務を
地方への移動は厳に控えてほしい

民主社会が試されている

資金繰り支援45兆円
政府が緊急経済対策決定

緊急経済対策で決まった主な施策	
新型コロナウイルスの感染防止	●抗インフルエンザ薬「アビガン」を2020年度内に200万人分備蓄 ●新型コロナ患者を受け入れる医療機関に診療報酬を増額 ●幼稚園や小学校のほか全世帯にマスク配布
家計や企業の破綻防止	●中小企業や個人事業主・フリーランス向けの減収分を現金給付 ●雇用調整助成金の特例措置を拡大し、増額 ●日本政策投資銀行などを通じた危機対応融資 ●減収世帯に対して30万円の給付金 ●児童手当の給付を子供1人あたり1万円上乗せ
感染収束後の経済活性化策	●旅行や観光、イベント業などに官民キャンペーンを実施 ●サプライチェーン再構築へ海外拠点の国内回帰を補助

大きな出来事が起きたときには新聞各紙は編集責任者やエース記者の署名入り記事を載せ、その持つ意味について論陣を張ります。「緊急事態宣言」発令に対しても、ほとんどの新聞が論考を掲げましたが、そこには自ずとその社のスタンスが現れます。

朝日新聞はゼネラルエディターが「長い闘い　行動を変えるとき」と題し、「他者への厳しすぎる視線やパニックを招きかねない行動は控えたい。高齢者と若年層の溝ができないよう心がけることも大切だ」と注文しました。

緊急事態宣言への評価については、「拙速な発出に対する懸念の一方で遅すぎるとの批判もあったが、一定の時間をかけたということは政権が権力の行使を慎重に判断した結果と受け止めたい」とし、遅かったことをとがめることよりも、慎重に時間をかけたことを評価しているように読めます。むやみに発令すべきではないとの基本的な立場からの判断なのだと思います。

読売新聞は編集委員名で、「日本型の戦い　毅然と」の見出しで、世界各国とは違った日本の対応が試されていることを強調しています。

世界は今、全人口の約半分の39億人が外出制限下にある。トランプ大統領をはじめ多くの指導者が現状を「戦争」と呼び、事実上の国境封鎖もして戦っている。しかし、日本は各国と一線を画し、交通遮断や外出禁止令のような都市封鎖（ロックダウン）を行っていない。

感染爆発の緩やかな抑制を目指す「日本型の戦い」という政府の専門家会議の提唱を受け、「行動制限に伴う経済的打撃をどう受け入れ、感染拡大をどう食い止めるか――安倍首相にとって究極の政治決断だったに違いない」として首相の指導力と国民の忍耐を求めています。

日本経済新聞は論説委員長名で、「民主社会が試されている」の見出しで、強制力が弱い日本の手法の実効性を疑う声もあるが、「だからこそ市民や企業の役割が大切になる。日本の民主主義社会の強さが試されている」と呼びかけています。

なぜなら、緊急時でも医療や公共交通、金融、日用必需品の流通などの社会インフラは維持しなければならず、そのためには市民の冷静な行動が必要だ。企業活動や学校の学習への悪影響を少しでも減らすためにはリモートワークやオンライン学習などIT（情報技術）を駆使する工夫が要る。そして国民や企業に大きな犠牲を強いるのだから政府は政策立案の根拠や過程をよりていねいに分かりやすく説明する義務があると注文しています。

毎日新聞は「今こそ冷静に」と題した記者の解説で、宣言対象地域の人々に、「脱出」や「買いだめ」などのパニックに起こさないよう冷静に対処することを求めています。さらに強調しているのが、「検証」の必要性です。宣言には私権を制限する権力の行使が伴うのだから、感染を減らすためどれだけ実効性があったのか、市民生活にどう影響を与えたのか、発令のタイミングは適正だったのか、さまざまな点について、感染状況が落ち着いた後で検証するよう政府と自治体に求めています。

他紙と大きく異なっているのが産経新聞です。「読者の皆さまへ　正しい情報伝え続けます」という社告を掲げ、緊急事態宣言が発令されましたが、「産経新聞社は引き続き、通常通りの新聞発行を行います」「産経新聞は読者の皆さまにとって安心できる情報源として、正確な情報を発信するとともに状況分析を続けてまいります」と異例の呼びかけをしています。それを受けて編集局長が、こういう時こそ新聞の真価が問われると、一種の「決意表明」をしています。読者への呼びかけというのが他紙との大きな違いのように思われます。

2020年4月8日 読売新聞

日本型の戦い 毅然と

編集委員　飯塚恵子

2020年が明けた時、だれがこんな日本、世界を想像しただろう。見えない敵、新型コロナウイルス感染に人々はおびえ、社会は身動きできず、経済は沈み込んでいる。この危機をどう乗り越えていくのか。

安倍首相が7日に発令した緊急事態宣言は、「蔓延の恐れが高い」首都圏を含む7都府県が対象となった。決定的な治療薬やワクチンがない中、中国・武漢、伊ミラノ、米ニューヨークのような医療崩壊の悲劇をなんとしても避けたい。このため、日本の人口の4割余りを占める地域が私権制限も含む「非常事態」に突入した。

宣言により、知事はイベントの中止を指示できるようになった。病院を個人の敷地内に急きょ作ったり、薬や燃料などの緊急物資を民間から強制的に取得したりできるようにもなった。

すでに東京都などは、不要不急の外出や大規模イベント自粛を求めてきた。が、法的根拠がなかった。「ずっと『お願いベース』で、限界があった。国が決断したうえでの要請、指示になれば、一歩踏み出せる」。小池百合子都知事は、宣言の重みをこう語る。

ただ、宣言は、交通遮断や外出禁止令のような都市封鎖（ロックダウン）を行うわけではない。世界は今、全人口の約半分の39億人が外出制限下にある。トランプ米大統領、マクロン仏大統領ら多くの指導者が現状を「戦争」と呼び、事実上の国境封鎖もして戦っているが、それとは一線を画すものだ。

「多くの犠牲の上に成り立つロックダウンのような事後的劇薬ではなく、『日本型の感染症対策』を模索する」。政府の専門家会議は先月19日、感染爆発の緩やかな抑制を目指す「日本型の戦い」を提唱した。

医療現場が逼迫する中、宣言は遅過ぎた、との声がある。行動制限に伴う経済的打撃をどう受け入れ、感染拡大をどう食い止めるか――安倍首相にとって究極の政治決断だったに違いない。世界各国の指導者も胆力を試される事態に直面している。

「日本型の戦い」で命を守るため、首相には一層、果断でキメ細かな指導力を望みたい。情報は速やかに公開し、国民の信頼を得つつ、事態を一刻でも早く収拾させる責任がある。

あとは、私たちの意志と忍耐力がカギを握る。阪神、東日本大震災をはじめ、度重なる厳しい災害を日本は経験してきた。心待ちにしてきた東京五輪・パラリンピックも延期になった。今は戦争ではないが、平時でもない。皆で毅然とこの危機と戦いたい。

2020年４月８日 朝日新聞

長い闘い 行動変えるとき

ゼネラルエディター 佐古浩敏

人類はいま、特効薬やワクチンがまだ見つかっていないウイルスとの過酷な闘いのまっただ中にいる。人命はもちろん経済活動や社会生活の深刻な犠牲が地球規模で広がり、日本政府も7日、安倍晋三首相が緊急事態を宣言した。どうすれば危機的状況から抜け出し、失われた日常を取り戻せるのか。

改正特措法が成立した3月中旬に比べるとウイルス感染のリスクが身の回りに近づき、「自分事」としての警戒感が人々の間で深まっている。宣言については拙速な発出に対する懸念の一方で遅すぎるとの批判もあったが、一定の時間をかけたということは政権が権力の行使を慎重に判断した結果と受け止めたい。

政府や自治体には不当に私権を制限することがないよう改めて求める。特措法改正時に「国民の自由と権利の制限は必要最小限のものとする」と決議した国会にも、国民の代表として政府の行き過ぎを監視する責任がある。

宣言の狙いは医療崩壊を防ぎ、死亡者や重症者を可能な限り少なくとどめることにある。日本の場合は外出自粛やイベント開催制限などについて強制力をもたない要請がベースになっている。だからこそ、実際に宣言の「効能」をどこまで高められるかは一人ひとりの行動にかかっている。

忍耐と協力を国民に求める政治リーダーは、見込まれる効果とコストをデータに基づいて語り、共感を得なければならない。各種の支援策についても丁寧でわかりやすい情報発信が肝要だ。政権は、将来の検証にたえるよう政策決定プロセスも記録し保存しておくことも欠かせない。

そのうえで国民としての対応を考えたい。感染爆発によるさらなる打撃を回避するため、長く厳しい闘いを覚悟して自らの行動を変えていく。一方で、他者への厳しすぎる視線やパニックを招きかねない行動は控えたい。高齢者と若年層の溝ができないよう心がけることも大切だ。私たちメディアもしっかりとした取材を続け、必要とされる情報を届けるよう努めたい。

この感染症との攻防は公衆衛生と人権のどちらを取るかの問題ではない。戦後日本が培ってきた政治と社会のありようが問われているという自覚をもって、最適のバランスを探りたい。

2020年４月８日 毎日新聞

今こそ冷静に

解説　新型コロナウイルスの感染拡大で、特別措置法に基づく緊急事態宣言が発令された。「国難」とも言える事態だが、同じ社会に暮らす人同士、連帯してこのウイルスに立ち向かえば打ち勝てるはずだ。対象地域の人々は「脱出」や「買いだめ」などパニックを起こさず、冷静に対処することが大事だ。必要な買い物や医療機関への通院はこれまで通りできる。

新型コロナウイルスは無症状の人や軽症者でも他の人に感染させる、やっかいな存在であることが次第に分かってきた。政府は感染者の行動履歴を追い、新たなクラスター（感染集団）を生み出すのを防ぐ対策に力を入れてきた。しかし、感染は日本各地に広がり、特に都市部で深刻だ。東京は多い日で143人の陽性が確認され、福岡ではわずか3日間で感染者が倍増した。患者を受け入れられなくなる「医療崩壊」寸前に陥っているのが発令の根拠だ。

宣言には私権を制限する権力の行使が伴う。感染を減らすためどれだけ実効性があったのか、市民生活にどう影響を与えたのか。また、発令のタイミングは適正だったのか。専門家の間でも「遅すぎる」との声があり、評価が分かれている。さまざまな点について、感染状況が落ち着いた後で、政府と自治体は検証すべきだ。

重要なのは行動変容に向けた意識改革だ。人と人との接触を8割減らせば、1カ月後には収束に向かうという専門家の報告もある。仕事や学校などで多数の人と接していた機会を減らし、家族などに限れば可能だという。夜間の飲み歩きやイベントへの参加などは控え、ウイルスをうつさないように心がけたい。また、換気を良くし、人との距離を保ち、近距離での会話も避けてほしい。

【阿部亮介】

2020年４月８日 産経新聞

読者の皆さまへ
正しい情報 伝え続けます

新型コロナウイルスの感染拡大に伴い、政府の緊急事態宣言が発令されましたが、産経新聞社は引き続き、通常通りの新聞発行を行います。また、インターネットの「産経ニュース」による情報発信を続けます。

新聞は、社会や経済生活を維持するうえで必要不可欠なサービスです。産経新聞は読者の皆さまにとって安心できる情報源として、正確な情報を発信するとともに状況分析を続けてまいります。

緊急事態宣言の発令に伴い、社員や販売店員の不要不急の外出を自粛するなど感染拡大防止に努め、最善を尽くしますが、流通網の混乱や配達体制の変更などやむを得ぬ事情で配達に遅れが出ることも予想されます。何卒ご理解いただきますようお願い申し上げます。

産経新聞社

日常を取り戻すために

編集局長 井口文彦

新型コロナウイルス感染拡大を受け、政府は特別措置法に基づき緊急事態を宣言しました。日本社会にとって初の経験で、感染への恐怖や、今後の生活への不安を強めた方もいるかもしれません。

しかし、慌てないようにしましょう。感染が疑われたときはどう行動すればいいか。生活の不安にどう対処すればいいか。産経新聞は引き続き、正確な報道を続けていきます。

残念ながら私たちの周囲にはデマ情報が流れています。「トイレットペーパーが不足する」などといったフェイクニュースでパニックに陥ったり、むやみに動いたり、買い占めたり、理不尽な差別を誘発することのないよう、正確な情報源に接することが大切です。

日本社会は過去、幾度も試練にさらされてきました。先の大戦、湾岸戦争、リーマン・ショック、オウム事件、阪神大震災、東日本大震災、台風…。深刻な災禍を取材・報道してきたわれわれは、社会が深刻な不安に包まれたときこそ新聞の真価が問われる、と考えています。危機に瀕している今、産経新聞は正確な取材と報道で、皆さまにとって信頼できる情報源であり続けます。

産経新聞の編集指針である産経信条は「産経は民主主義と自由のためにたたかう」と定めています。新型コロナウイルスは、幸福の基盤である民主主義と自由を破壊する脅威であると考えていい。これに、われわれは言論の力で立ち向かうことを誓います。

われわれの職場でも多くの仲間が在宅での勤務に切り替え、産経新聞を編集しています。厳しい非常下ですが、われわれは正確で有用な産経新聞を作り続け、皆さまの元に配り続けます。

ただ、緊急事態宣言がコロナ禍を克服してくれるわけではありません。事態を沈静化させるのは、あくまでも、私たちの行動そのものです。正しい行動をとっていれば必ず状況は好転します。自分だけでなく大切な家族や友人の命を危険に巻き込まないため、そしてウイルスから私たちの日常を取り戻すため、勇気を持って共に耐え、外出自粛に協力しましょう。

2020年4月8日 日本経済新聞

民主社会が試されている

「緊急事態宣言」という重々しい言葉に「一体何が起こるのか」と心配している人も多いことだろう。

なぜこの宣言が出されるに至ったのか。一言で言えば、イタリアなど欧米で起きている「医療崩壊」を防ぐためだ。

首都圏などの感染拡大に歯止めをかけて、医療体制を維持しなければ、今より多くの人命が失われ長期的な経済的損失も大きくなってしまう。

政府の宣言に先だって日本医師会が「医療危機的状況宣言」を発表したのもこのためだ。

政府の初期対応や、その後の対策の遅れに批判すべき点はあるが、今は人々がウイルス封じ込めに力を結集するときだ。

外出やイベント、店舗営業の自粛や停止は、自治体による要請や指示で強制力はともなわない。

ドローン（小型無人機）による監視など強権的手法で外出禁止、ロックダウン（都市封鎖）を徹底した中国。スマホアプリで感染者を追跡するシンガポール。イタリア、フランスなど欧米でも罰則付きで外出禁止令を出した国もある。

それに比べ強制力が弱い日本の手法の実効性を疑う声もある。

だからこそ市民や企業の役割が大切になる。日本の民主主義社会の強さが試されているといってよい。緊急時でも、医療、公共交通、金融、日用必需品の流通など社会インフラは維持しなければならない。そのためには市民の冷静な行動が必要だ。

企業活動や学校の学習が妨げられるのは避けられないが、悪影響を少しでも減らすにはリモートワークやオンライン学習などＩＴ（情報技術）を駆使する工夫が要る。

野村総合研究所の試算では緊急事態宣言の対象7都府県の1カ月の消費落ち込みは6・8兆円、年間の国内総生産（ＧＤＰ）の1・2％に達する。

政府は緊急事態宣言にあわせ総額１０８兆円の経済対策を用意した。コロナ危機で急に所得が落ちこむ人や、事業に打撃を受ける企業など困っているところに素早く支援が届くようにしたい。

経済悪化をある程度覚悟しながら、今はコロナ封じ込めを徹底するときだ。国民や企業に大きな犠牲を強いる政府は、政策立案の根拠や過程をよりていねいにわかりやすく説明する義務がある。

２０２０年４月７日。緊急事態宣言が出されたこの日が、日本がコロナ危機に打ち勝った契機として歴史に刻まれることを望みたい。

（論説委員長　藤井彰夫）

東京都など7都府県に緊急事態宣言を出したものの、感染拡大が地方にまで拡大しているのを受けて、安倍首相は同月16日、宣言を全都道府県に拡大することを発表しました。宣言の期間はこれまで通り5月6日までとし、発令済みの7都府県に加えて、北海道、茨城、石川、岐阜、愛知、京都の6道府県を「特定警戒都道府県」としました。

6道府県は①累計感染者数が100人以上②感染者が10日未満の短期間で倍増③感染経路が不明の感染者が全体のほぼ半数——という3条件が満たされていると判断されました。国内には感染が深刻でない地域もあり、対象地域を全国に広げることには異論もありましたが、4月末からの大型連休を控え、人の移動を最小限に抑える必要がありました。

そして、5月5日に政府は宣言を5月31日まで延長することを決めました。感染者ゼロのような岩手県さえ延長の対象になるのですから、批判も予想されましたが、直後の世論調査では8割の国民が「評価する」（読売）と答えました。生活・経済への影響は深刻ではあるものの、ここで「緩み」が生じれば、元も子もなくなるという懸念が国民の間で共有されていることを表していると言えましょう。その後、緊急事態宣言の効果もあって感染者数は減少、5月21日には大阪、京都3府県で宣言が解除され、同25日には残されていた東京、神奈川、千葉、埼玉の1都3県と北海道も含め全面解除となりました。しかし、第2波の懸念を多くの専門家が指摘しており、全く予断を許しません。

2020年４月17日 読売新聞

緊急事態宣言 全国拡大

5月6日まで 首相発令

新型コロナ

13都道府県「特定警戒」

情報発信 きめ細かく

10万円 一律給付へ

予算 異例組み替え 「30万」取り下げ

2020年４月17日 朝日新聞

緊急事態宣言 全国に拡大

GW 地方への移動抑制へ

13都道府県「特定警戒」

安倍晋三首相は16日、新型コロナウイルス対応の特別措置法に基づき、緊急事態宣言の対象区域を全国に拡大した。各地で感染者数が増加しているうえ、対象区域からの人の移動で感染が広がっていることなどを理由に挙げた。期間は、東京や大阪など7日に宣言が出た7都府県と同じ5月6日までとした。

▼2面＝9日後の急転、27面＝歓迎と戸惑い

16日夜に開かれた政府対策本部で、首相は「区域を7都府県から全都道府県に拡大する」と表明した。北海道、茨城、石川、岐阜、愛知、京都の6道府県について「7都府県と同程度に蔓延が進んでおり、これら以外にも、都市部からの人の移動によりクラスター（感染者集団）が各地で発生し、感染拡大の傾向がみられる」と説明。「特に（5月の）大型連休の人の移動を最小化する観点から、全都道府県を対象とする」と述べた。

宣言の対象区域になると、都道府県知事は住民への外出自粛要請のほか、学校・老人福祉施設などに対する使用制限の要請・指示、臨時の医療施設開設のための土地・建物の強制使用などが可能になる。

政府は対策本部に先立つ16日夕、有識者らの諮問委員会を開催。新型コロナ対応を担当する西村康稔経済再生相は、6道府県で感染者が100人以上になり、感染者が2倍になる「倍化時間」の短期化が認められる▽都市部からの人の移動による感染拡大の傾向がみられる▽3月20日からの3連休後、潜伏期間を経て約2週間後に感染者の数が急増している――と報告。全国を対象区域とする考えを示し、諮問委は了承した。

16日に改定された基本的対処方針では、7都府県に6道府県を加えた計13都道府県を特に重点的な取り組みが必要な「特定警戒都道府県」と位置づけた。西村氏は同日夜の会見で、学校などの施設の使用制限の要請に応じない場合に知事が指示することや、その内容を公表するといった強い措置について「13都道府県は急速な拡大があれば、考えなきゃいけない時もくるかもしれない」と語った。一方で、「（13都道府県を除く）34県では今の時点ですぐに必要になるという段階ではない」とした。

緊急事態宣言をめぐっては、政府は7日に東京や大阪、福岡など7都府県に対して緊急事態を宣言。政府は各地の感染者数の増加ペースや感染経路が不明の人の割合などを分析する一方、対象区域になれば私権の制限を伴うことや経済への影響も大きいため、追加は慎重に見極める考えだった。（相原亮）

■安倍晋三首相の発言骨子

- 緊急事態措置の区域を全都道府県に拡大
- 期間は５月６日まで
- ５月の大型連休期間中の人の移動を最小化する
- 不要不急の帰省や旅行など都道府県をまたいだ移動を避けるよう知事から住民に促してもらう
- 観光施設に入場者の制限を求めるなど知事は適切な対応を
- 全ての国民に一律１人10万円の給付をする方向で、与党で再検討

基幹病院「耐えられるか」

感染者フロア・テント新設

「地域の基幹病院としてどこまで耐えられるのか。未知の怖さがある」

新型コロナウイルスの感染確認者が2600人に迫る東京。杉並区の住宅地に立つ河北総合病院（331床）の岡井隆広副院長(57)は危機感をあらわにした。

もともと感染症患者の入院を想定した指定医療機関ではない。2月上旬は「帰国者・接触者外来」として、保健所から依頼があった感染の疑いがある人の診察や検査に1日に1、2人ほど対応するだけだった。

だが、3月に入って局面が変わった。保健所からの要請は日々増え続けた。「もう無理ですか?」「追加でお願いできませんか」

指定医療機関の病床が埋まり、3月28日には搬送先がなくなった。38床あるフロアを新型コロナ専用に切り替え、患者を受け入れ始めた。急変した重症者の治療にもあたるようになった。31日には研修医1人の感染が判明。他の研修医ら17人を自宅待機にし、一般救急の受け入れを一時制限せざるを得なかった。

4月15日、敷地内に高さ3mほどの白いテントを張った。院内感染を防ぐため、来院者は全員まず体温を測り、熱があればこのテントに移って看護師が症状を聞き取る。新型コロナ感染の疑いがある場合は、院内に設けた専門外来で診察を受ける仕組みだ。17日に稼働を始める。いま病院には感染者や疑いがある人の計14人が入院している。「できる限り、患者さんを受け入れ続けなければならない」

最前線で命を支える医療従事者から「限界」を訴える声があがる。（荻原千明）

26面に続く

河北総合病院に設置されたテント＝16日午後、東京都杉並区、本社ヘリから、鬼室黎撮影

国民1人10万円給付へ

補正予算案修正 所得制限なし

安倍晋三首相は16日、新型コロナウイルスに対する経済対策として、所得が減少した世帯向けに30万円を給付する当初案を見直し、所得制限を設けず国民に一律10万円を給付する考えを表明した。公明党などの強い要請を受けたもので、国会に提出する直前だった補正予算案を修正する。

▼3面＝折れた首相

世論の不満を受けた与党に迫られ、対策の修正を余儀なくされた形だ。首相は緊急事態宣言の対象区域拡大を表明した同日夜の政府対策本部で「すべての国民にさらなる協力をいただくことになる。さらに給付対象を拡大した措置を講ずべきだと考える」と語った。

公明党の山口那津男代表は同日午前、首相に対して、改めて一律に10万円給付をするよう電話で要請。速やかな給付の実現をめざし、補正予算案の組み替えも求めた。首相は首相官邸で麻生太郎財務相と会談し、予算案の修正を指示。続けて自民党の二階俊博幹事長や岸田文雄政調会長らとも会談し、与党内で調整を進めるよう指示した。

政府は今月上旬に発表した緊急経済対策に、所得が減少した世帯向けに30万円を給付する案を盛り込んでいた。首相は給付の対象を絞る考えを示していたが、世論の不満が根強く、一律給付への修正に追い込まれた。30万円給付案を撤回するか、今後の追加対策に盛り込むかどうかは改めて検討する方針。公明党の斉藤鉄夫幹事長は10万円の支給時期について「5月下旬から6月上旬」との見通しを示した。

予算案の組み替えを受け、補正予算案の成立は後ろ倒しとなる見通しだ。政府・与党は当初、来週明けにも衆院で審議入りし、22日にも成立させるスケジュールを描いていた。一律10万円の給付案には、十数兆円が必要になる見込みだ。

2020年４月17日 毎日新聞

全国に緊急事態宣言

感染増続き拡大

新型コロナ 来月6日まで

安倍晋三首相は16日、新型コロナウイルスの感染拡大を受けて、東京都など7都府県に発令した「緊急事態宣言」の対象地域を全国に拡大すると表明した。改正新型インフルエンザ等対策特別措置法に基づく措置で、40道府県を対象に追加し、期間は7都府県と同じ5月6日まで。追加指定は初めて。感染拡大が続き、7都府県から他県への移動による感染者の増加などを踏まえ、地域を一気に全国に広げた。

大型連休警戒

感染1万人超す

1人10万円一律給付へ

異例の補正組み替え

政府方針転換

熊本地震４年

熊本地震の本震で亡くなった[illegible]さんの墓参りをする父[illegible]さん（左）と母親子さん＝熊本県益城町で16日午前5時57分、[illegible]（22面に記事）

2020年４月17日 産経新聞

緊急事態 全国に拡大
感染歯止め 一斉対策
新型コロナ、来月6日まで
政府は16日、首相官邸で開いた新型コロナウイルス感染症の対策本部会合で、感染拡大を防止するため改正新型インフルエンザ等対策特別措置法に基づく緊急事態宣言の対象区域を全国に拡大することを決めた。期間は既に対象の東京や大阪など7都府県と同様に5月6日まで。16日夜に効力が発生した。安倍晋三首相は17日に記者会見を開き、国民に説明する。
GWの移動最小化
安倍晋三首相の発言のポイント
・緊急事態宣言の対象区域を全都道府県に拡大、期間は5月6日まで
・大型連休の人の移動を最小化
・都道府県は不要不急の帰省や旅行など都道府県をまたぐ移動の自粛を促してほしい
・5月6日で宣言を終えるため最低7割、極力8割の接触削減を実現
・宣言区域の拡大に伴い、全国民に一律10万円給付を検討
国内感染1万人 客船含め
緊急事態宣言の流れ
緊急事態を宣言
1人10万円 所得制限なし
補正組み替え 「30万円」取り下げ
コロナに負けるな
4面

2020年４月17日 日本経済新聞

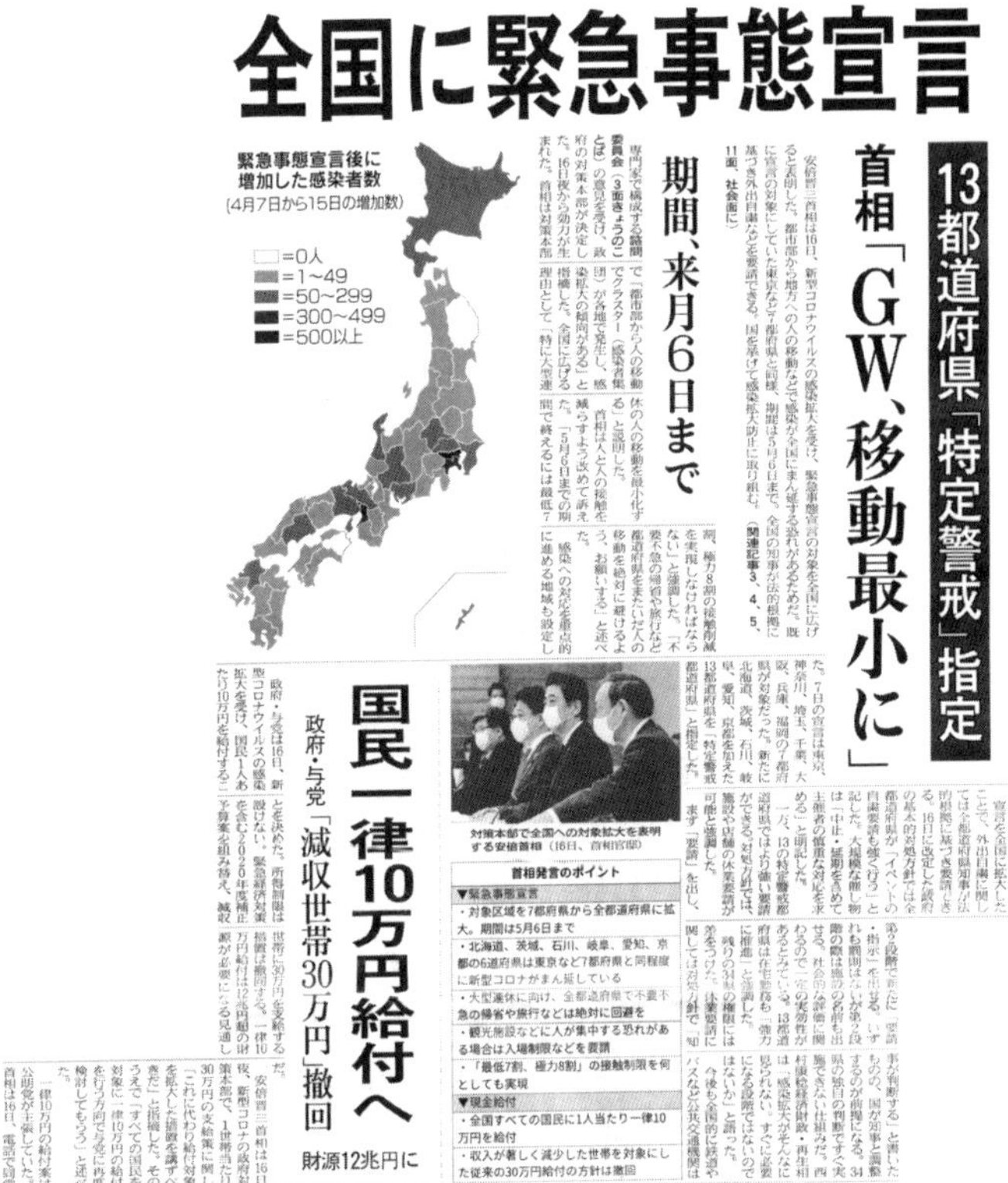

全国に緊急事態宣言

13都道府県「特定警戒」指定

首相「GW、移動最小に」

安倍晋三首相は16日、新型コロナウイルスの感染拡大を受け、緊急事態宣言の対象を全国に広げると表明した。都市部から地方への人の移動などで感染が全国にまん延する恐れがあるためだ。既に宣言の対象にしていた東京など7都府県と同様、期間は5月6日まで。全国の知事が法的根拠に基づき外出自粛などを要請できる。国を挙げて感染拡大防止に取り組む。（関連記事3、4、5、11面、社会面に）

期間、来月6日まで

専門家で構成する諮問委員会（3面きょうのことば）の意見を受け、政府の対策本部が決定した。16日夜から効力が生まれた。首相は対策本部で「都市部から人の移動でクラスター（感染者集団）が各地で発生し、感染拡大の傾向がある」と指摘した。全国に広げる理由として「特に大型連休の人の移動を最小化する」と説明した。

首相は人と人の接触を減らすよう改めて訴えた。「5月6日までの期間で終えるには最低7割、極力8割の接触削減を実現しなければならない」と強調した。「不要不急の帰省や旅行など都道府県をまたいだ人の移動を絶対に避けるよう、お願いする」と述べた。

感染への対応を重点的に進める地域も設定した。7日の宣言は東京、神奈川、埼玉、千葉、大阪、兵庫、福岡の7都府県が対象だった。新たに北海道、茨城、石川、岐阜、愛知、京都を加えた13都道府県を「特定警戒都道府県」と指定した。

宣言を全国に拡大したことで、外出自粛に関しては全都道府県知事が法的根拠に基づき要請できる。16日に改定した政府の基本的対処方針では全都道府県が「イベントの自粛要請も強く行う」と記した。大規模な催し物は「中止・延期を含めて主催者の慎重な対応を求める」と明記した。

一方、13の特定警戒都道府県ではより強い要請ができる。対処方針では、施設や店舗の休業要請が可能と強調した。

まず「要請」を出し、第2段階で新たに「要請・指示」を出せる。いずれも罰則はないが第2段階の際は施設の名前も出せる。社会的な評価に関わるので一定の実効性があるとみている。13都道府県は在宅勤務も「強力に推進」と強調した。

残りの34県の権限には差をつけた。休業要請に関しては対処方針で「知事が判断する」と書いたものの、国が知事と調整するのが前提になる。34県の独自の判断ですぐ実施できない仕組みだ。西村康稔経済財政・再生相は「感染拡大がそんなに見られない。すぐに必要になる段階ではないのではないか」と語った。

今後も全国的に鉄道やバスなど公共交通機関は運行する。一方で多くの知事が不要不急の外出や近隣都道府県への移動の自粛を求め、在宅勤務も推進を要請する見通しで、交通量は大幅に減りそうだ。経済活動の縮小は避けられない。

食料品や医薬品など生活必需品を扱うスーパーマーケットやドラッグストアは営業する。通院や食料・医薬品・生活必需品の買い出し、散歩など「生活の維持に必要」と判断できる場合は外出自粛の対象外になる。

今回の宣言でも感染拡大に歯止めがかからなければ、政府は諮問委員会の判断を仰ぎ期間を何度でも延長できる。5月の大型連休前にも全国の状況を見て延長の是非を判断するとみられる。

緊急事態宣言後に増加した感染者数
（4月7日から15日の増加数）

＝0人
＝1～49
＝50～299
＝300～499
＝500以上

対策本部で全国への対象拡大を表明する安倍首相（16日、首相官邸）

首相発言のポイント

▼緊急事態宣言
- 対象区域を7都府県から全都道府県に拡大。期間は5月6日まで
- 北海道、茨城、石川、岐阜、愛知、京都の6道府県は東京など7都府県と同程度に新型コロナがまん延している
- 大型連休に向け、全都道府県で不要不急の帰省や旅行などは絶対に回避を
- 観光施設などに人が集中する恐れがある場合は入場制限などを要請
- 「最低7割、極力8割」の接触削減を何としても実現

▼現金給付
- 全国すべての国民に1人当たり一律10万円を給付
- 収入が著しく減少した世帯を対象にした従来の30万円給付の方針は撤回

国民一律10万円給付へ

政府・与党「減収世帯30万円」撤回

財源12兆円に

政府・与党は16日、新型コロナウイルスの感染拡大を受け、国民1人あたり10万円を給付することを決めた。所得制限は設けない。緊急経済対策を含む2020年度補正予算案を組み替え、減収世帯に30万円を支給する措置は撤回する。一律10万円給付は12兆円超の財源が必要になる見通しだ。

安倍晋三首相は16日夜、新型コロナの政府対策本部で、1世帯当たり30万円の支給策に関し「これに代わり給付対象を拡大した措置を講ずべきだ」と指摘した。そのうえで「すべての国民を対象に一律10万円の給付を行う方向で与党に再度検討してもらう」と述べた。

一律10万円の給付案は公明党が主張していた。首相は16日、電話で同党の山口那津男代表に受け入れる考えを伝えた。

政府は7日に補正予算案を閣議決定し20日にも国会に出す予定だった。予算案を提出前に大幅に組み替える異例の対応となる。27日にも提出して早期成立をめざす。

減収世帯に30万円を給付する案については、与党内で制度の複雑さなどに批判が出ていた。

政府・自民党で30万円給付策を含む補正予算案の成立後、10万円の給付を盛った第2次補正予算を編成する案が浮上した。公明党は一律10万円の措置に集約して財源を回すよう主張した。

所得制限を設けずに国民全員に一律10万円を支給する場合、単純計算で12兆円超の財源が必要になる。30万円の給付額は約1300万世帯を対象に約4兆円を想定していた。補正予算案で16・8兆円と見込む歳出総額が膨らむ見通しだ。赤字国債の発行増額で賄う。

2020年５月５日 読売新聞

緊急事態宣言を延長

31日まで 一部で制限緩和

新型コロナ

安倍首相は4日、全都道府県を対象とした新型コロナウイルスの感染拡大に伴う緊急事態宣言を31日まで延長すると表明した。宣言の長期化による経済的影響などを踏まえ、感染拡大が深刻でない地域では社会経済活動の再開を容認した。14日をめどに改めて専門家らに分析してもらい、状況によっては一部地域で宣言を解除する意向も示した。

14日めどに分析、解除も

当初の宣言の期限は6日だった。延長幅は25日間となる。4日の政府対策本部で正式決定した。

記者会見で緊急事態宣言の延長を表明する安倍首相（4日午後、首相官邸で）＝源幸正倫撮影

首相は本部後の記者会見で、延長の理由について、「感染者の減少が十分なレベルとは言えない。医療現場の逼迫した状況を改善するには1か月程度必要だ」と説明した。1日あたりの新規感染者数は全国で100人を下回る水準を目指すとした。「5月は収束のための1か月であり、次なるステップに向けた準備期間だ」と引き続き国民に協力を呼びかけた。6日の期限で宣言を終えられず、「断腸の思いだ。責任を痛感している」と謝罪した。

宣言の延長では、東京都など13都道府県を引き続き、感染拡大防止策を重点的に行う必要がある「特定警戒都道府県」とした。当初検討していた特定警戒都道府県とその他の県の入れ替えは見送った。

政府は宣言の延長に合わせて基本的対処方針を改定し、「特定警戒」とそれ以外の県で、自粛要請の内容を分けた。特定警戒以外の地域では、人と人との接触の8割削減や出勤者の7割減などを目標から外した。不要不急の帰省や旅行、繁華街での接待を伴う飲食、「3密」が懸念される場所以外は外出自粛を求めない。店舗や施設の使用、小規模イベントなどについても、首相は「感染防止策を十分に講じた上で実施してもらいたい」と述べ、今後2週間をめどに業種ごとの指針を取りまとめる考えを示した。

特定警戒の地域では、引き続き8割接触削減を要請する。ただ、公園や博物館などは感染防止策を講じることを前提に再開を容認した。再開にあたって実施する防止策の具体例について、政府は4日付で各都道府県知事あてに通知した。

また、政府の専門家会議は4日、感染対策の長期化を見据えて、国民が実践すべき「新しい生活様式」などを提唱した。外出時のマスク着用やテレワーク・時差出勤、通販の活用などだ。

今後は、専門家らに改めて地域ごとの感染者数や医療提供体制などを分析してもらう。今月14日が節目となる。分析結果は、政府が宣言の一部解除を判断する材料となる。首相は記者会見で「可能であると判断すれば、期間満了を待つことなく緊急事態を解除する」と明言した。

緊急事態延長

GDP押し下げ	2
出口戦略 手探り	3
首相会見の要旨	4
新しい生活様式	6
時短営業継続へ	7
開幕遅れ「不安」	18
事業再開 対策例	24
あと1か月 落胆	25

●政府は行動制限を一部で緩和する

	特定警戒都道府県（13都道府県）	「特定警戒」以外（34県）
外出	自粛要請を続け、接触の8割削減を目指す	一部を除いて自粛要請せず
帰省や旅行	自粛を要請	
繁華街での接待の飲食	自粛を要請	
出勤	出勤者の7割減を引き続き要請	7割減は要請せず、テレワーク推進など呼びかけ
店舗や施設の使用	休業要請や使用制限を継続	地域の実情に応じて判断
公園や博物館、図書館など	感染防止策を講じることを前提に開放可能	
イベント開催	自粛を要請	小規模なものは感染防止策を講じた上で一部を容認
学校	地域の感染状況に応じて、段階的に教育活動を再開	
新しい生活様式	周知していく	徹底・定着を目指す

解除の目安 具体化を

診 「5月は収束のための1か月だ」。安倍首相の言葉の実現に向け、政府は重い責任を負うことになった。

1日あたりの新規感染者数はピーク時の約700人から200人前後と、着実に減少した。一方、入院の長期化で、人工呼吸器などを必要とする重症患者は依然として多いままだ。国民の行動自粛の成果は見られたものの、医療現場の綱渡りは続いている。

有効なワクチンや治療薬が開発されるまで、長丁場の対応が続く。「特定警戒都道府県」では引き続き、現行の行動制限が必要になる。どうなれば解除できるのか、具体的な目安を示してほしい。それ以外の地域は、対策を取りながらの「新しい生活様式」に移行するとされたが、いつ感染拡大に転じてもおかしくない。その備えも欠かせない。

日本よりも死者の多い欧米でも、厳しい外出制限で新規感染者が十分減ったとき、出口戦略を議論し始めた国や地域もある。世界の状況も参考に、感染拡大防止と経済活動への配慮をどう両立させるか、政府は早急に道筋を示すべきだ。（医療部長　館林牧子）

2020年５月５日 朝日新聞

緊急事態31日まで決定

全国対象 首相「責任を痛感」

34県 経済活動の容認も
早期解除 14日めど検討

安倍晋三首相は4日、首相官邸で記者会見を開き、新型コロナウイルスの感染拡大に伴う緊急事態宣言を31日まで延長する、と表明した。全都道府県が対象。重点的に対策を取る13の「特定警戒都道府県」は維持した。残る34県は一定の感染防止策を前提に、社会・経済活動の再開を一部容認する。14日をめどに感染状況などを分析し、解除の前倒しを検討する。

▼2面＝板挟みの延長、4面＝長期戦に備え、7面＝社説、23面＝知事コメント、25面＝不安続く

■特定警戒都道府県

北海道、茨城、埼玉、千葉、東京、神奈川、石川、岐阜、愛知、京都、大阪、兵庫、福岡

会見で質問に答える安倍晋三首相＝4日午後、首相官邸、林敏行撮影

■首相の記者会見（骨子）

- 緊急事態宣言は31日まで延長。対象は全都道府県
- 13の「特定警戒都道府県」は人との極力8割接触減を求める
- 14日をめどに専門家が地域ごとの感染状況などを分析。可能なら期限前に宣言を解除
- 飲食店などの家賃負担、雇用調整助成金の拡充、アルバイト学生への支援について速やかに追加対策を講じる
- 商店、文化施設、小規模なイベント開催は感染対策を十分講じた上で再開を認める

図書館再開認める・50人規模催し可能

首相は、延長の対象を全国とする理由を「各地への感染拡大を防ぐためにも、地方への人の流れが生まれるようなことは避けなければならない」などと説明した。

31日までとしたのは、「医療現場の逼迫した状況を改善するためには、1カ月程度の期間が必要である」ため、とした。当初の宣言期間の6日までに解除できなかったことについて、首相は「国民のみなさまにおわび申し上げたい」と陳謝。自身の責任については「痛感している」と述べた。

一方で、14日をめどに、地域の感染者数や医療提供体制の状況について専門家に評価してもらい、「可能であると判断すれば、期間満了を待つことなく、緊急事態を解除する考えだ」と述べた。解除の具体的な基準は示さなかった。

また、2週間をめどに、業態ごとの事業再開のガイドラインをつくる方針も示した。感染の広がりを長期的に防ぐため、政府の専門家会議が示した「新しい生活様式」に基づく行動も求めた。

記者会見に先立ち、政府の対策本部で、感染対策となる基本的対処方針を改定した。対処方針によると、「特定警戒都道府県」の13都道府県では、外出自粛や休業要請を続ける。

34県については、人と人との「8割接触削減」は求めず、都道府県をまたいだ移動や、接待を伴う飲食店など3密（密閉・密集・密接）のある場所を除いて、人との距離の確保など一定の感染対策を条件に外出を容認するとした。比較的少人数のイベント開催も認める。政府から都道府県知事に出された通知によると、想定されるイベントは最大50人規模で、歓声を伴わない演奏会や茶会、野外イベントなど。通知では、劇場や映画館、学習塾なども再開できる対象とした。

アビガン承認「月内めざす」

一方、すべての都道府県で、感染防止策が取られることを前提に、屋外公園や博物館、図書館などの再開を認める。首相は学校再開について、「段階的であっても、子供たちの学校生活をとりもどしていく」と意欲を示した。治療薬として期待される「アビガン」については、今月中の薬事承認を目指す考えを示した。

西村康稔経済再生相は首相会見後、14日をめどに解除を判断する単位を「基本的には都道府県」と述べた。生活圏や経済圏も考慮するという。

店家賃・学生支援へ

緊急事態宣言の延長決定を受け、安倍晋三首相は4日の記者会見で、飲食店などの家賃負担の軽減策とアルバイト学生の支援、雇用調整助成金の拡充の三つの施策について、「与党の検討を踏まえて、速やかに対策を講じる」と明言した。▼3面＝経済の悪化不可避

家賃支援をめぐっては、自民党のプロジェクトチームが4日、売り上げが大きく減った事業者を対象に、年内分の家賃を支援するという制度案を固めた。休業を余儀なくされた飲食店などのうち、売り上げが1カ月で5割以上減ったか、複数の月の平均で3割以上減った事業者が対象。当面は融資を受けて家賃を支払ってもらい、あとからその一部を国が補助する。7日に決定し、同じ与党の公明党との協議に入る見通しだ。

企業が従業員に支払う休業手当を支援する雇用調整助成金については、西村康稔経済再生相が、現在1日1人あたり8330円の助成額の上限を引き上げる方針を明らかにしており、今後、引き上げ幅や財源などが検討される見通しだ。

（西村圭史、木村和規）

「新しい生活様式」の実践例
政府の専門家会議の資料から作製

- **基本的な感染対策**　人との間隔はできるだけ2m（最低1m）／症状がなくてもマスク着用／家に帰ったらまず手や顔を洗う
- **日常生活で**　毎朝体温測定・健康チェック　「3密」の回避（密集、密接、密閉）
- **買い物**　電子決済の利用　サンプルなど展示品への接触は控えめに
- **娯楽、スポーツなど**　ジョギングは少人数で　歌や応援は、十分な距離かオンライン
- **公共交通機関**　会話は控えめに　混んでいる時間帯は避けて
- **食事**　大皿は避けて、料理は個々に　対面ではなく横並びで座ろう
- **冠婚葬祭など**　多人数での会食は避けて　発熱やかぜの症状がある場合は参加しない
- **働き方**　テレワークやローテーション勤務　会議や名刺交換はオンライン

食事は横並び・毎朝体温測定

「新しい生活様式」提示

新型コロナウイルスの対策を検討する政府の専門家会議（座長＝脇田隆字・国立感染症研究所長）は4日、感染の広がりを長期的に防ぐための「新しい生活様式」の具体例を示した。

個人が心がける対策として、遊びに行くのは屋内より屋外を選ぶことを提案。外出時は症状がなくてもマスクをし、帰宅したら、まず手や顔を洗い、できるだけすぐに着替えたり、シャワーを浴びたりする。毎朝、体温測定をし、食事は対面ではなく横並び、娯楽やスポーツでは、歌や応援は十分な距離をとるか、オンラインを活用するなどとした。

会議後、委員のひとりは「新型コロナに対しては接触の機会を減らすという以外に現状は手段がない。一般的な感染対策を徹底していくことが新しい生活様式になる」と語った。

また、専門家会議は提言で、感染予防と経済活動の両立を図るために、業種ごとに感染拡大予防のガイドラインをつくり、実践することを求めた。

トイレは感染リスクが比較的高いため留意が必要とし、通常の清掃でよいが、用を足した後はふたを閉めて流すよう求めた。

（富田洸平）

緊急事態 延長決定

全国で月末まで

期間短縮 14日めど分析

政府は4日、新型コロナウイルス感染症対策本部を開き、5月6日に期限を迎える「緊急事態宣言」について、対象を全都道府県としたまま31日まで延長と正式決定した。安倍晋三首相はその後、記者会見し「感染者の減少が十分なレベルとは言えない」と説明し「医療現場の逼迫状況を改善するために1カ月程度の期間が必要だと判断した」と述べた。14日をめどに専門家による分析を行い、状況によっては期限の31日を待たずに宣言を解除する考えを表明した。

一方、政府の専門家会議（座長＝脇田隆字・国立感染症研究所長）は社会経済活動が感染者が少ない地域で7日から段階的に緩和されることを踏まえ、「新しい生活様式」の実践例と職場での留意点を示した。

首相は会見で「全国で1万人に近い方々がいまだに入院などで療養中で、医療現場が過酷な状況に置かれている」と指摘。回復者数を下回る水準まで新規感染者を減らす必要があると説明した。特に重点的に取り組みを求める13の特定警戒都道府県には「極力8割の接触機会の削減をお願いする」と要請。当初期限とした6日までに解除できなかったことに対し「首相として責任を痛感している。国民におわびを申し上げたい」と陳謝した。そのほかの34県については、首相は会見に先立つ対策本部の会合で「感染拡大の防止と社会経済活動の維持との両立を配慮した取り組みに段階的に移行する」と説明した。

首相は14日をめどに専門家による分析を行うと表明。「地域ごとの感染者数、医療提供体制の逼迫状況などを詳細に分析いただき、可能だと判断すれば期間満了を待つことなく解除する」と述べたが、基準となる具体的な数値は示さなかった。

また「コロナの時代の新たな日常を一日も早く作り上げなければならない」と強調した。

首相は、「雇用調整助成金の拡充や、飲食店や小規模事業者の賃料負担の軽減、アルバイト学生の支援などは与党の検討も踏まえて速やかに追加的な対策を講じる」と述べ、追加の経済対策を行う方針も示した。【宮田直樹】

34県緩和容認

パチンコ店や映画館

政府は4日、緊急事態宣言の延長に伴い、休業要請を維持・緩和する際の具体的な対応の指針を各都道府県知事に通知した。パチンコ店に関し、特定警戒都道府県以外の34県では、2メートルを目安とした座席間隔の確保やマスク着用、換気、消毒に加え、場内の音楽やパチンコ台の音量を最小限にし、会話が大声とならないようにするなど感染防止対策を講じた場合には、制限の緩和や解除を「検討しうる」とした。

34県では、歌唱がない演奏会や茶会など最大50人程度の小規模なイベントについては、三つの密（密閉、密集、密接）や大声が想定されず、入場制限などの感染防止対策を講じる場合は制限解除を容認。映画館や劇場、博物館、百貨店、学習塾なども①マスク着用と十分な座席間隔②入退出時に十分な間隔③消毒・換気――などを前提に、制限の緩和や解除の検討を求めた。営業時間短縮を求めているレストランや喫茶店も個室や大人数での使用を控え、座席間隔やマスクの着用、大皿提供の自粛などを前提に緩和を検討するよう求めた。

一方、13の特定警戒都道府県では、感染防止対策を前提にした博物館や美術館、図書館、屋外公園の開放や、ゴルフ場ではクラブハウスでの懇談や食事を控えるなど感染防止対策を前提に休業要請の緩和や解除を判断するよう求めた。【遠藤修平】

首相会見 骨子

- 緊急事態宣言の期間を全国を対象に31日まで延長
- 14日をめどに専門家が評価し、可能だと判断すれば、期間満了を待たずに宣言を解除
- 宣言延長は首相として責任を痛感。おわびする
- 商店やレストランの営業、比較的小規模なイベント開催などは感染防止策を十分に講じた上で実施
- 雇用調整助成金の拡充や飲食店などの賃料負担、アルバイト学生の支援などは与党の検討を踏まえ、速やかに追加的な対策を実施
- 新型インフルエンザ治療薬アビガンの５月中の承認を目指す
- 今後２週間をめどに事業本格化に向けた感染予防策のガイドラインを策定

専門家会議が示した「新しい生活様式」の実践例（抜粋）

感染防止三つの基本

①身体的距離の確保（最低1メートル）　②マスク着用　③手洗い（30秒程度）

日々の暮らしの感染対策

- 家に帰ったらまず手や顔を洗う。できるだけすぐに着替え、シャワーを浴びる

移動に関する感染対策

- 帰省や旅行は控えめに
- 発症したときのため、誰とどこで会ったかをメモにする

基本的生活様式

- 「3密」（密集、密接、密閉）の回避
- 毎朝体温測定、健康チェック

場面別生活様式

買い物

- 通販も利用

娯楽、スポーツなど

- 筋トレやヨガは自宅で動画を活用
- 歌や応援は、十分な距離かオンライン

食事

- 大皿は避けて、料理は個々に。対面ではなく横並びで座ろう

働き方

- テレワークやローテーション勤務。会議、名刺交換はオンライン

2020年５月５日 産経新聞

緊急事態宣言 31日まで延長

全国対象 解除、14日に専門家聴取

感染防止へ「新たな日常」

行動制限 34県で一部緩和

緊急事態宣言の延長を発表し、国民に対して改めて協力を呼びかける安倍晋三首相＝4日午後、首相官邸（春名中撮影）

「特定警戒」以外の34県では行動制限が一部緩和される

横並びで食事／電車 会話控える／テレワークや時差出勤

長期化備え生活指針

「新しい生活様式」の主な実践例

- 人との間隔はできるだけ2mに空ける
- 会話をする際は、真正面を避ける
- 外出時、屋内にいるときなどはマスクを着用

日常生活の各場面別の生活様式

＜買い物＞
- 通販も利用
- 1人または少人数ですいた時間に
- 電子決済の利用

＜娯楽・スポーツ＞
- 公園はすいた時間、場所を選ぶ
- 筋トレやヨガは自宅で動画を活用

＜食事＞
- 持ち帰りや出前、デリバリーも
- 大皿は避けて、料理は個々に

働き方の新しいスタイル
- テレワークや時差出勤
- 会議はオンライン
- 名刺交換はオンライン

2020年５月５日 日本経済新聞

追加対策、首相「速やかに」

緊急事態31日まで 期間内解除も

政府は4日の新型コロナウイルス感染症対策本部で、全国を対象に緊急事態宣言の期限を6日から31日に延長すると正式決定した。安倍晋三首相は記者会見で、専門家の分析次第では期限を待たずに解除する考えを示した。予定通りに緊急事態を終えられなかったと陳謝し、追加の対策を検討すると表明した。（関連記事2、3面、社会面に）

延長におわび「責任痛感」

緊急事態宣言は改正新型インフルエンザ対策特別措置法（改正特措法、3面きょうのことば）で規定する。宣言の延長は4日に発効した。あわせて政府の新型コロナ対策の考え方を示す基本的対処方針も改定した。

首相は「現時点で感染者の減少は十分なレベルとは言えない。医療現場の逼迫した状況を改善するには1カ月程度の期間が必要だ」と説明した。

6日に宣言を終了できなかったことに関して「首相として責任を痛感している。国民におわびする。延長は断腸の思いだ」と陳謝した。

首相は延長に伴い追加対策を講じると明言した。家賃負担の軽減や雇用調整助成金の拡充、学生への支援に触れ「与党の検討を踏まえて速やかに追加的な対策を講じる」と語った。２０２０年度第2次補正予算案の編成も念頭にある。

与党は飲食店などテナントの家賃支援策を議論中で、7日にも具体策をまとめる。雇用調整助成金を巡り、政府は上限額を引き上げる検討に入った。親の仕送りやアルバイトの収入が途絶えた学生を救済する案がある。

全国で毎日１００人を超す人が退院、回復し「その水準を下回るレベルまで新規感染者数を減らす必要がある」と指摘。「中国経由の第1波の流行を抑え込むことができた。欧米経由の第2波も感染者の増加はピークアウトし、収束への道を進んでいる」と訴えた。

14日をメドに専門家が新規感染者数や重症者向けの医療体制などを分析する。専門家の意見を基に「可能だと判断すれば期間満了を待たずに解除したい」と話した。西村康稔経済財政・再生相は4日夜の記者会見で部分解除の可能性に言及した。

首相は緊急事態の収束には有効な治療法やワクチンの確立が不可欠だと指摘した。感染の有無を確認するPCR検査については対応の遅れを認め、体制を拡充すると表明した。抗体検査を用いた疫学調査は「有意義な方法だ」と語った。

東京都など13の特定警戒都道府県は感染を防ぐため引き続き極力8割の接触削減を要請。他の34県は外出自粛や休業要請の一部緩和を検討する。

緊急事態宣言の延長を発表後、国民に協力を呼びかける安倍首相（4日、首相官邸）

首相記者会見のポイント
感染の現状認識
・感染者の減少が十分なレベルでない ・医療体制の逼迫改善に1カ月程度必要 ・新規感染者を1日100人下回る水準に減らす必要がある
緊急事態宣言
・１カ月で終了できず国民におわび ・14日をメドに専門家が地域ごとに分析し可能なら緊急事態を解除
今後の対応など
・家賃負担軽減や雇用調整助成金拡充など追加対策を速やかに講じる ・２週間後をメドに事業再開に向けた感染予防指針を策定 ・治療薬候補の「レムデシビル」「アビガン」の承認めざす

緊急事態宣言延長のポイント
期　限
6日から31日に延長
対　象
全都道府県が対象。重点的な対策が必要な「特定警戒都道府県」は東京や大阪など13都道府県を維持
外出自粛や休業要請
13の「特定警戒都道府県」は自粛を継続。それ以外の34県は感染拡大防止と社会経済活動の両立に配慮して一部緩和
解除の判断
専門家が新規感染者数や医療提供体制などの状況を分析

アナログ行政 遠のく出口

科学技術部長　青木慎一

新型コロナウイルスに関する緊急事態宣言が5月31日まで延長されることが決まった。感染拡大を抑えるにはやむをえないが、検査の拡充や医療体制の強化など経済再開に不可欠な対策が一向に進んでいない。硬直的な行政システムに問題がある。ＩＴや民間活力の導入という21世紀の世界標準から取り残されてしまったままでは、ウイルスとの闘いに勝つことは難しい。

いち早く感染を封じ込めた台湾と韓国。成功の要因には、ビッグデータやスマートフォンの積極活用がある。台湾は公的保険や出入境管理などの記録を結びつけ、感染リスクがある人を素早く発見し、スマホで健康状態を監視した。韓国は人工知能（ＡＩ）などを活用し、検査の大幅な拡大につなげた。濃厚接触者の発見や監視などもスマホを活用する。こうした取り組みは出口戦略でも大きな武器になっている。

一方、日本の対策はアナログだ。保健所の職員などが電話で患者を聞き取り、感染経路を調べる。初めのころは機能したが、感染者が急増すると追えなくなってきた。検査についても1日2万件の目標にはほど遠い状況なのに、民間の受託検査機関の能力を生かせていない。

各国で多様なデータが公開され、研究者や企業が分析し、政府の戦略にも生かされている。日本は情報公開が遅れ、外部の知恵の活用が進まない。

感染爆発を招いた米国は出口戦略を推進するため、民間企業の力を活用し始めた。小売り最大手のウォルマートのほか、ドラッグストアチェーン各社が駐車場を提供、ドライブスルー型の検査場を展開している。出口戦略に不可欠な感染状況を正確に把握できれば、正常化を進めやすい。

日本でも、ホテルでの軽症者隔離、異業種企業によるマスク生産も始まった。民間の力を取り込もうという政府の意欲は弱く、企業にも積極性が足りない。研究者間でも感染症と他分野との連携は遅れている。

スピード感に欠く対応は霞が関の縦割り行政に問題がある。感染症対策は厚生労働省がほぼ一手に担い、他省庁は関与しない。

強い権限をもった行政システムが20世紀の日本の成長を支えたが、その成功体験が21世紀モデルへの転換を阻んだ。オンラインによる診療や教育に出遅れたのも、20世紀型の行政から抜け出せなかったからだ。その足元を新型ウイルスに突かれた。このまま出口への戦略が見えないままでは、経済が活力を取り戻すのも難しくなる。

3. 感染者・死者に表れた各国事情

□アメリカ――なぜダントツの世界一になってしまったのか

世界各国の感染者・死者の表で一目瞭然なのは、アメリカの数の膨大さです。5月末現在、感染者で2位のブラジルを127万人以上、死者でイギリスの2・7倍以上になっています。さまざまな理由が考えられます。

まずトランプ政権の「罪」が指摘されています。大統領は3月13日に「国家非常事態」を宣言しましたが、当初は何の根拠もなく、「完全に管理下にある」などと過小評価しました。楽観的な姿勢が対策の遅れを招いたのです。国家安全保障会議（NSC）で感染症を担当する部局を廃止したことも、即応体制の遅れにつながりました。世界最強と言われる疾病対策センター（CDC）の初動のつまずきもありました。

と同時に、アメリカ人の文化や生活習慣にその原因を求める人もいます。握手やハグで人と人との接触が濃厚であること、さらに手を洗わず、マスクもしないため感染が広がったと言われています。マスクについては付けているとむしろ不審者に思われるということもあったでしょうが、トランプ大統領などはずっとマスクなしで通しました。

これもアメリカに限りませんが、自宅に土足で上がるということも感染拡大の一因に挙げる人もいます。中国・武漢市内の病院の集中治療室の医療従事者の靴を調べたところ、約半数の靴の底に新型コロナウイルスが付着していたという調査結果もあるぐらいです。

それにしても、日本でこれだけ感染者と死者が出たら、政権はつぶれます。感染者・死者ともアメリカの100分の1以下でも、安倍政権への批判には極めて厳しいものがあります。それ自体考察の対象になるでしょうが、彼我の差を感じないわけにはいきません。

□イギリス——なぜ死者数で第2位になったのか

この問題については、産経新聞の5月8日付け7面に、「英 初動対応つまずく」というよくまとまった記事が載っています。それを紹介しましょう。ジョンソン首相は3月中旬ごろまで、人口の一定割合がウイルスへの免疫を獲得することで感染を抑制する「集団免疫」の手法を目指していた。医療現場に対する負担が増えるのを考慮したためで、3月23日に外出制限を開始する方針に転換したが、中旬までの外出制限を始めていたイタリア、フランスに比べて出遅れることになってしまったというのです。

次に医療体制の問題があります。保守党政権下の緊縮財政に伴う公的支出の抑制で医療従事者や医療設備が不足するなど医療サービスの低下がかねて指摘されていたのです。経済協力開発機構（ＯＥＣＤ）などの調査によると、人口１０００人当たりの医師の数は、ドイツが４・３人、イタリアが４・０人、スペインが３・９人、フランスが３・２人なのに対し、イギリスは２・８人と少ないそうです。

さらに他の大半の欧州諸国よりも集中治療用のベッドが少ないことに加え、医療現場では、医師や看護師が防護服の代わりにゴミ袋をかぶって治療している姿がよく見られ、医師のカーテンを切って自前で手術着を作ることさえ報告されています。医療従事者とその家族について検査をしたところ、感染者が３分の１にも上ったというのも、医療体制の不備が招いた結果と言えます。

重症化しやすい高齢の入所者が集団で生活している介護施設で感染が拡大したことが死者数の増加につながったと言われていますが、防護服やマスクは病院に優先的に回され、介護施設にまで十分に行き渡らなかったことが原因とも指摘しています。産経新聞ロンドン特派員の記事をそのまま紹介することになってしまいましたが、実にわかりやすく書いてくれたことを感謝したいと思います。

英 初動対応つまずく

外出制限遅れ、医療体制不十分

コロナ死者 世界２番目

英国での新型コロナウイルスの死者数が、米国に次ぐ世界第２位となり、欧州では世界最悪レベルの感染拡大を経験したイタリアを抜いて最多となった。死者数がここに来て増加したのは、外出制限の遅れなど、ジョンソン政権による初動対応のつまずきが主な要因とみられている。（ロンドン　板東和正）

＝２面に関連記事

ジョンソン首相は３月中旬ごろまで、人口の一定割合がウイルスへの免疫を獲得することで感染を抑制する「集団免疫」の手法を目指していた。医療現場の負担を考慮し、３月23日に外出制限を開始する方針に転換したが、同月初旬～中旬に外出制限をすでに始めていたイタリアやフランスなどに比べて出遅れた。

感染症の専門家は「英国の医療サービスが充実しているとはいえない現状を考えると、ジョンソン氏は１人でも多くの国民を新型コロナに感染させない対策を早期に行うべきだった」との見方を示す。

■隔離不十分

英国は近年、与党・保守党政権下の緊縮財政に伴う公的支出の抑制により、医療従事者や医療設備が不足するなど医療サービスの低下が問題になっていた。

経済協力開発機構（ＯＥＣＤ）などによると、人口１千人当たりの医師数はドイツが４・３人、イタリアが４・０人、スペインが３・９人、フランスが３・２人なのに対し、英国は２・８人と少ない。

英国の呼吸器専門医であるジェシカ・ポッター氏は米紙ニューヨーク・タイムズへの寄稿で「英国は、他の大半の欧州諸国よりも集中治療用のベッドが少ない」と指摘する。英国はＰＣＲ検査も他の欧州諸国に比べて遅れており、感染者の隔離が十分にできていなかった可能性がある。防護服やマスクが不足する中、最前線で治療に当たる看護師や医師の感染リスクも深刻化している。

■保護されず

英国の医師らを支援する「英国医療協会」が４月下旬、国内の約１万６千人の医師に「現場で新型コロナ感染からどの程度保護されているか」を質問したところ、約65％が「部分的にしか保護されていない」もしくは「全く保護されていない」と感じたと回答した。

英メディアによると、医療現場では、医師や看護師が防護服の代わりにごみ袋をかぶって治療する光景がよく見られ、病院のカーテンを切って医師が手術着を自前で作ることもあるという。

英政府は４月、１万６８８８人の医療従事者とその家族が新型コロナの検査を受けたところ、およそ３分の１の５７３３人の感染が確認されたと発表した。

一方、重症化しやすい高齢の入所者らが集団で生活している介護施設で新型コロナの感染が拡大したことも、死者数の増加につながった。防護服やマスクは患者を抱える病院に優先して回されており、介護施設には十分に行き渡らなかったとみられている。

英医学誌「ランセット」のホートン編集長は英メディアに、英国での新型コロナへの対応について、「最も深刻な科学政策の失敗だ」と断じた。

６日、英議会での討論に臨むジョンソン英首相。議員はまばらだ　（ロイター）

□ドイツ——なぜ死亡者が少ないのか

ドイツの新型コロナウイルス感染者は、他の欧州諸国と比べてそんなに少ないわけではありません。しかし、死亡者となると3分の1程度に抑えられています。どうしてなのか。この疑問に答えてくる記事があります。日本経済新聞の4月5付け2面の「早い初動、1月6日対応」と同紙4月15日付け2面の「独、在宅・隔離進み対応早く　新型コロナ、際立つ低い死亡率」です。

それによりますと、低い死亡率の大きな要因として、初動の早さと大規模検査が挙げられます。ドイツ政府の感染症対策の専門機関であるロベルト・コッホ研究所は、中国での新型コロナウイルスの検出が伝わったばかりの1月6日には作業グループを設置しています。そして1月末に初の感染者が見つかるや、在来型インフルエンザより約10倍もの危険があると結論づけ、対応策を策定、専門医と学者、医療技術者が交代で週末も検査できる態勢を作ったということです。

4月5日時点の数字ですが、ドイツの1日当たりの検査数は5万件で2000件程度の日本の25倍にも達しています。その背景には、平時からインフルエンザなどの感染症にそなえていた数百の民間研究機関との連携がありました。院内感染を防止するため、患者を病院に呼び出さず、医師が自宅を訪問して検査したり、自宅で検査キットを使って献体を施設に送る郵送検査にも取り組むなどさまざまな工夫をしています。

死亡率の低さについては、充実した医療制度だけでなく、在宅勤務をしやすい仕組みや、リスクの高い高齢者は自立した生活を送るというドイツ流のライフスタイルも影響しているといいます。さらに感染したとしても自宅隔離しやすい広い家があるという住宅事情も無視できないというのです。何といっても大きいのは、世界規模のウイルス感染が起こったら、ドイツにどんな影響を及ぼすか、政府はどう動くべきか詳細なシナリオ分析を7年前の2013年1月に連邦議会（下院）がまとめた報告書に書かれているというのです。そこにはこうあります。

「感染スピードを鈍らせるには学校閉鎖や大規模集会の禁止しかない。電気やガスは供給できるが、航空・鉄道は滞り、医療はパンク。消毒液やマスクの調達も難しくなる。感染終息には3年かかるだろう」

今日あることを予見したかのような「備え」があればこそ、死亡者の数を抑えることができるということでしょう。

2020年４月５日 日本経済新聞

ドイツ、大規模検査の背景

早い初動、1月6日対応

自宅訪問や郵送も

【ベルリン＝石川潤】新型コロナウイルスの感染が広がる欧州で、ドイツの低い死亡率の要因とされる大規模検査に注目が集まっている。その背景には驚くほどの初動の早さと、平時からインフルエンザなどの感染症に備えていた数百の民間の研究機関との連携がある。ドライブスルー式や自宅への訪問による検査など様々な方法を導入し、大量に検査をしても医療現場に混乱が生じないよう工夫を凝らしている。

３月上旬のある深夜。ベルリンで暮らす50代の男性のもとに防護服とマスク姿の医師が現れた。職場の同僚が新型コロナに感染したためで、訪問は事前に告げられていた。男性と妻、２人の子供に対してその場で手際よく検査を実施。男性が自己隔離に入ると、２日後には「陽性」の結果が伝えられた。

現在、ドイツの１日当たりの検査数は５万件程度で、１日２千件程度の日本の25倍に達する。日本の医療関係者からは大規模な検査をすれば医療関係者の負担が急増するとの懸念が出ている。検査を増やすにつれ、ドイツでも医療関係者の感染が増えつつある。

ただ、院内感染の抑止に向け、一般患者の治療の場から検査場所を切り離すための多くの工夫をこらしている。患者を病院に呼び出さず、医師が自宅に訪問して検査する例も少なくない。ハンブルクの民間研究所は、自宅で検査キットを使って検体を施設に送る郵送検査の取り組みも始めた。

病院外のドライブスルー式の検査も急増している。感染が疑われる患者は主治医と電話で相談して検査の予約を取り、車で病院の駐車場や公共施設の一角などに設けられた検査場を訪れる。運転席の窓を開けて顔を向けると、防護服の医療スタッフが口から検体を素早く採取。検査は５分ほどで終わり、２日以内に結果が届く仕組みだ。感染者が多いドイツ西部のニーダーザクセン州だけでもこうした院外の検査センターは30を超える。

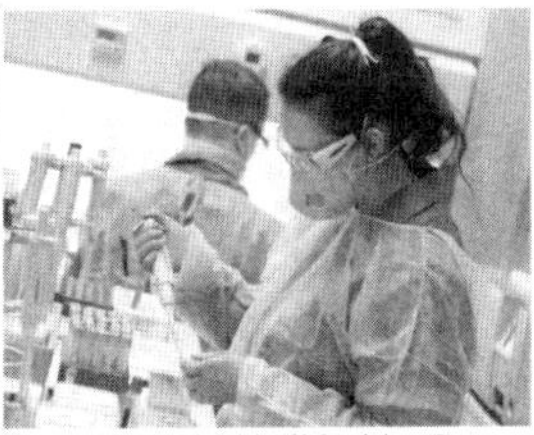

国内の研究所が総出で検査にあたっている（３月26日、ベルリン）＝ロイター

感染リスクがどれだけ高いかを診断するインターネットのサイトやスマートフォンのアプリも登場した。設問に答えて感染の可能性を判定し、必要に応じてテレビ電話での相談予約や臨時の検査場への訪問などを勧める。ドイツでは検査で陽性と判定されても、軽症なら自宅での自己隔離が可能で、医療現場に過度な負担がかからないようにしている。

ドイツで医療崩壊を防ぎながら大規模な検査が実施できているのは、専門家の初動が早かったことも背景にある。独政府の感染症対策の専門機関であるロベルト・コッホ研究所は中国での新型コロナウイルスの検出が伝わったばかりの１月６日に内部で作業グループを設置した。

ドイツ初の感染者が見つかった１月末には２交代制に移行。ほどなく新型コロナは従来型インフルエンザよりも約10倍危険だと結論づけた。これを受け、感染が広がった場合の対応策を策定。専門医と学者、医療技術者が交代で週末も検査できる態勢を即時に立ち上げられるようにした。「早い時期に警戒態勢に入ったことで検査能力を高める時間を稼ぐことができた」（ウィーラー所長）

国の機関だけでなくドイツ全土の民間研究機関を総動員できたことも大きい。日本では検査は公的機関が中心となって担っているが、ドイツでは数百の民間機関も従事。普段はインフルエンザ検査などに使っている設備を24時間稼働できる態勢にし、検査スピードを飛躍的に高めた。処理能力が１日４千件を超える研究機関もある。

ただ、大規模検査は必要な材料や設備、スタッフの不足といった問題にも直面している。死亡率は低いが、感染者は今なお増え続けている。メルケル首相は１日「我々の目指すところからはまだかなり遠い」と語った。

2020年４月15日 日本経済新聞

■新型コロナ、際立つ低い死亡率

独、在宅・隔離進み対応早く

真相深層

新型コロナウイルスの感染が広がるなかでドイツの死亡率の低さが目立つ。背景にあるのは充実した医療制度だけではない。在宅勤務をしやすい仕組みがあり、リスクの高い高齢者は自立した生活をおくるというドイツ流のライフスタイルもある。さらに感染したとしても自宅隔離がしやすい広い家があるという住宅事情にも注目すべきだ。

新型コロナの死者はイタリアが約2万人に達する一方で、ドイツは3千人程度にとどまる。そのドイツでいま注目されている文書がある。

まるで現状分析

「感染スピードを鈍らせるには学校閉鎖や大規模集会の禁止しかない。電気やガスは供給できるが、航空・鉄道は滞り、医療はパンク。消毒液やマスクの調達も難しくなる。感染終息には3年かかるだろう」

まるで現状分析のようだが、実は7年前の2013年1月に連邦議会（下院）がまとめた報告書だ。世界規模のウイルス感染が起こったらドイツにどう影響し、政府はどう動くべきか。A4判30ページあまりの詳細なシナリオ分析は新型コロナを予言しているようだ。

そして今年3月、政府が外出制限を発するとドイツは国家ぐるみで一気に動いた。例えばドイツ連邦銀行（中銀）。欧州中央銀行（ECB）が定めた金融緩和の実動部隊として値動きが激しい金融市場と向き合うが、それでも直ちに在宅勤務に切り替えた。

セントラルバンカーが自宅のパソコンで市場を監視し、債券を売買する。まさに「自宅で金融政策」。出勤するのは現金の安定流通を支える職員などにとどまり、ワイトマン総裁ですら週1回しかオフィスに顔をみせない。「なんの準備もなければ在宅勤務はできなかった。前もって自宅のパソコンで作業できるようにしていた」と独連銀筋は明かす。02～03年に大流行した重症急性呼吸器症候群（SARS）などの経験も踏まえて「万が一」に備えたという。

外出制限を導入したドイツでは街角から人通りが消えた（3月下旬のベルリン・ブランデンブルク門）＝ロイター

先行き心配 国民性が奏功

新聞や出版社といった業界までほぼテレワークというドイツ。もともとワークライフバランスの気風があることから批判はあまり聞こえてこない。公共放送ARDによると、国民の9割が外出制限などの「接触制限」に賛成する。

強固な医療システムも患者の回復を後押しする。経済協力開発機構（OECD）によると、重症者を運び込む集中治療室は人口10万人あたり約34床とイタリアの4倍。人工呼吸器大手ドレーゲルなどはドイツ企業で、政府は増産を頼みやすい。感染者を早期に見つけるための検査を増やす余力もある。

ほかにも見逃せないものがある。家庭内感染を防ぐライフスタイルだ。

欧州連合（EU）加盟国の65歳以上の人口比は、いずれも2割前後で大差ない。だが高齢者の生活スタイルは異なる。

ドイツなど北部欧州では、子供は早くから独立し、高齢の親とは同居しないのが普通だ。ところが南欧では、子供が成人しても親と同居するのが珍しくない。「ドイツでは、リスクの高い高齢者を隔離するのがイタリアよりも簡単だった」。そんな説を唱える医療関係者は少なくない。

住環境も手厚く

軽症者は自宅で回復を待つことになるが、仮に同居家族がいてもゲストルームがあることも多いドイツの広い家は自宅隔離がしやすい。独連邦統計庁は7日、自宅隔離にふさわしくない「狭い住居」に住む人の割合は約7%だと発表した。寝室と居間が同じだったり、成人した子供に独立した部屋がなかったりするのが「狭い」の定義でEU平均は16%、イタリアでは28%に達する。

これには歴史的な経緯がある。第2次大戦後、旧西独には共産圏から大勢の市民が逃げ込んだため、住宅整備が政策の柱となった。「量」だけでなく「質」も重んじて手厚い住環境を整えたのがコロナ禍で役に立った。

ドイツ社会の特徴を表すのに「ジャーマン・アングスト（ドイツの不安）」という言葉がある。先行きばかりを心配し、備えを固める気質を冷やかしたものだ。

新型コロナでも「最悪の事態」を念頭に置く。「国民の60～70%が感染する恐れがある」とメルケル独首相は語った。不都合なことでも事実ならば率直に伝え、素早くリスクを回避する――。そんなドイツの国民性がいまのところ奏功しているようにみえる。

（欧州総局編集委員　赤川省吾）

□日本――感染者・死亡者が格段に少ない理由

決して厳密な科学的分析ではありませんが、この問いについてはこう考えます。第一は衛生観念の問題です。日本は圧倒的に清潔だと言っていいでしょう。家に入る時にはちゃんと靴を脱ぎます。普段から石鹸を使って手洗いもやっています。お風呂にも入って清潔にしています。日頃からマスクもしています。欧米では、マスクをしていると病人や怪しい人間と思われるのでしないとも言われています。日本人はそうではありません。

米谷ふみ子さんはアメリカのロサンゼルスに住んで何十年にもなります。あらためて日本社会を考えます。昔も今も挨拶はお辞儀で表現します。深々と頭を下げますが、絶対に相手の体に触れません。それが感染防止には決定的に大事なことになります。その謙虚さが抑制になっているのです。生活習慣は大事なのです。

米谷さんは「国民皆保険制度」にも言及しています。皆保険制度は、すべての国民が日本全国どこにいても同じ医療を受けられるというものです。1961年に「皆保険」が実現します。人の命は同じはずです。お金のあるなしで差があってはならないという思想に基づくものです。これに対し、アメリカでは、黒人やマイノリティの人たちが差別されているため感染比率も高くなっているという見方が支配的です。

なぜ日本の死亡率が少ないのかについて考えるにあたって私が最も重視するのは、日本人の「恥の文化」です。アメリカの文化人類学者、ルース・ベネディクトが『菊と刀』という本で、欧米は「罪の文化」、日本は「恥の文化」という二元論で論じました。西欧人は絶対的な神の前で誓う。それに対して、日本人の行動基準は他者がどう見ているかに左右されるというものです。アメリカの社会学者であるD・リースマンが『孤独な群衆』で規定した「他人志向型」です。2人に共通しているのは「個人の自立」という点で、日本人は劣っているという見方です。

そうでしょうか。今回の新型コロナウイルス対策で日本は、罰則付きで外出制限などの強硬措置に踏み切った諸外国と違って、あくまでも国民に自粛を求める形を取りました。法律上強制はできないということはありましたが、国民を信頼する、みんなに迷惑がかかるようなことは恥ずかしくてできない、そんな日本特有の「良心」に委ねたのです。その結果は明らかです。国民は見事その期待に応えました。諸外国に対しても改めて「日本型」の何たるかを示したように思われます。

4. 新型コロナウイルスで世界は変わるか

□コロナ後を予測する

人、モノ、金、情報のグローバル化は必然の流れと思われてきましたが、新型コロナウイルスの蔓延で各国は「鎖国主義」を取らざるを得なくなりました。自国民を守るため「一国主義」にならざるを得なくなったのです。「コロナ後」の世界はどうなるかについて、読売新聞の大塚隆一記者は、4月19日付けの6面「あすへの考」というコーナーでスケールの大きな分析を示しています。

アメリカのキッシンジャー元国務長官は「コロナ後は同じ世界ではなくなる」と見るが、「これまでの流れが加速するだけ」と言う論者も多い中で、短期的に見ればどうなるのでしょうか。

大塚記者はこう指摘します。まず海外旅行者など国境を越えた人の動きは間違いなく激減する。難民や移民の受け入れを拒む風潮も高まる。モノの動きも落ち込むだろう。その一方で、世界中に張り巡らされたネット上の情報のやり取りは勢いが増す。テレワークや遠隔授業の広がりで世の中のデジタル化にさらに拍車がかかる。その意味では、グローバル化は一段と加速するだろうと。

それでは中長期的に見れば世界はどうなるのでしょうか。先進国の今後について3つのことを予測しています。第1は、国家の役割が増し、規模も権限も拡大する「大きな政府」への流れが強まる。第2に、国家の役割の増大と一見矛盾するが、グローバル化の大きな流れは止まらない。短期的にモノや人の動きが滞るにしても長続きはしない。欧米の社会は移民抜きで成り立たないという現実もある。第3に、デジタル化は21世紀を通じた大きな潮流になる。今後も競争力の源泉であり続けるからである。ただし、米中の覇権争いの行方は読めないと言います。最も肝心なアメリカの出方が分からないからです。

新型コロナウイルスは、EUの存在理由を問うことになりました。産経新聞の三井美奈パリ支局長が、4月7日付けでとてもいい論考を掲載しています。イタリアのコンテ首相は「コロナ債」と呼ぶユーロ圏共同債を発行し、感染のひどい国の救済を求めた。「これができなければ、EUは終わりだ」とまで必死に訴えたが、ドイツのメルケル首相は「むちゃな期待はしないで」と応じなかった。新型コロナウイルスは「EU市民の命はだれが守るか」という問いを突きつけたが、医療崩壊にあえぐイタリアに「EU応援団」は来なかった。

各国政府は自国民の防衛で精一杯で、次々国境を閉じ、「国境のない欧州」は瞬時に「鎖国の共同体」に変わった。ＥＵは近年、米中に対抗する「強い欧州」を掲げ、独自の安全保障構築に動いたが、安保とは、域外への対テロ部隊派遣や核兵器による抑止だけでない。中核は市民の命を守ることにある。ＥＵ市民は感染の恐怖の中、「安全を保障してくれるのは国家」だと思い知った。ウイルスとの戦争が終わった後、イタリア人もドイツ人も「ＥＵは何のためにあるのか」と問い直すことになるだろう。そして「欧州の結束」は、平和な時代の掛け声ではなかったかと思うだろうと結んでいます。

2020年４月19日 読売新聞

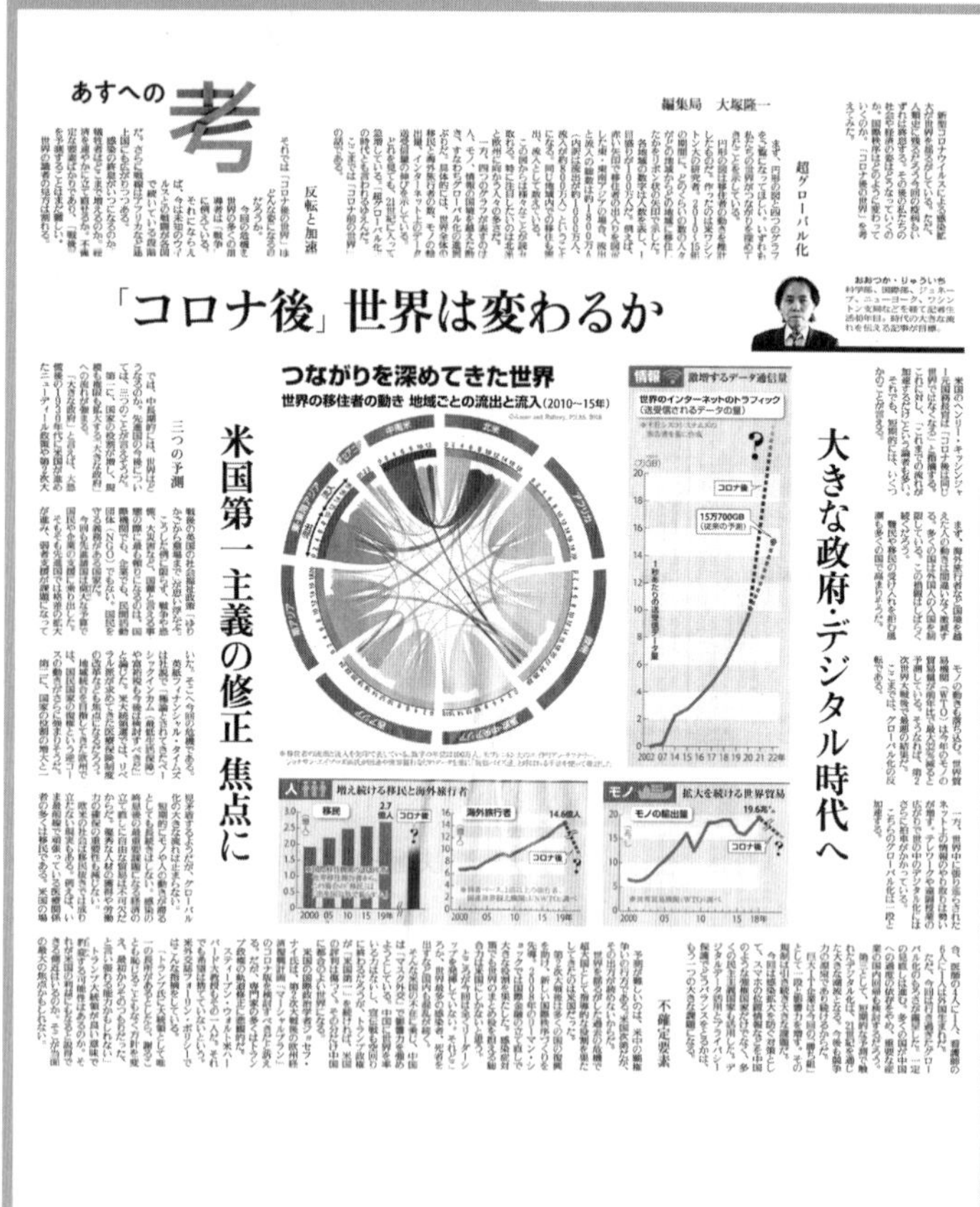

あすへの考

編集局 大塚隆一

新型コロナウイルスによる感染拡大が世界を揺るがしている。ただ、人類史に残るだろう今回の惨禍もいずれは終息する。その後の私たちの社会や経済の姿はどうなっていくのか。国際秩序はどのように変わっていくのか。「コロナ後の世界」を考えてみた。

おおつか・りゅういち 科学部、国際部、ジュネーブ、ニューヨーク、ワシントン支局などを経て記者生活40年目。時代の大きな流れを伝える記事が目標。

超グローバル化

反転と加速

「コロナ後」世界は変わるか

大きな政府・デジタル時代へ

米国第一主義の修正 焦点に

三つの予測

不確定要素

2020年4月7日 産経新聞

緯度経度

EUは人命を守るのか

三井美奈

欧州連合（EU）で、新型コロナウイルスの感染による死者は4万人を超えた。まるで「戦時中」のような緊迫感の中、首脳たちは3月末、テレビ会議でとげとげしい応酬を交わした。

イタリアのコンテ首相は「コロナ債」と呼ぶユーロ圏共同債を発行し、感染のひどい国々の救済を求めた。「これができなければ、EUは終わりだ」と、必死に訴えた。

ドイツのメルケル首相は「むちゃな期待はしないで」と応じない。

スペインのサンチェス首相はコンテ氏に加勢し、「今が緊急事態だと分かっていますか」とメルケル氏に食ってかかった。会議は決裂した。

共同債は、ユーロ圏加盟国が借金を共有する仕組みだ。発行を求めたイタリア、スペイン、フランスは、いずれも重債務国。これ以上、国債発行ができないので「ユーロの傘」を頼った。実際にはドイツやオランダ、北欧の財政健全国が、負担を肩代わりすることになる。一見すると、10年前のギリシャ危機の「南北対立」が再燃したようだが、今回は人命がかかっている点でずっと重い。

新型コロナは、「EU市民の命はだれが守るのか」という問いを突き付けた。

その答えはすぐに出た。医療崩壊にあえぐイタリアに、「EU支援団」は来なかった。各国政府は、自国民の防衛に精いっぱい。次々と国境を閉じ、「国境のない欧州」は瞬時に、「鎖国の共同体」に変わった。

コンテ首相は「欧州の連帯を示せ」と熱弁をふるうが、イタリアの責任も問われねばならない。

2月、北イタリアで集団感染が発覚し、EUで出入国審査を免除するシェンゲン協定の見直しが浮上した際、伊政府は「国境は封鎖するな」の一点張りだった。ディマイオ外相は外国記者団を前に「外国で誤った情報が流れ、わが国の名誉と経済を傷付けている。ここは安全」と主張。観光客を呼び戻すため、ミラノ大聖堂を再開した。

今考えると、まるで自殺行為である。

EUは近年、米中に対抗する「強い欧州」を掲げ、独自の安全保障構築に動いた。だが、安保とは、域外への対テロ部隊派遣や核兵器による抑止だけではない。中核は、市民の生命を守ることにある。

EU市民は感染の恐怖の中、「安全を保障してくれるのは国家」だと思い知った。各国で続く外出制限は国民から、就労や教育の機会、集会の自由まで奪った。それでも、独仏両国では約95％が支持した。

18世紀、フランスの思想家ルソーは「社会契約論」で、人が生来持つ「自由の権利」を権力者に委ねるのは、自己保存のためだと論じた。民主主義体制で、みんなが大きな自由を獲得した今も、本質は同じ。換言すれば、自分を守ってくれない政体に、誰も縛られようとは思わない。

EUは7日、ユーロ圏財務相会合を開く。EUがプールした基金を使い、感染被害の大きい国を支援する仕組みが浮上する。一国の債務危機は域内全体に広がるから、経済が絡むと互いに妥協せざるを得ない。

だが、ウイルスとの戦争が終わった後、イタリア人もドイツ人も「EUは何のためにあるのか」を問い直すことになるだろう。「欧州の結束」は、平和な時代の掛け声ではなかったか、と。

（パリ支局長）

□コロナ禍に見る人種間格差と大統領選の行方

新型コロナウイルスの感染拡大はアメリカにおける人種間の格差を浮き彫りにしています。死者に占める黒人の割合が多いというのです。読売新聞4月10日付けの記事を紹介しましょう。アメリカCNNの4月7日の時点でのまとめによると、黒人の人口比率が14%のミシガン州で黒人の死者は40%、黒人比率が32%の南部ルイジアナ州では黒人の死者が70%、そしてイリノイ州シカゴでは黒人比率は30%だが、死者では72%に上りました。

要因の1つに挙げられるのが普段の健康状態の悪さです。疾病対策センター（CDC）のデータでは、20歳以上の成人で黒人の肥満率は49・6%で、ヒスパニック系（44・2%）や白人（42・2%）、アジア系（17・4%）に比べて高い。さらに糖尿病や高血圧などでも高い傾向にあるそうです。

雇用環境が影響したという見方もあります。地下鉄やバスの運転手、ゴミ収集など生活に不可欠なサービスを提供する低賃金の職種に黒人やヒスパニック系が多く、こうした職種は在宅勤務が難しいという事情があります。自らも黒人のジェローム・アダムス医務総監はホワイトハウスでの会見で「在宅勤務ができる仕事についている黒人は5人に1人、ヒスパニックは6人に1人だ」と述べています。ニューヨーク州のクオモ知事の言うように、「貧しい人ほど代償を払わされている」という現実が露わになっていると言えます。

新型コロナウイルスは、11月3日に投票が行われる大統領選にも大きな影響を与えると見られます。今回の大統領選は元々、再選を目指すトランプ氏の信任投票の色合いが濃いと言われています。トランプ氏も「我々は力強く復活しつつある。世界で最も素晴らしい経済を築いた。それを再び築く。非常に早くだ」と実績を強調しています。

しかし、新型コロナウイルスへの対応で初動対応が遅れたとの厳しい批判があります。アメリカには危機の際に指導者の支持率は上がるというジンクスがあります。トランプ氏の支持率も一時的には上がりましたが、感染者・死者とも飛び抜けて他国より多いうえ経済も悪化しているという状況で、コロナ危機の前に戻っています。

大統領選を巡る全米の世論調査の4月1日現在の平均では、民主党のバイデン氏の47・4%に対し、トランプ氏は42・1%とリードされています。大統領は全米の総得票ではなく、州ごとの得票で決まることから、支持率がそのまま勝敗を決めるわけではありません。トランプ氏には岩盤のような「堅い支持層」があるとも言われています。大統領選の行方は予断を許しませんが、コロナ対応が大きな鍵になることは確かでしょう。

2020年４月10日 読売新聞

米死者比率 黒人高く

新型コロナ

健康状態や雇用環境 影響か

【ニューヨーク＝橋本潤也】新型コロナウイルスの感染が拡大する米国で、死者に占める黒人の割合が高いとの報告が各地から上がっている。専門家らは、肥満や糖尿病などの病気を抱える率が高いことや、在宅勤務が困難な職種に多く就いている点が原因として指摘され、人種間の格差が反映されているとみられている。〈関連記事１面〉

NY市 ヒスパニック系も

8日、米中西部ミシガン州デトロイトで感染予防のためにマスクや手袋を着けるバスの運転手（AP）

中西部ミシガン州デトロイトのバス運転手の黒人男性(50)が3月、フェイスブックに動画を載せ「パンデミックの最中にもかかわらず、（乗客が）口を覆わず何度もせきをしていた」と抗議をした。運転席近くで女性がせきをし続けたという。男性が4日後に体調を崩し新型コロナの感染で1週間後に死亡したことで、動画は注目を浴びた。

一部の州で最近、死者の人種別の内訳を公表し始めているが、目立つのが人口比率を大きく上回る黒人の死者の多さだ。米CNNの7日のまとめでは、黒人の人口比率が14％のミシガン州で黒人の死者は40％、黒人比率が32％の南部ルイジアナ州では黒人の死者が70％だった。イリノイ州シカゴで黒人比率は30％だが、死者では72％を占めた。

ニューヨーク州の8日の発表によると、ニューヨーク市でも、黒人の死者が28％（人口比22％）で、白人の27％（同32％）を上回った。ヒスパニック系も34％（同29％）と高い。

要因の一つに挙げられるのが普段の健康状態の悪さだ。米疾病対策センター（CDC）の２０１７～18年のデータでは、20歳以上の成人で黒人の肥満率は49・6％で、ヒスパニック系（44・8％）や白人（42・2％）、アジア系（17・4％）に比べて高い。糖尿病や高血圧などでも高い傾向がある。肥満や高血圧の人、糖尿病の人は、新型コロナの感染で重篤化する危険が指摘されている。

雇用環境が影響したとの指摘もある。地下鉄やバスの運転手、ゴミ収集など、生活に不可欠なサービスを提供する低賃金の職種に黒人やヒスパニック系が多いが、こうした職種は在宅勤務が難しい。ニューヨーク州のアンドリュー・クオモ知事は8日の記者会見で、「貧しい人ほど代償を払わされている」と強調した。

人種格差の問題に取り組む団体の代表で、ニューヨーク市ブルックリンの医師ウーチェ・ブラックストックさん(42)は「患者は圧倒的に黒人やヒスパニック系が多く、警察官や公共交通機関の運転手、配達をする人などが目立つ」と指摘する。低所得層の黒人を集める人種差別的な住宅政策のなごりで、医療サービスが貧弱な地域に黒人が住むケースも多い。ブラックストックさんは「社会環境に恵まれず、不健康な黒人に感染が急拡大するのは当然だ」とも述べ、人種別データを早期に公表し、感染が深刻な地域に効果的な対策を講じるべきだと訴えている。

新型コロナウイルスによる死者のうち、黒人が高い比率を占める

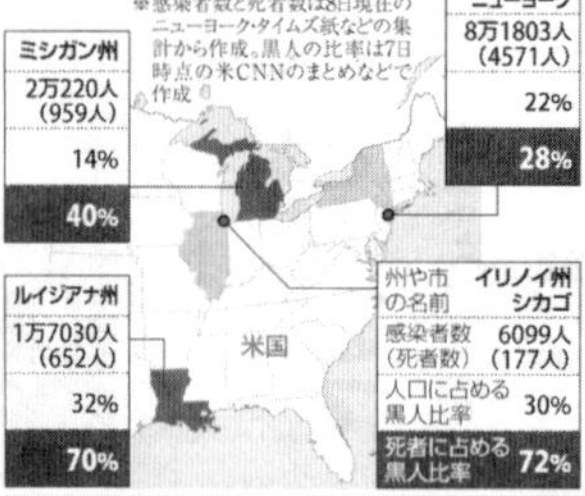

2020年４月９日 産経新聞

米 格差浮き彫り

富裕層、別荘地に退避／貧困層、際立つ致死率

コロナ禍

【ニューヨーク＝上塚真由】新型コロナウイルスの感染拡大防止に国を挙げて取り組む米国で、貧富の格差が浮き彫りとなっている。ニューヨーク市では別荘地へ退避する富裕層が続出する一方、市内の一部地域の地下鉄車内は、コロナ禍の最中でも出勤せざるを得ない人たちで混雑する状態に。低所得者層が多い中西部ミシガン州デトロイト市の致死率が際立つなど、貧困層を直撃する実態が指摘され始めている。

混雑する地下鉄

ニューヨーク市中心部から30分ほどのブロンクス区。３月末のある日の朝、地下鉄の「１７０丁目」の駅ホームで電車を待つ人でごった返す様子がソーシャルメディア（ＳＮＳ）に投稿された。市中心部の駅は閑散とする中、全く違う光景に衝撃が広がった。

この周辺は、平均世帯収入が約２万２千ドル（約２４０万円）と州平均の３分の１程度で、所得水準が低いブロンクス区の中でも最も貧しい地域の一つ。コロナ禍の最中でも、生計を維持するため出勤せざるを得ない人たちは、感染防止策として推奨されている「ソーシャルディスタンス（他人との距離）」を確保できない状態だ。州の自宅待機命令を受けて、ニューヨークの地下鉄を管轄する州都市交通局（ＭＴＡ）は３月末から、地下鉄を本数を減らして運行。米紙ニューヨーク・タイムズは、低所得者層が多く住む地区だけでは混雑が続く状態に「地下鉄は、都市の不平等の象徴となっている」と指摘した。

一方、ニューヨーク市の富裕層は、州外や市郊外の別荘地に退避する様子が報じられる。夏の別荘地として人気の同州ロングアイランドのハンプトンズには富裕層が殺到し、物件の月額賃貸料が通常の３倍以上となっているという。

10万人当たりの感染者数でも違いが明白だ。富裕層が多いマンハッタン区は５４６人にとどまる一方、ブロンクス区と、移民が多いクイーンズ区は約２倍の１千人前後に。米メディアは「移民や貧困層が暮らす地域では、狭いアパートに複数の家族で住んでいるケースが多いことも感染拡大の要因」と指摘する。

水道供給絶たれ

新型コロナへの対策には手洗いが効果的だが、米国の貧困地域ではそれすらままならない実情がある。世界的な自動車の町として知られるデトロイト市は２０１３年７月に財政破綻した後、立て直し策として水道料金滞納世帯への断水を敢行。ＡＰ通信によると19年末には累計で12万７５００世帯が未納を理由に水道水の供給を絶たれた。

また、デトロイト市は人口の約８割が黒人だ。米国では他州でも黒人の死者の多さが目立っている。黒人のジェローム・アダムス公衆衛生局長官は７日、米メディアに「私を含め、米国の黒人は新型コロナになるリスクが高い」と言及。アダムス氏によると、医療機関にアクセスできない人が多いこと、また糖尿病、高血圧、心臓病などの基本疾患を抱えている人が多いことなどが要因として考えられるという。

米ニューヨーク市クイーンズ区のスーパーの前で列をつくる人々。移民が多い同区では、富裕層が多い地区よりも新型コロナの感染率が高い＝４日（ＡＰ）

ＮＹ州死者 １日最多731人

【ニューヨーク＝上塚真由】米東部ニューヨーク州のクオモ知事は７日の記者会見で、州内の新型コロナウイルス感染による死者が前日から７３１人増えて５４８９人になったと明らかにした。１日当たりの死者数では最多。州内の感染者は前日より約８千人増えて13万８８３６人となった。

また、州内のニューヨーク市が７日午後までに確認した死者数は３５４４人で、２００１年の米中枢同時テロの犠牲者数（２９７７人）を上回った。

ニューヨーク州における１日当たりの死者数は、４日に発表した６３０人をピークに、過去２日間は６００人未満に減少していたが、再び増加に転じた。

クオモ氏は、死者数の増加について「感染実態が遅れて反映する数値だ」と説明した。また、入院患者の増加数が横ばいとなっていることから、感染ピークに差し掛かっているとの認識を示し、ソーシャルディスタンスをとる対策の効果が出ていると強調した。

米ジョンズ・ホプキンズ大の集計によると、米国全体の死者は１万２千人を超え、感染者は約40万人となった。

2020年５月４日 朝日新聞

対コロナ最大の争点

2020 米大統領選 あと半年

11月3日に投票が行われる、米大統領選まで半年。新型コロナウイルスが猛威を振るうなか、最大の争点は共和党のトランプ大統領(73)による対応の評価となっている。トランプ氏は悪化の一途をたどる経済の復調に期待を込めるが、現段階の支持率では民主党のバイデン前副大統領(77)にリードを許している。

トランプ氏 誤算・逆風

経済失速・対応遅れと批判

新型コロナウイルス
米国内の感染者は110万人超、死者は6万人超と、いずれも世界最悪。初期対応を怠り、被害が広がったとの批判も

経済は悪化の一途
1～3月期のGDPは前期比4.8%減で、6年ぶりのマイナス成長。失業率は戦後最悪の水準まで悪化する可能性も

支持率は上がらず
「戦時大統領」を名乗って一時的に支持率が上がるも、会見での言動などに批判が集まり、40%台前半の水準に戻る

民主党は挙党態勢
サンダース上院議員が撤退し、民主党候補はバイデン前副大統領に内定。支持表明が相次ぎ、挙党態勢づくりが進む

「我々は力強く、復活しつつある。世界でもっとも素晴らしい経済を築いた。それを再び、築く。非常に早くだ」

4月28日、トランプ氏はホワイトハウスで中小企業支援のためのイベントを開き、こう語った。「専門家は、我々がパンデミックの最悪の日々から抜けたと考えている」とも述べ、経済が上向きになると強調。続いて、政権の支援を受けたというレストラン経営者らが登壇し、「危機の中での大統領のリーダーシップに感謝している」と語った。

今回の大統領選は元々、再選を目指すトランプ氏の「信任投票」の色合いが濃い。トランプ氏は数々の問題発言やスキャンダルを抱えながらも、記録的な平均株価などを実績として掲げ、有権者にアピールするつもりだった。ところが、新型コロナによって好調な経済はすっかり消えてしまった。1～3月期の実質国内総生産（GDP）の速報値は、年率換算で前期比4・8%減で、6年ぶりのマイナス成長となった。歴史的に低かった失業率は逆に、1930年代の世界恐慌の水準まで悪化する可能性すら指摘されている。

新型コロナをめぐるトランプ氏の対応も、追い打ちをかけている。

米国では危機の際には政治指導者の支持率が上がる傾向にあり、トランプ氏も一時的に上昇した。しかし、トランプ氏は2月末まで「ある日になれば、（ウイルスは）奇跡のように消える」など発言しており、初期対応が遅れたとの批判が強い。最近も消毒液がウイルスを殺すことに触れ、「体の中に注入できないか」と発言したことが物議を醸している。この間、米国内は新型コロナの感染者数が110万人、死者数が6万人を超え、ともに世界最悪だ。トランプ氏の支持率も、コロナ危機の前の水準に戻った。

米国では再選を目指しながら敗れた大統領は、歴史上も「失敗者」と評価される。それだけに、トランプ氏は早く経済活動を再開させたいとみられる。歴代大統領に詳しいダグラス・ブリンクリー米ライス大教授は、「トランプ氏にとって今回の大統領選は、世界恐慌の対応に失敗して1期で終わったフーバーになるか、大恐慌を克服したルーズベルトになるか、という分かれ目だ」と語る。

バイデン氏 挙党態勢

オバマ氏ら 支持表明続々

一方、民主党側はサンダース上院議員が4月8日に大統領候補者争いから撤退表明し、バイデン氏が候補に内定した。そのバイデン氏は自宅にこもった生活が続いており、インターネットを使った演説などをしているが、メディアへの露出は少ない。ただ、サンダース氏やオバマ前大統領らは次々と支持を表明しており、党内は固まりつつある。

政治専門サイト「リアル・クリア・ポリティクス」による全米の世論調査の1日現在の平均では、バイデン氏の支持率が47・4%で、トランプ氏の42・1%をリードしている。もっとも、大統領選は全米の総得票ではなく、州ごとの結果によって決まる。4年前もトランプ氏は民主党のクリントン元国務長官に総得票で300万票以上の差をつけられながら、中西部の複数州を小差で制したことで当選した。

バージニア大政治センターのカイル・コンディック氏は「バイデン氏のリードは堅調だが、この傾向がずっと続くかはわからない。また、トランプ氏の支持率は約4割にとどまるが、安定している。選挙は五分五分の勝負だ」とみる。

（ワシントン＝園田耕司）

4月7日にあった米ウィスコンシン州の予備選で投票するために並ぶ有権者＝ロイター

予備選投票で感染

郵便投票 増えれば開票遅れも

新型コロナによる、投票への影響も懸念されている。中西部のウィスコンシン州では4月7日に大統領選の予備選が行われたが、州当局によるとこの日に投票したり、投票所で働いたりしていた人で、新型コロナの感染が確認された人は50人超いるという。

同州の予備選では、投票した約155万人のうち、約110万人が不在者投票の手続きを取り、投票用紙を郵送するなどした。米メディアによると、4年前の予備選の約5倍の人数で、多くの有権者は投票所に行くことを避けた形だ。ただ、こうした不在者投票や郵便投票の制度が全州にあるわけではない。

また、米国の郵便投票は当日消印有効となることが多く、数が増えれば開票作業にも影響する。

今回のウィスコンシン州の予備選は裁判所の決定により、投票から1週間後の4月13日まで開票されなかった。こうした事態が起きれば、11月の大統領選の結果もすぐに判明しない可能性がある。

第1章

いざというときに役立つ新聞の力

1．元号が変わる─そのとき新聞は

「新聞の力」とは何だろうかということをあらためて考えてみると、新型コロナウイルスもそうですが、歴史的に大きな出来事があったときに、その出来事の本質的な意味は何なのか、歴史的にどう位置づけられるべきかを読者の前に描き出すことではないかと思います。そのためには多角的に分析し、整理した形で読者の前に明らかにしなければなりません。これこそ新聞の力ではないでしょうか。

２０１９年の日本国内の最大の歴史的出来事は何かと言えば、これはもうずばり「改元」です。時代の大きな転換点を新聞はどのように取り上げたのか、言い換えれば新聞が時代の証言者になるわけですから、そこを丹念に見ていくことから始めていきたいと思います。

□時代の証言者となる紙面づくり

元号が平成から令和に変わるという歴史的な出来事は、新聞という媒体の底力が試される試金石でもありました。新聞各社は総力を挙げ、英知を集めて紙面づくりに取り組み、各社の特徴は「別刷り特集」などで示されました。見出しについても各紙が工夫を凝らし、歴史が変わる瞬間を鋭く切り取り、紙面に反映していこうという新聞人の意気込みが感じられました。まさに改元は新聞にとって大いに力を発揮できる好機であったのです。

第一章では、元号の発表から天皇陛下即位の報道までの各紙の紙面を分析、丁寧に解説していきたいと思います。

▢新元号　令和に決定

4月2日の読売の朝刊は「『令和』次代へ」という大見出しとともに、4月1日午後に新元号の決定を受け談話を発表したときの安倍首相の写真を大きく掲載しました。1面に安倍首相の写真を掲載したのは読売だけです。4月1日の夕刊3版までは読売も新元号を掲げる菅官房長官の写真でしたが、それ以降は安倍首相の写真を掲載しました。他紙は揃って菅官房長官の写真を掲載したため、そのことだけを切り取って読売は安倍首相寄りであるという批判も聞こえてきました。

私たちは報道が適切であったかどうか毎日検証していますが、それではなぜ安倍首相の写真だったのか。その理由の1つは、「平成」の発表時では竹下首相は談話だけで会見はしていません。小渕官房長官が発表しましたが、今回は安倍首相自ら18分も会見しています。しかも「令和」という新元号は安倍首相の強い意向で決まったという背景を考えれば、安倍首相の写真をメインで使うのはむしろ自然であると思われるとの考えからのようです。ただ、テレビでは各局とも菅官房長官の映像を流しました。他の新聞の紙面も菅官房長官が飾っていることから、安倍首相の写真を掲載したことは安倍寄りであると批判されたのでしょう。

朝日は「令和　新元号万葉集から」[1]の見出しで、菅官房長官の写真を掲載、安倍首相の写真は企画の第1回目「初の国書　首相こだわり」の写真として小さく添えているだけです。産経の1面も主たる写真は菅官房長官ですが、1面に安倍首相のインタビューを写真付きで載せているのが目を引きます。安倍首相は記者会見をし、テレビなどのインタビューにも答えていますので、内容それ自体に新味があるわけではありませんが、歴史的な節目に最高指導者の単独インタビューを載せることには一定の意味があります。

一方、毎日の1面には首相の写真はありません。しかし、他の新聞にはない特徴があります。「万葉集　中西氏考案か」と1面見出しで打ち、「令和」は中西進・大阪女子大学名誉教授の案の可能性があると報じています。もう1つ、毎日では新元号を準備する専門職として内閣官房に「特定問題担当」が設けられ、尼子昭彦氏が極秘に選定作業に携わっていたが、2018年5月に死去したと伝えています。毎日の取材がかなり深かったことが推察されます。

2019年４月２日 読売新聞

「令和」次代へ

5月1日 平成から改元

万葉集出典 初の国書

政府は1日の臨時閣議で、「平成」に代わる新しい元号を「令和（れいわ）」と決定した。現存する日本最古の歌集「万葉集」から引用した。確認できる限り、日本の書物（国書）が元号の出典となったのは初めて。新元号は皇太子さまが即位する5月1日午前0時に改められる。

読み「れいわ」

中西氏考案か 古典研究

心寄せ合う中で文化育つ 首相

頭文字「R」

初春令月 気淑風和 梅の和歌序文

令和

新元号 万葉集から

5月1日施行

平成に代わる新しい元号は「令和（れいわ）」に決まった。菅義偉官房長官が1日、首相官邸で記者会見して発表した。奈良時代に完成した日本に現存する最古の歌集「万葉集」を典拠とした。日本で記された国書を典拠とする元号は、確認できる限り初めてとなる。元号を改める政令は即日公布。皇太子さまが新天皇に即位する5月1日に施行される。

令和は248番目となる元号。「令」の字が使われるのは初めてで、「和」は20回目。アルファベットの頭文字での表記は「R」とする。

典拠となった万葉集は20巻から成り、約350年間にわたって詠まれた約4500首を集めている。天皇から防人、無名の農民まで幅広い歌人が含まれ、地方の歌も多くある。引用したのは梅の花の歌の序文「初春の令月にして、気淑く風和ぎ、梅は鏡前の粉を披き、蘭は珮後の香を薫らす」（書き下し文）。歌人・大伴旅人が大宰府長官時代に宴会を開いた時につくった。

安倍晋三首相は記者会見で「厳しい寒さの後に見事に咲き誇る梅の花のように、一人ひとりの日本人が、明日への希望とともに、それぞれの花を大きく咲かせることができる。そうした日本でありたいとの願いを込めた」と述べた。

元号の選定手続きは1日午前9時ごろから始まり、菅氏は横畠裕介・内閣法制局長官の意見を聴いたうえで、元号の原案として6案を選定。有識者9人による「元号に関する懇談会」、大島理森衆院議長ら衆参両院の正副議長、全閣僚会議で意見を聴いた。元号を「令和」に改める政令を臨時閣議で決めたうえで、午前11時41分に菅氏が発表した。

㊤新元号「令和」を発表する菅義偉官房長官＝1日午前11時41分、首相官邸、西畑志朗撮影
㊦記者会見する安倍晋三首相＝岩下毅撮影

「令和」（れいわ）の典拠

■出典
「万葉集」巻五、梅花の歌三十二首并せて序

■引用文
初春令月、気淑風和、
梅披鏡前之粉、蘭薫珮後之香

■書き下し文
初春の令月にして、気淑く風和ぎ、
梅は鏡前の粉を披き、蘭は珮後の香を薫らす

■現代語訳（中西進著「万葉集」から）
時あたかも新春の好き月、空気は美しく風はやわらかに、梅は美女の鏡の前に装う白粉のごとく白く咲き、蘭は身を飾った香の如きかおりをただよわせている

「英弘（えいこう）」「広至（こうじ）」「万和（ばんな）」「万保（ばんぽ）」など候補

政府が「元号に関する懇談会」などに提示した六つの原案は、「令和」のほか、「英弘」「広至」「万和」「万保」などだったことが、複数の政府関係者への取材でわかった。

皇太子さま・陛下へ 閣議決定後に伝達

新元号とともに天皇に即位する皇太子さまや、現在の天皇陛下に新元号が伝えられたのは菅官房長官が発表する直前の1日午前11時半過ぎ。新元号は臨時閣議で決定後、宮内庁の山本信一郎長官に電話で伝えられ、山本長官が東宮御所で待機していた西村泰彦次長に電話。西村氏はメモを取り、皇太子さまに見せた。万葉集からの出典とも伝えた。皇太子さまはにこやかな表情で「わかりました」とこたえたという。天皇陛下にも同じ頃、皇居・御所で山本長官から伝えられた。「いつものような表情でお聞きいただいた」という。陛下はその後、新元号に関する政令に署名・押印した。安倍首相はこの日、陛下や皇太子さまに面会しなかった。

平成から令和へ 退位改元 1

初の国書 首相のこだわり

日本の歴史上で初めてとなる国書を典拠とした元号となった「令和」。国書へのこだわりは、安倍晋三首相の1日の記者会見に表れていた。「我が国の悠久の歴史、薫り高き文化、そして四季折々の美しい自然。こうした日本の国柄をしっかりと次の時代へと引き継いでいくべきだ」

首相は2006～07年の1次政権時代から「元号の典拠は国書の方がいいよね」と周囲に語っていた。今年2月下旬の財界人との会合で新元号が話題になると、自ら「国書」という言葉を2回繰り返したという。

昨年10月に中国を訪問した際には、日中の企業関係者を集めたフォーラムで、こんなあいさつをしていた。

「5世紀、日本に漢字がもたらされた。漢文の奥深さは日本語を豊かにした。19世紀になると、日本人は漢字を使って西洋の思想を翻訳した。新しい単語は中国に逆輸入され、今でも中国語として使われている」

中国の伝統文化に敬意を表しつつも、日本の独自性を強調する発言は「そろそろ国書から元号を」という思いがにじんでいた。

今年1月、これに呼応するようにある論考が発表された。「中国古典にとらわれず新元号を」。筆者は山梨県鳴沢村にある別荘で毎夏、首相と懇談を重ねる日本財団の笹川陽平会長だ。

「日本には優れた古典の歴史があり、特に明治以降は約1千語もの和製漢語が中国に導入され、現在も広く使用されている」と指摘。「新元号は中国の古典からの引用をやめ、わが国独自の自由な発想で定めてほしい」とも提言した。

元号を決める4月1日当日。政府の原案は、A4判の1枚の紙に六つ、縦書きで記された。典拠は国書と漢籍が三つずつ。50音順に並び、左端が「令和」だった。

首相官邸での全閣僚会議で、杉田和博官房副長官は6案の出典や意味を、順番に説明。最後の「令和」については、こう付け加えた。「『令』という字が元号に使われたことはありません」。有識者による懇談会でも「令和」への支持が多かったことを報告した。

「私も日本のものから取るのがいいと思います」。河野太郎外相が口火を切ると、他の閣僚からも賛同する意見が相次いだ。

安倍首相は会議をこうまとめた。「今までずっと漢籍だった。国書も立派な歴史を積み重ねてきたから、国書からの出典でもいいのでは。みなさんの意見を踏まえて令和にしたい」

2面に続く

2019年４月２日 産経新聞

新元号「令和（れいわ）」

出典は万葉集　日本古典から初

来月1日施行

首相「元号は時代の薫り伝わる」

本紙単独インタビュー

日本人の誇り　次世代へ

「令和」の典拠

関連記事

「主張」耐え抜く梅	2
国民の祝意	2
悩んだ首相	3
時期に期待	5
怪物を待望	11
祝賀一色に	19
希望の花を	24
	25

万葉集
奈良時代にまとめられた、現存する最古の歌集。日本語の音を漢字で表記した「万葉仮名」が用いられた。大伴家持が編纂（へんさん）に関わったとされる。全20巻に4500首余りを収めた。宮廷儀式など晴れの場で歌われた雑歌（ぞうか）から、男女の恋愛を歌った相聞歌（そうもんか）、死者を悼む挽歌（ばんか）などさまざまな題材を含み、短歌、長歌以外にも多様な形式の歌が収録されている。代表的歌人は額田王や柿本人麻呂、山上憶良ら。

2019年４月２日 毎日新聞

新元号 令和（れいわ）

初の国書典拠 首相主導

万葉集 中西氏考案か

来月１日施行

政府は1日、「平成」に代わる新元号を「令和」に決定し、政令が公布された。皇太子さまが新天皇に即位する5月1日午前0時に施行される。出典は現存する日本最古の歌集「万葉集」で、国書から引用した元号は初めて。考案者は万葉集の研究者として知られる中西進・大阪女子大名誉教授(89)＝日本文学＝の可能性がある。新元号案6案を基に協議した全閣僚会議で安倍晋三首相が最終的に決定。首相は記者会見で国書を典拠とする意義を強調した。【樋口淳也、野口武則】

令和の出典は、万葉集の「梅花の歌三十二首」の漢文で書かれた序文「初春の令月にして、気淑く風和ぎ、梅は鏡前の粉を披き、蘭は珮後の香を薫らす」。首相は会見で令和の趣旨を説明する談話を発表。万葉集について「庶民も含めて地位や身分に関係なく幅広い人々の歌が収められ、我が国の豊かな国民文化を象徴する国書だ」と述べ……

漢文で記した「和風」

万葉集 巻五 梅花歌三十二首并序

初春令月 気淑風和

梅披鏡前之粉 蘭薫珮後之香

「特定問題担当」極秘の30年

職員 昨年５月死去

□平成終幕

２０１９年４月30日、憲政史上初となる天皇陛下の退位により、平成は幕を閉じ、翌５月１日には皇太子様が即位されて令和が始まるという歴史的な出来事を、果たして新聞はどのように国民のみなさんに伝えたのでしょうか。平成から令和へ移り変わる４月30日付けの紙面と５月１日付の令和の決定における新聞各紙を徹底分析することで時代が大きく変わる瞬間を見ていこうと思います。

まずは４月30日付の新聞です。読売は13面からを「抜き取り特集」として構成し、永久保存版に仕立てています。特集ではまず年表があり、平成とはどういう時代であったのか、３人の識者が回顧しています。大切なのは次の時代へどのようにバトンタッチするかということですから、ここで各新聞のアイデアが試されるわけです。読売は３回に分けて「平成３００の顔」として、時代の寵児となった３００人の人たちの笑顔をまとめました。もちろん次の時代を背負う若い世代もたくさん登場しています。

また、きちんとした論考も必要であることから、著名な歴史学者が江戸時代と平成を比較した論考を載せています。ともすれば平成時代は天皇陛下の慰霊の旅や大きな災害ばかりに目が行きがちですが、ほかの時代と比較することで平成とはどういう時代であったのかが浮き彫りにされてきます。

さらに、4月28日から「皇室特集必見の5日間」とし、特集記事を出し続けました。5日間の記事を本紙から引き抜くとそれぞれが保存版になる構成になっており、読者にも好評でした。

次に産経新聞の4月30日付けの記事に注目しますと、天皇陛下の言葉を再録しています。すでに新聞に載せたからもうよいということではなく、時代の節目のときには何度でも載せるということが大切であると思われます。

では、日経新聞はどうでしょう。みなさんご存知のように日経新聞は経済紙ですから何か大きな出来事があったときでもトップ記事には経済に関連したものを掲せるのが定番になっています。しかし、この改元という歴史的出来事に関してはさすがの日経も特集を組んでいます。「民間から皇室へ」という見出しで始まり、被災地、追悼と、退位までを検証しています。「被災地」や「平和への希求」、「慰霊の旅」という風にとてもよく整理され、まとまった形で紙面を構成していることに私は感心しました。新聞社の方針で本書に掲載不可なのは、とても残念です。

朝日新聞は、通常紙面を広告とタイアップした特別紙面で覆うという形をとりました。そこには「平成紡いだ1万1070日」という見出しが大きく躍っています。実はこのように通常紙面を覆うやり方は過去にも例があり、読者の注目を集めるにはとても効果的な方法だと思います。上の方に「天声人語」から抜き出した言葉を並べてあり、いかにも朝日らしいと思いますが、本書には掲載できませんでしたが、広告で使われている写真がどういう意図なのかちょっと分かりづらいというのが正直な感想です。キャプションによると「昭和30年、新橋駅前でプロレスを観戦する人々」とあります。これがどのような意味を持つのか、少しインパクトが弱いのではないかと私は思いました。興味深いのは通常紙面の中身が淡白で、普段とあまり変わっていない印象だったことです。他紙が総力上げて抜き取りの形で「特集」を組んでいるのでその淡白さが余計気になりました。

　このように歴史的出来事に遭遇したときは「全紙買ってすべて読み比べるべし」と私は声を上げたいと思います。まさに新聞の力が試されるときであり、いろんな新聞を読み比べてみることはとても意味あることだと考えます。

2019年４月30日 読売新聞

陛下きょう退位

平成終幕へ

天皇陛下（第125代、御名・明仁＝あきひと）はきょう30日、皇室典範特例法の規定に従って退位される。同日夕には皇居で国の儀式「退位礼正殿の儀」に臨まれる。在位の期間は30年3か月余り、日数は1万1071日に及んだ。憲政史上初となる天皇の退位により、平成は幕を閉じ、5月1日に皇太子さまが即位されて令和が始まる。

陛下は1933年12月23日生まれで現在85歳。89年1月7日、昭和天皇の崩御に伴い、55歳で即位された。即位後朝見の儀で国民の代表を前に「日本国憲法を守り、これに従って責務を果たす」と述べ、人々の幸福と平和のために尽くされた。

平成時代は、東西冷戦が終結し、グローバル化が進み、日本人がスポーツや研究分野などで国境を超えて活躍する一方、高齢化が進み、東日本大震災を始めとして自然災害が相次いだ。

陛下は皇后さまと共に、福祉施設の視察や被災地への訪問、戦没者の慰霊などに取り組まれた。

82歳だった2016年8月、象徴の在り方についての考えをビデオメッセージで発表。高齢により、「全身全霊をもって象徴の務めを果たしていくことが難しくなる」などと述べ、退位の意向を示唆された。

政府が設置した有識者会議などで議論され、17年6月、陛下に限って退位を実現する特例法が成立。同年12月の皇室会議を経て、退位日が今月30日と決まった。天皇の退位は江戸時代の光格天皇以来、202年ぶりとなる。

30日の退位礼正殿の儀は午後5時から、皇居・宮殿「松の間」で、国の儀式として行われる。両陛下を始め、皇太子ご夫妻、秋篠宮ご夫妻ら成年の皇族方が参列されるほか、三権の長や閣僚、県知事、市町村の代表ら約300人が出席する。

儀式の会場には、皇位の証しの剣と曲玉、天皇が執務で使う御璽（天皇の印）と国璽（日本国の印）が置かれる。安倍首相による国民代表の辞に続き、陛下が天皇として最後のお言葉を述べられる。

午前中には、皇居・宮中三殿で退位を報告する「退位礼当日賢所大前の儀」などに臨まれる。

夕刻 儀式で最後のお言葉

改元関連

連載「令和改元」	2
退位後の活動	3
徳川時代に学ぶ	9
若者の声	10
平成名残惜しむ	28
感謝尽きず	29

退位当日の行事の流れ

午前10時～	退位礼当日賢所大前の儀	宮中三殿
	退位礼当日皇霊殿神殿に奉告（ほうこく）の儀	宮中三殿
午後5時～	退位礼正殿の儀	宮殿
5時半～	皇太子ご夫妻ら皇族方、親族、宮内庁職員、元側近が両陛下にあいさつ	宮殿
7時15分～	侍従職の職員が両陛下にあいさつ	御所

伊勢神宮への参拝を終え、集まった人々に手を振られる天皇、皇后両陛下（18日、三重県伊勢市の宇治山田駅で）＝中根新太郎撮影

被災地訪問 37回

天皇陛下は在位中、憲法で定められた国事行為や、象徴の地位に基づく公的行為に日々、取り組まれた。

国事行為では、内閣からの書類への署名、押印を3万1800件以上行ったほか、大臣や最高裁判事ら2800人以上の認証官を任命された。着任した外国大使からあいさつを受ける信任状奉呈式には、910回臨まれた。

公的行為では、1995年の阪神大震災や2011年の東日本大震災など、大災害の被災地に入り、被災者を見舞われた。お見舞いや復興状況視察のための被災地訪問は37回に上った。

遠隔地や離島の旅も、象徴の務めとして大切にされた。即位後、皇后さまと47都道府県を2巡し、全国の562市区町村を訪ねられた。

戦後50、60、70年のそれぞれの節目には国内外の激戦地を巡られた。節目にあわせた戦没者慰霊や引き揚げ者による開拓地への訪問は21回に達した。

国際親善のため、28か国を公式訪問された。

抜き取り特集
平成グランドフィナーレ〈下〉 13 16 17面
両陛下の歩み 14 15 19面
識者座談会㊤ 18面

2019年4月30日 読売新聞

改

平成300の顔

＜下＞
平成21年（2009年）～平成31年（2019年）

平成31年
4月30日(火)

両陛下 30年アルバム
平成グランドフィナーレ ＜下＞21年～31年
両陛下 出会いと子育て
読者座談会＜上＞

皇室特集 必見の5日間

引き抜くと保存版に

すでにお届け

4月28日(日)
▶平成グランドフィナーレ ＜上＞元年～10年
▶基礎からわかる皇室

4月29日(祝)
▶平成グランドフィナーレ ＜中＞11年～20年
▶基礎からわかる皇位継承

あすからも注目の記事

5月1日(祝)
▶令和 皇室の構成図
▶退位の日 写真グラフ
▶読者座談会＜下＞

5月1日はさらに別刷り特集
▶新天皇、皇后両陛下の歩み
▶皇室これからの1年
▶新天皇ご一家の暮らし
▶元号248 壮観絵巻

5月2日
▶紙面で見る 新天皇ご一家の歩み
▶即位・改元 写真グラフ
▶秋篠宮ご一家 もっと知りたい
▶皇室 将来像を考える
▶5.1列島ドキュメント

がんばろう ふくしま！

笑顔の次代へ

天皇、皇后両陛下の歩み

●白抜き数字は陛下、丸数字は皇后さまの年齢。国名や都道府県は当時

1989年（昭和64・平成元年）
- 1月7日 55 54 昭和天皇崩御。陛下、第125代天皇に即位
- 1・8 「平成」と改元
- 2・10 皇后さま、日本赤十字社名誉総裁に
- 5・20 全国植樹祭で徳島県へ。即位後初の地方訪問（〜21日）
- 10・16 陛下、平成初の国賓、ジンバブエのムガベ大統領と会見。宮中晩さん会

90年（平成2）
- 6・29 56 55 秋篠宮さま、紀子さまと結婚
- 11・12 56 「即位礼正殿の儀」が行われる
- 11・22 大嘗祭「大嘗宮の儀」（〜23日）

91年（平成3）
- 1・10 57 3年ぶりの歌会始の儀
- 7・10 雲仙・普賢岳（長崎県）噴火の被災地へ
- 9・26 即位後初めての外国訪問としてタイ、マレーシア、インドネシア訪問（〜10月6日）
- 10・23 57 秋篠宮家に長女眞子さま誕生、初孫

92年（平成4）
- 5・15 58 都内で沖縄復帰20周年記念式典に出席
- 10・23 58 中国訪問（〜28日）。天皇の訪中は史上初

93年（平成5）
- 4・23 59 天皇として初めて沖縄訪問（〜26日）
- 6・9 皇太子さま、雅子さまと結婚
- 7・27 北海道南西沖地震の被災地・奥尻島へ
- 8・6 国王の葬儀参列でベルギー訪問（〜9日）
- 9・3 イタリア、ベルギー、ドイツ訪問（〜19日）
- 10・20 59 皇后さま、59歳の誕生日に倒れて一時的に声を失われる

94年（平成6）
- 2・12 60 東京・小笠原諸島へ。硫黄島で戦没者慰霊（〜14日）
- 6・10 米国訪問（〜26日）
- 10・2 フランス、スペイン訪問（〜14日）
- 12・29 61 60 秋篠宮家に次女佳子さま誕生

95年（平成7）
- 1・31 阪神大震災の被災地見舞いで兵庫県へ
- 7・26 戦後50年の慰霊の旅で長崎県へ。8月3日までに広島、沖縄、東京都慰霊堂を訪問

96年（平成8）
- 12・23 63 62 ペルーの日本大使公邸人質事件（翌年4月17日）で天皇誕生日の祝賀行事を中止

97年（平成9）
- 5・30 ブラジル、アルゼンチン訪問（〜6月13日）

98年（平成10）
- 2・7 64 63 長野五輪の開会式に出席
- 5・23 英国、デンマーク訪問（〜6月5日）
- 9・21 国際児童図書評議会（IBBY）の世界大会（インド）で皇后さまがビデオ講演

99年（平成11）
- 11・12 65 65 即位10年の記念式典に出席

2000年（平成12）
- 5・20 66 オランダ、スウェーデン訪問（〜6月1日）
- 6・16 香淳皇后逝去

01年（平成13）
- 12・1 67 67 皇太子ご夫妻に長女愛子さま誕生

02年（平成14）
- 6・30 68 サッカー・ワールドカップ日韓大会の決勝戦（横浜）を観戦
- 7・6 ポーランド、ハンガリー訪問（〜20日）
- 9・28 皇后さま、初の単独海外訪問でIBBY創立50周年記念大会出席のためスイスへ（〜10月3日）

03年（平成15）
- 1・18 69 68 陛下、前立腺がんの手術（2月8日退院）
- 7・1 北海道有珠山噴火の被災地へ
- 11・14 69 奄美群島復帰50周年記念式典で鹿児島県へ（〜17日）。陛下は即位後、47都道府県を訪問

04年（平成16）
- 7・1 70 陛下、がん再発を抑えるホルモン療法開始
- 10・2 香川県を訪問（〜5日）。皇后さまとそろって47都道府県を訪れる
- 11・6 70 新潟県中越地震の被災地へ

05年（平成17）
- 3・24 71 愛知万博開会式に出席
- 5・7 ノルウェー訪問（〜14日）
- 6・27 戦後60年の慰霊で米サイパン島訪問（〜28日）
- 11・15 71 長女紀宮清子さん（現姓・黒田）が東京都職員、黒田慶樹さんと結婚
- 11・24 皇室典範に関する有識者会議が女性・女系天皇を容認する報告書を公表

慰霊の旅 平和願い

多くの日本人が身を投げたサイパン島のバンザイクリフに向かって黙礼される両陛下（2005年6月）

❶戦後50年の「慰霊の旅」で広島市の平和記念公園を訪れ、原爆死没者慰霊碑に献花された天皇、皇后両陛下❷長崎市の平和公園を訪問された天皇、皇后両陛下＝いずれも1995年

広島・長崎・沖縄

戦後50年の「慰霊の旅」として、戦没者の名前が刻まれた「平和の礎（いしじ）」をご覧になる天皇、皇后両陛下（1995年8月、沖縄県糸満市の平和祈念公園で）

全国戦没者追悼式

お言葉を述べられる天皇陛下と皇后さま（2018年8月、東京都千代田区の日本武道館で）

> あまたなる
> 命の失せし崖の下
> 海深くして
> 青く澄みたり

天皇陛下、サイパン島訪問＝2005年

戦後の節目に向き合う

平成は、戦後50年、60年、70年という節目を迎える一方で、東日本大震災などの多くの自然災害に見舞われた時代だった。天皇、皇后両陛下は国内外の激戦地や被災地を巡り、傷ついた人たちに寄り添われた。これらの旅路は「平成流」と呼ばれた。

両陛下が「慰霊の旅」を始められたのは戦後50年の1995年。長崎、広島、沖縄と、大空襲のあった東京・下町で追悼された。戦後60年には、天皇として初めて慰霊を目的とした外国訪問を実現。多くの日本人が身を投げた米・サイパン島の断崖で黙礼された。戦後70年にはパラオのペリリュー島を訪問された。

陛下は、歴代初めて即位後に沖縄の地を踏まれた天皇でもある。訪問は皇太子時代を含めて11回。戦没者追悼に加え、独自の短歌「琉歌」や歌劇「組踊」の振興を後押しされた。

災害の発生直後に現地入りし、被災者を見舞うスタイルを築かれたのも陛下だった。1995年1月、両陛下は発生2週間後の阪神大震災の被災地に足を運び、ひざをついて被災者を励まされた。2011年3月の東日本大震災では、東北3県などの避難所を7週連続で巡られた。最後の訪問は昨年11月の北海道厚真町。ともに84歳での訪問だった。

阪神・東日本…被災地励まし

[illegible]両陛下（2011年4月）

避難所を訪問中、泣き崩れる女性をやさしく抱きしめなぐさめられる皇后さま（1995年1月、[illegible]で）

2019年４月30日 読売新聞

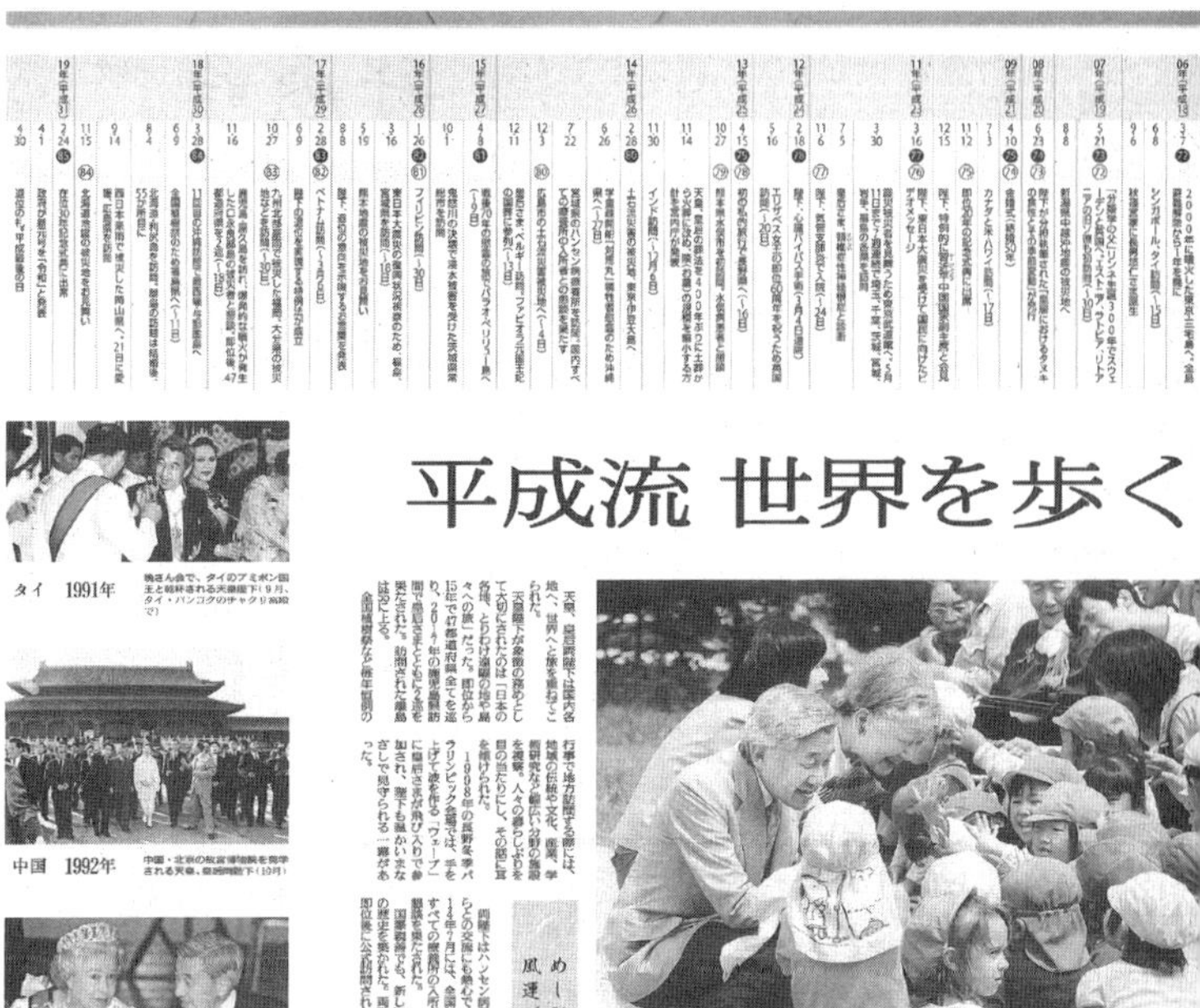

06年（平成18）
3.7 (72) 2000年に噴火した東京・三宅島へ。全島避難解除から1年を機に
6.8 シンガポール、タイ訪問（～15日）
9.6 秋篠宮家に長男悠仁さま誕生
07年（平成19）
5.21 (73)(72) 「分類学の父」リンネ生誕300年でスウェーデン訪問へ。エストニア、ラトビア、リトアニアの計5か国を訪問（～30日）
8.8 新潟県中越沖地震の被災地へ
08年（平成20）
6.23 (74)(73) 陛下が分析執筆された「皇居におけるタヌキの食性とその季節変動」が発行
09年（平成21）
4.10 (75)(74) 金婚式（結婚50年）
7.3 カナダと米ハワイ訪問（～17日）
11.12 (75) 即位20年の記念式典に出席
12.15 陛下、特例的に習近平・中国国家副主席と会見
11年（平成23）
3.16 (77)(76) 陛下、東日本大震災を受けて国民に向けたビデオメッセージ
3.30 被災者を見舞うため東京武道館へ。5月11日まで7週連続で埼玉、千葉、茨城、宮城、岩手、福島の各県を訪問
7.5 皇后さま、頸椎症性神経根症と診断
11.6 (77) 陛下、気管支肺炎で入院（～24日）
12年（平成24）
2.18 (78) 陛下、心臓バイパス手術（3月4日退院）
5.16 エリザベス女王の即位60周年を祝うため英国訪問（～20日）
13年（平成25）
4.15 (79)(78) 初の私的旅行で長野県へ（～16日）
10.27 (79) 熊本県水俣市を初訪問、水俣病患者と懇談
11.14 天皇、皇后の葬法を400年ぶりに土葬から火葬に改め、陵（お墓）の規模を縮小する方針を宮内庁が発表
11.30 インド訪問（～12月6日）
14年（平成26）
2.28 (80) 土石流災害の被災地、東京・伊豆大島へ
6.26 学童疎開船「対馬丸」撃沈犠牲者慰霊のため沖縄県へ（～27日）
7.22 宮城県のハンセン病療養所を訪問。国内すべての療養所の入所者との懇談を果たす
12.3 (80) 広島市の土砂災害被災地へ（～4日）
12.11 皇后さま、ベルギー訪問。ファビオラ元王妃の国葬に参列（～13日）
15年（平成27）
4.8 (81) 戦後70年の慰霊の旅でパラオ・ペリリュー島へ（～9日）
10.1 鬼怒川の決壊で浸水被害を受けた茨城県常総市を訪問
16年（平成28）
1.26 (82)(81) フィリピン訪問（～30日）
3.16 東日本大震災の復興状況視察のため、福島、宮城県を訪問（～18日）
5.19 熊本地震の被災地をお見舞い
8.8 陛下、退位の意向を示唆するお気持ちを表明
17年（平成29）
2.28 (83)(82) ベトナム訪問（～3月6日）
6.9 陛下の退位を実現する特例法が成立
10.27 (83) 九州北部豪雨で被災した福岡、大分両県の被災地などを訪問（～30日）
11.16 鹿児島・屋久島を訪れ、爆発的な噴火が発生した口永良部島の被災者と懇談。即位後、47都道府県を2巡（～19日）
18年（平成30）
3.28 (84) 11回目の沖縄訪問。与那国島などへ
6.9 全国植樹祭のため福島県へ（～11日）
8.4 北海道・利尻島を訪問。即位後の訪問離島は55か所目に
9.14 西日本豪雨で被災した岡山県へ。21日に愛媛、広島県を訪問
11.15 (84) 北海道地震の被災地をお見舞い
19年（平成31）
2.24 (85) 在位30年記念式典に出席
4.1 政府が新元号を「令和」と発表
4.30 退位の礼、平成最後の日

平成流 世界を歩く

天皇、皇后両陛下は国内各地へ、世界へと旅を重ねてこられた。

天皇陛下が象徴の務めとして大切にされたのは「日本の各地、とりわけ遠隔の地や島々への旅」だった。即位から15年で47都道府県全てを巡り、2017年の鹿児島県訪問で皇后さまとともに2巡を果たされた。訪問された離島は55に上る。

全国植樹祭など毎年恒例の行事で地方訪問する際には、地域の伝統や文化、産業、学術研究など幅広い分野の施設を視察。人々の暮らしぶりを目の当たりにし、その話に耳を傾けられた。

1998年の長野冬季パラリンピック会場では、手を上げて波を作る「ウェーブ」に皇后さまが飛び入りで参加され、陛下も温かいまなざしで見守られる一幕があった。

両陛下はハンセン病元患者らとの交流にも熱心で、2014年7月には、全国14か所すべての療養所の入所者との懇談を果たされた。

国際親善でも、新しい歴史を築かれた。両陛下が即位後に公式訪問された国は歴代最多の28か国。皇太子夫妻時代を含めると51か国で、非公式に立ち寄った国を加えると58か国に上る。

史上初めて天皇として中国を訪問されたのは1992年。歓迎晩さん会で「我が国が中国国民に対し多大の苦難を与えた不幸な一時期がありました。これは私の深く悲しみとするところであります」と述べ、日中の歴史に新しいページを開かれた。

英国やオランダでも根強い反日感情に向き合われた。

めしひつつ住む人多きこの園に
風運びこよ木の香花の香
皇后さま「多磨全生園を訪ふ」　1991年

タイ　1991年　晩さん会で、タイのプミポン国王と乾杯される天皇陛下（9月、タイ・バンコクのチャクリ宮殿で）

中国　1992年　中国・北京の故宮博物院を見学される天皇、皇后両陛下（10月）

イギリス　1998年　天皇陛下主催の答礼晩さん会で話を交わされる英エリザベス女王と天皇陛下（5月、英国・ロンドンのビクトリア・アンド・アルバート博物館で）

オランダ　2000年　学生寮の窓から顔を出した女子学生たちと立ち話をされる天皇、皇后両陛下（5月、オランダ・ライデンで）

ノルウェー　2005年　福祉施設の前で子どもたちの歓迎を受けられる天皇、皇后両陛下（5月、ノルウェー・オスロで）

山梨県北杜市の宿泊施設「清泉寮」で、園児らと交流される天皇、皇后両陛下（2005年8月）

地図にピン　思い出の数々

…訪れた市町村にピンが刺された地図をご覧になる天皇、皇后両陛下（2018年10月）＝宮内庁提供

ハンセン病療養所　入所者との懇談

国立療養所東北新生園の入所者と懇談される天皇陛下。両陛下はこの訪問で、全国14か所すべてのハンセン病療養所の入所者との懇談を果たされた（2014年7月、宮城県登米市で）

障害者福祉 大切に

障害福祉サービス事業所「あかね園」で作業の様子を視察される天皇、皇后両陛下（2006年12月、千葉県習志野市で）

47都道府県を２巡

出迎えた住民らに声をかけられる天皇、皇后両陛下。この訪問で、全国の47都道府県を2巡された（2017年11月、鹿児島県屋久島町で）

国民と共に歩む皇室

天皇陛下「今は日本のどん底です。どんなに苦しくなってものどん底からは、上がり、今よりも立派な新日本を建設しなければなりません」（昭和20年の終戦直後、11歳のとき作文に）

陛下「多くの尊い犠牲は、一時の行為や言葉によってあがなえるものではなく、人々が長い年月をかけて記憶し、一人一人、深い内省の中にあって、この地に心を寄せ続けていくことをおいて考えられません」（50年7月、初の沖縄ご訪問で献霊に訪れた「ひめゆりの塔」で、火炎瓶を投げ付けられた際の談話）

陛下「やはり、この国の象徴、国民の統合の象徴である、ということがどうあるべきかということを常に求めていくことにあるのではないかと思います」（62年12月の誕生日ご会見。あるべき天皇像について）

陛下「どうか復興に向けての希望を失うことのないよう、一日も早く被災地の生活が立ち直り、人々の上に安寧がもたらされることを切に祈っています」（平成7年1月、阪神大震災被災地ご訪問の感想）

「即位後朝見の儀」で天皇として初めてのお言葉を述べられる天皇陛下。皇后さま、皇太子さまも臨席された＝平成元年1月9日、皇居・宮殿「松の間」

沖縄・ひめゆりの塔前でこうべを垂れ、黙禱（もくとう）を捧（ささ）げられる天皇、皇后両陛下＝昭和50年7月17日

2019年４月30日 産経新聞

貫かれた陛下の思い

皇后さま「どうかこれからも、これまでと同じく、本が子どもの大切な友となり、助けとなることを信じ、子どもたちと本とを結ぶIBBYの大切な仕事を続けてください。子どもたちが、自分の中に、しっかりとした根を持つために。子どもたちが、喜びと想像の強い翼を持つために。子どもたちが、痛みを伴う愛を知るために。そして、子どもたちが人生の複雑さに耐え、それぞれに与えられた人生を受け入れて生き、やがて一人一人、私どもの全てのふるさとであるこの地球で、平和の道具となっていくために」（10年9月、ニューデリーで開かれた国際児童図書評議会＝IBBY＝世界大会でのビデオによる基調講演）

皇后さま「先の大戦のしこりの残るオランダへの旅は、私にとり厳しい旅でした。無事に訪問を終えることのできた今、この旅が陛下とオランダ女王陛下との間の40年近くにわたるご友情と、今回の訪問のため女王陛下が払ってくださったさまざまなご努力、そして双方の国の人々が、国家間で、個人間で、永年真剣に払ってきた努力の成果に、どれほど力強く支えられていたかをしみじみと思います」（12年10月、誕生日の文書ご回答）

皇后さま「平成8年に、らい予防法は廃止されましたが、今年は元患者の人々と国との間の裁判をめぐり、広く社会の関心がこの病に向けられました。療養所で、入所後の長い日々、実名を捨てて暮らしてきた人々が、人間回復の証しとして、次々と本名を名乗った姿を忘れることができません」（13年10月の誕生日の文書ご回答でハンセン病について）

陛下「私自身としては、桓武天皇の生母が百済の武寧王の子孫であると、続日本紀に記されていることに、韓国とのゆかりを感じています」（13年12月、誕生日ご会見）

陛下「私が『柳行李一つで』と皇后に結婚を申し込んだと今も言われていますが、このようなことは私は一言も口にしませんでした」（同）

皇后さま「小泉総理の北朝鮮訪問により、一連の拉致事件に関し、初めて真相の一部が報道され、驚きと悲しみと共に、無念さを覚えます。なぜ私たち皆が、自分たち共同社会の出来事として、この人々の不在をもっと強く意識し続けることができなかったかとの思いを消すことができません」（14年10月、誕生日の文書ご回答）

陛下「沖縄の歴史をひもといていくということは島津氏の血を受けている者として心の痛むことでした。しかし、それであればこそ沖縄への理解を深め、沖縄の人々の気持ちが理解できるようにならなければならないと努めてきたつもりです」（15年12月、誕生日ご会見）

皇后さま「昭和34年のご成婚の日のお馬車の列で、沿道の人々から受けた温かい祝福を、感謝と共に思い返すことがよくあります。民間から私を受け入れた皇室と、その長い歴史に傷を付けてはならないという重い責任感とともに、新しい旅立ちを祝福して見送ってくださった大勢の方々の期待を無にし、私もそこに生を得た庶民の歴史に傷を残してはならないという思いもまた、その後の歳月、私の中に常にあったと思います」（16年10月、誕生日の文書ご回答）

陛下「強制になるということでないことが望ましいですね」（16年10月、秋の園遊会。棋士で東京都教育委員会委員だった米長邦雄さんが「日本中の学校に国旗を揚げ、国歌を斉唱させることが私の仕事です」と述べたのに対し）

陛下「皇太子の発言の内容については、何回か皇太子からも話を聞いたのですが、まだ私に十分に理解しきれぬところがあります」「新たな公務も、そこに個人の希望や能力が生かされなくては本当の意味を持ち得ないし、与えられた公務を真摯に果たしていく中から、新たに生まれてくる公務もあることを、私どもは結婚後の長い年月の間に経験してきたからです」（16年12月、誕生日の文書ご回答。皇太子さまの「人格否定発言」などについて）

陛下「被災地の悲惨な状況に心を痛めています」「これからも皆が相携え、いたわり合って、この不幸な時期を乗り越えることを衷心より願っています」（23年3月、東日本大震災発生を受けたビデオメッセージ）

東日本大震災の発生を受け、ビデオメッセージで国民に語り掛けられる天皇陛下＝平成23年3月16日、皇居・御所応接室（宮内庁提供）

皇后さま「当初は、ともすれば希望を失い、無力感にとらわれがちになる自分と戦うところから始めねばなりませんでした。東北3県のお見舞いに陛下とご一緒に参りました時にも、このような自分に人々を見舞うことができるのか、不安でなりませんでした」（23年10月、誕生日の文書ご回答で、東日本大震災について）

皇后さま「（東京都）あきる野市の五日市を訪れた時、見せていただいた『五日市憲法草案』のことをしきりに思い出しております。長い鎖国を経た19世紀末の日本で、市井の人々の間に既に育っていた民権意識を記録するものとして、世界でも珍しい文化遺産ではないかと思います」（25年10月、誕生日の文書ご回答）

陛下「（大震災で）貴国の軍人が参加した『トモダチ作戦』をはじめ、多くの人々が行った支援活動は物の乏しい厳しい環境にあった被災者にとり、大きな支えとなりました」「両国民は先の戦争による痛ましい断絶を乗り越え、緊密な協力関係を築きました」（26年4月、米国のオバマ大統領を迎えられた宮中晩餐会）

皇后さま「80年前、私に生を与えてくれた両親は既に世を去り、私は母の生きた年を越えました。嫁ぐ朝の母の無言の抱擁の思い出と共に、同じ朝『陛下と殿下の御心に添って生きるように』と諭してくれた父の言葉は、私にとり常に励ましであり指針でした。これからもそうあり続けることと思います」（26年10月、誕生日の文書ご回答）

陛下「先の戦争においては、貴国を含むこの地域において日米の熾烈な戦闘が行われ、多くの人命が失われました」「亡くなった全ての人々を追悼し、遺族の歩んできた苦難の道をしのびたいと思います」（27年4月、パラオでの晩餐会）

陛下「ここに過去を顧み、先の大戦に対する深い反省とともに、今後、戦争の惨禍が再び繰り返されぬことを切に願い、全国民と共に、戦陣に散り戦禍に倒れた人々に対し、心からなる追悼の意を表し、世界の平和とわが国の一層の発展を祈ります」（27年8月、全国戦没者追悼式でのお言葉）

陛下「昨年私どもは、先の大戦が終わって70年の年を迎えました。この戦争においては、貴国の国内において日米両国間の熾烈な戦闘が行われ、貴国の多くの人が命を失い、傷つきました。私ども日本人が決して忘れてはならないことであり、このたびの訪問においても、私どもはこのことを深く心に置き、旅の日々を過ごすつもりでいます」（28年1月、ご訪問先のフィリピンで行われた晩餐会でのあいさつ）

陛下「このたびの訪問においては、それぞれの慰霊碑にお参りし、多くの人々が身を投じたスーサイドクリフとバンザイクリフを訪れ、先の大戦において命を落とした人々を追悼し、遺族の悲しみに思いを致しました。61年前の厳しい戦争のことを思い、心の重い旅でした」（17年12月、誕生日ご会見。米サイパン島ご訪問について）

皇后さま「学生のころよく通った神田や神保町の古本屋さんに行き、もう一度長い時間をかけて本の立ち読みをしてみたいと思います」（19年5月、欧州訪問を前にされた会見で、身分を離して一日を過ごせるなら、と問われ）

陛下「ブルーギルは50年近く前、私が米国より持ち帰り、水産庁の研究所に寄贈したものであり（略）今、このような結果になったことに心を痛めています」（19年11月、滋賀県での全国豊かな海づくり大会のごあいさつ。外来魚ブルーギルが琵琶湖などで増殖したことについて）

陛下「結婚50年に当たって贈るとすれば感謝状です」「結婚によって開かれた窓から私は多くのものを吸収し、今日の自分を作っていったことを感じます」（21年4月、結婚50年ご会見）

皇后さま「このたびも私はやはり感謝状を」「この50年間、陛下はいつも皇太子、また天皇としてのお立場を自覚なさりつつ、私ども家族にも深い愛情を注いでくださいました。陛下が誠実で謙虚な方でいらっしゃり、また常に寛容でいらしたことが、私がおそばで50年を過ごしてこられた何よりの支えであったと思います」（同）

両陛下のご発言

陛下「次第に進む身体の衰えを考慮する時、これまでのように全身全霊をもって象徴の務めを果たしていくことが難しくなるのではないかと案じています」「これまで天皇の務めとして、何よりもまず国民の安寧と幸せを祈ることを大切に考えて来ましたが、同時に事にあたっては、時として人々の傍らに立ち、その声に耳を傾け、思いに寄り添うことも大切なことと考えて来ました」（28年8月、「象徴の務め」についてのビデオメッセージ）

皇后さま「皇室の重大な決断が行われる場合、関わられるのは皇位の継承に連なる方々であり、その配偶者や親族であってはならないとの思いをずっと持ち続けて参りましたので、皇太子や秋篠宮ともよくご相談の上でなされた陛下のご表明も、謹んでこれを承りました。ただ、新聞の1面に『生前退位』という大きな活字を見た時の衝撃は大きなものでした。歴史の書物の中でもこうした表現に接したことが一度もなかったので、一瞬驚きと共に痛みを覚えたのかもしれません。私の感じ過ぎであったのかもしれません」（28年10月、誕生日の文書ご回答で、陛下の譲位ご意向について）

皇后さま「各地への旅も、もしかするとこれが公的に陛下にお供してこれらの府県を訪れる最後の機会かもしれないと思うと、感慨もひとしお深く、いつにも増して日本のそれぞれの土地の美しさを深く感じつつ、旅をいたしました」（29年10月、誕生日の文書ご回答）

陛下「戦後の長きにわたる平和な歳月に思いを致しつつ、ここに過去を顧み、深い反省とともに、今後、戦争の惨禍が再び繰り返されぬことを切に願います」（30年8月、全国戦没者追悼式）

皇后さま「陛下はご譲位とともに、これまでなさって来た全ての公務から御身を引かれますが、以降もきっと、それまでと変わらず、国と人々のために祈り続けていらっしゃるのではないでしょうか。私も陛下のおそばで、これまで通り国と人々の上に良き事を祈りつつ、皇太子と皇太子妃が築いてゆく新しい御代の安泰を祈り続けていきたいと思います」（30年10月、誕生日の文書ご回答）

陛下「平成の30年間、日本は国民の平和を希求する強い意志に支えられ、近現代において初めて戦争を経験せぬ時代を持ちました」「憲法で定められた象徴としての天皇像を模索する道は果てしなく遠く、これから先、私を継いでいく人たちが、次の時代、さらに次の時代と象徴のあるべき姿を求め、先立つこの時代の象徴像を補い続けていってくれることを願っています」（31年2月、在位30年記念式典で）

上空からのぞむ東京都心=本社ヘリから、迫和義撮影

2019年４月30日 朝日新聞

散りにしみ込む。それぞれの未来を抱きながら乗り合わせた人たちと、その人々を失った多くの人たちの無念の涙のようにも思われ、目を閉じた。

JR宝塚線脱線事故　2005・5・3

いっそ、領収書の裏に「役所を信じるな」と併記してはどうだろう。

消えた年金記録　2007・5・25

最後は「錬金術」におぼれた果ての、大証券会社の破綻である。

リーマン・ショック　2008・9・17

イトカワ表面に黒く映った特徴的な影、南十字が輝く天の川で燃え尽き、カプセルだけが光の尾を引いて地上に向かう絵は、私たちの胸に長く残るだろう。

はやぶさ帰還　2010・6・22

夜が明ければさらなる被害が確かめられよう。生命、財産、故郷の町並み。失われたものの大きさにうちのめされる人たちとの絆を失うまい。こんなときにつなぐための手が、私たちの心にはある。

東日本大震災　2011・3・12

これから7年、日本の立ち居ふるまいは今まで以上に世界から注視される。なにより震災からの復興と原発事故の収束である。汚染水の問題で安倍首相が切った見えを忘れまい。

東京五輪決定　2013・9・10

ビートルズは解散の前年に、こんな曲を残した。〈きみはその重荷を背負っていくんだ、ずっと〉。SMAPのそれぞれも同じかもしれない。植物のなかに、いくつもの花の種があると思いたい。

SMAP解散　2016・12・28

リッチ、グレート、ストロング。就任演説は、拍子抜けするほど素朴な形容詞であふれた。

トランプ米大統領就任　2017・1・22

詰まるところ、いまの議員を投票で選んだ私たちも試されていたわけである。

財務省、森友文書改ざん　2018・3・13

…掲載しました（全ページをご覧…

朝日新聞

本日は特別紙面でお届けします。
通常紙面は２面目からになります。

平成　紡いだ１万1070日

夜明けの東京都心。中央は丸の内や大手町など皇居を囲むビル群。左下には建設中の国立競技場の丸い屋根が見える＝本社ヘリから

元号案 首相指示で追加

「令和」3月下旬に提出

新元号「令和」は、安倍晋三首相の指示で政府が3月に複数の学者にさらなる考案を求め、国文学者の中西進氏が同月下旬に追加で提出した案だったことがわかった。首相が同29日の皇太子さまとの面会で、「令和」を含む六つの原案を示していたことも判明した。

▼2面＝濃い政治色

6原案 皇太子さまに事前説明

複数の政府関係者が明らかにした。首相は2月末、「国民の理想としてふさわしいようなよい意味」「書きやすい」「読みやすい」といった留意事項に基づき、事務方が絞り込んだ十数案について初めて報告を受けたが、学者に追加で考案を依頼するよう指示した。

政府は3月14日付で国文、漢文、日本史、東洋史などの専門家に正式委嘱。その前後の3月初めから下旬にかけて、国書と漢籍の複数の学者に追加の考案を打診した。その求めに応じて提出された複数案の一つが、中西氏が3月下旬に出した「令和」だった。

首相はその後、28日の首相官邸幹部らによる協議で「英弘」「久化」「広至」「万和」「万保」「令和」を原案とする方針を決定。政府関係者によると、首相は翌29日、皇太子さまとの一対一の面会で六つの原案を説明したという。

新元号「令和」は、4月1日の有識者による元号に関する懇談会、衆参両院正副議長への意見聴取、全閣僚会議を経て決まったが、首相は政府がこうした国民代表に意見を聴く前に、新天皇となる皇太子さまに元号案を説明していたことになる。皇太子さまへの事前説明は、日本会議などの保守派が求めており、自らの支持基盤に対する政治的な配慮だった。

憲法4条は天皇の国政関与を禁じている。皇太子さまは即位を目前に控えた立場だが、政府は「意見を求めず状況報告するだけなら、憲法上の問題は生じない」（内閣法制局幹部）としている。

これに対し、高見勝利・上智大名誉教授（憲法学）は「皇太子への事前説明は、元号の制定を天皇から切り離した元号法の運用を誤るものだ」と指摘。そのうえで「憲法4条は政治の側が天皇の権威を利用することも禁じている。特定の政権支持層を意識した首相の行為は、皇太子に意見を求めたかどうかに関係なく『新天皇の政治利用』にあたり、違憲の疑いがある」と批判している。

天皇陛下、きょう退位

平成 最後の日

天皇陛下が30日、退位する。天皇退位は1817年の光格天皇以来202年ぶり。陛下は85歳。30日に皇居で憲政史上初の「退位礼正殿の儀」に臨み、在位中最後の「おことば」を述べる。5月1日午前0時に59歳の皇太子さまが新天皇に即位し、元号は平成から「令和」となる。

陛下が2016年8月にビデオメッセージで退位の意向を示してから約2年9カ月。退位特例法による「一代限り」の退位となる。退位後、陛下は「上皇」に、皇后さまは「上皇后」となり、雅子さまが新皇后となる。秋篠宮さまが皇位継承順位第1位で皇太子待遇の「皇嗣」となる。

退位礼正殿の儀は4月30日午後5時から、皇居の宮殿・松の間で国事行為として行われる。代替わりでは、皇位のしるしとされる三種の神器（鏡、剣、璽〈まが玉〉）が新天皇に引き継がれる。憲法が定める政教分離原則への配慮から、儀式では剣と璽が、通常の国事行為の職務で使われる国璽（日本国の印）、御璽（天皇の印）とともに会場に置かれる。

皇后さまや皇太子ご夫妻ら成年皇族方のほか、衆参両院議長、最高裁長官、閣僚ら309人が参列を予定。安倍晋三首相が国民代表の辞を述べた後、陛下がおことばを述べる。

お二人は当面は現在の皇居のお住まいにとどまり、準備が整い次第、東京都港区の仮住まい先へ転居する。

新天皇の即位関連儀式は、1日午前10時半から「剣璽等承継の儀」が宮殿で予定されている。やはり、剣や璽、国璽・御璽が会場に置かれる。同席は皇位継承権のある成人の男性皇族に限られ、秋篠宮さま、現天皇陛下の弟・常陸宮さまの2人が参列する。女性皇族は参列しない。

午前11時10分から新天皇が国民の代表（首相ら）に会う「即位後朝見の儀」があり、天皇として最初のおことばを述べる。（[illegible]）

■退位・即位の儀式の流れ

〈4月30日午後5時〜〉

【退位礼正殿の儀】

- 首相が国民代表の辞を述べる
- 天皇陛下が在位中最後の「おことば」を述べる

〈5月1日午前0時〉

- 新天皇が即位、改元

〈午前10時半〜〉

【剣璽等承継の儀】

- 神器などを引き継ぐ

〈午前11時10分〜〉

【即位後朝見の儀】

- 新天皇が「おことば」を述べる
- 首相が国民代表の辞を述べる

同じ年月 重ねた

秋田県仙北市角館町の桧木内川堤で、桜が見頃を迎えた。堤防沿い約2キロに約400本のソメイヨシノが並ぶ。並木は85年前の1934年に、前年末の皇太子（今の天皇陛下）生誕と堤防の完成を祝い、住民らが植樹した。29日には、家族連れなど多くの観光客でにぎわった。岩手県雫石町から訪れた南野穂乃香さん(23)は「平成の最後を祝うかのようにきれいに咲いている」と話した。（福留庸友）

□令和への幕開け

今から30年以上前、昭和から平成へ変わるときにはどんな元号になるか関心もありましたし、マスコミは新元号をいち早く報道すべく水面下で大変な競争がありました。ただ、これは昭和天皇の崩御を前提とするわけですから、表立って議論はできませんでした。事実、昭和から平成に代わったとき世の中には沈痛な空気に溢れ、歌舞音曲を禁止するといった自粛ムード一色になったことは皆さんのご記憶にもあると思います。

ところが今回の場合は天皇が生前退位されるということでさまざまな議論が表立って交わされました。平成がどういう時代であったのか検証もできましたし、改元が社会に与える影響もいろんな角度からちゃんと予測することもできました。

大きな問題は、では改元の日をいつにするかということでした。1年の計は元旦にありと言いますから政府としては1月1日の改元を考えていました。しかし、正月には宮中の行事が集中することから政府の案は実現しませんでした。

「新元号フィバー」のような現象が生まれたことに賛否両論あるでしょうが、天皇制を考えるという意味でとても大切であったように思います。世界に例のない長さで続いている天皇制とはどういうものか、永続している理由は何なのかを国民が考えるきっかけになったと思われるからです。

5月1日午前0時、「令和」時代がスタートしました。新元号の大きな特徴はこれまでのように漢籍によるものではなく、現存する日本最古の歌集である「万葉集」から引用されたことです。

5月1日付の新聞は4月30日の紙面よりもさらに思想性というか新聞の個性が顕著になっています。例えば産経新聞は櫻井よしこさんの「麗しき大和の国柄を守れ」という論考が載っていますし、「日本人は日本人らしく」といった対談もあり、産経の思想性がはっきりわかる紙面構成となっています。

日経新聞も写真を駆使して充実した記事となっています。朝日新聞は本紙で全部で13面を使い即位について大展開しています。さらに「別刷り特集」として「今後の皇室日程」や「天皇の一日」「代替わり　ゆかりの地」「世界とのつながり」の7ページを割いています。新聞社の方針で掲載できないのは、残念です。

一方、読売新聞は本紙で地方版も入れて12面を使い、やはり大展開しています。また、「抜き取り特集」として「新天皇、皇后両陛下の歩み」や「皇室これからの1年」「新天皇ご一家の暮らし」「元号248相関絵巻」の4ページを割いています。そして通常は3面にある社説を1面に据え、1面コラムの「編集手帳」は3面に移すというダイナミックな紙面づくりをしています。

このように紙面の量や見出し、力点の置き方などで新聞各紙の違いは出ていますが、それぞれ特色を出そうという意欲は十分に伝わってきます。読者には読み比べる楽しさもありますが、それ以上に、天皇制がいかに国民の中に入り込んでいるか、その一方で、天皇の公務がいかにきついものになっているか、女性皇族の不足や「女性天皇」「女系天皇」をどう考えたらよいのか、天皇制を永続させるためにもこれらの困難な問題を国民として考えざるを得なくなるのです。そのための基本的な材料を提供するのが新聞であり、そこにこそ「新聞の力」があるとも言えます。

2019年5月1日 産経新聞

新天皇 ご即位

令和 幕開け

きょう剣璽等承継の儀

「国民に心から感謝します」

退位の礼 上皇さまに

最後のお言葉 全文

今日をもち、天皇としての務めを終えることになりました。

ただ今、国民を代表して、安倍内閣総理大臣の述べられた言葉に、深く謝意を表します。

即位から三十年、これまでの天皇としての務めを、国民への深い信頼と敬愛をもって行い得たことは、幸せなことでした。象徴としての私を受け入れ、支えてくれた国民に、心から感謝します。

明日から始まる新しい令和の時代が、平和で実り多くあることを、皇后と共に心から願い、ここに我が国と世界の人々の安寧と幸せを祈ります。

麗しき大和の国柄を守れ

令和に寄せて

櫻井よしこ

2019年５月１日 朝日新聞

令和 新天皇即位

陛下退位「支えてくれた国民に感謝」

天皇陛下が4月30日に退位し、皇太子さまが1日、新天皇に即位した。退位特例法に基づく代替わりで、元号は平成から令和となった。陛下は退位日の30日に国事行為の「退位礼正殿の儀」に臨み、「象徴としての私を受け入れ、支えてくれた国民に、心から感謝します」と述べた。

陛下は退位して「上皇」に、美智子さまは「上皇后」となり、今後は一切の公務から退く。

上皇となった陛下（以後、上皇さま）は85歳。2016年8月、高齢に伴い、退位の意向をにじませるビデオメッセージを公表。政府による検討を経て、17年6月、一代限りの退位を認める皇室典範の特例法が成立した。これにより、1817年の光格天皇以来202年ぶりの退位が実現した。

新天皇陛下は59歳。新皇后の雅子さまは55歳。53歳の秋篠宮さまは皇太子待遇の「皇嗣」になり、皇位継承資格者は上位から順に秋篠宮さま、秋篠宮家の長男で12歳の悠仁さま、83歳の常陸宮さまの3人のみとなった。

新天皇即位に伴い、皇居・宮殿では1日午前10時半から、皇位のしるしとされる神器などを引き継ぐ「剣璽等承継の儀」、午前11時10分から新天皇が最初のおことばを述べる「即位後朝見の儀」がそれぞれ国事行為として行われる。

上皇さまは4月30日、宮殿で午後5時から憲政史上初の退位礼正殿の儀に臨んだ。美智子さまや新天皇ご夫妻、秋篠宮ご夫妻のほか、三権の長や閣僚ら294人が参列。安倍晋三首相が国民を代表し「深い敬愛と感謝の念をいま一度新たにする次第であります」と述べたのに続き、上皇さまが「今日をもち、天皇としての務めを終えることになりました」と在位中最後の「おことば」を述べた。天皇の務めを「国民への深い信頼と敬愛をもって行い得たことは、幸せなことでした」と述懐。令和の時代が「平和で実り多くあることを、皇后と共に心から願い、ここに我が国と世界の人々の安寧と幸せを祈ります」と結んだ。（島康彦、多田晃子）

㊤「退位礼正殿の儀」でおことばを述べる天皇陛下
㊦「退位礼正殿の儀」に臨む皇太子ご夫妻
＝いずれも30日午後、皇居・宮殿「松の間」、嶋田達也撮影

新天皇・皇后 両陛下の横顔

「国民に常に寄り添い、人々と共に喜び、あるいは共に悲しみながら、象徴としての務めを果たしてまいりたい」。新天皇陛下は皇太子時代の2月の記者会見で、即位への思いをこう語った。

治水や利水など「水」問題の研究をライフワークとしてきた。趣味は登山。ビオラ奏者でもある。国際親善の場などでは英語やフランス語でスピーチ。海外では市民との写真撮影に応じるなど気さくな一面も見せる。

新皇后の雅子さまは英仏独の3カ国語が堪能。米ハーバード大、東京大で学び、父と同じ外交官の道を歩み、1993年に結婚し皇室に入った。2001年に長女愛子さまを出産。その2年後から「適応障害」の長い療養生活に入った。近年体調は上向き、昨年12月、「研鑽を積みながら努めてまいりたい」と新皇后となる決意を文書でつづった。（緒方雄大）

言葉の力を信じ 語って

編集委員　福島申二

にわかなブームになった万葉集の「令和」の出典と同じ巻五に、日本を「言霊の幸ふ国」とうたった山上憶良の歌がある。

言葉にゆたかな力が宿る国、というほどの意味だ。その意識をきっとお持ちなのだろう、上皇さまと上皇后さまは、言葉を大切に選び抜いて用いていた印象がある。

3年前に天皇退位の意向をにじませた「おことば」も感銘深かった。その中に「皇室が、いかに伝統を現代に生かし、いきいきとして社会に内在し、人々の期待に応えていくかを考えつつ今日に至っています」と述べたくだりがあった。

それを聞くと、上皇さまは国民とともに在ること、それも形やうわべだけでなく「いきいきとして在る」ことを大切にしてきたとわかる。この言葉は新天皇、皇后両陛下にとっても大事なキーワードになろう。

天皇は国の象徴であり国民統合の象徴である、と憲法はうたう。この「象徴」「統合」という硬質な抽象語に、新たな生命のぬくもりを吹き込むお二人の旅が、きょうから始まる。大きな求心力をもたらした先代お二人の存在感と「平成流」は、範でもあり、絶えず比較される手ごわいライバルともいえるだろう。

いま、皇室へ向けられている親しみは、かつてない広がりがあるようだ。しかし平坦が約束された旅路ではあるまい。新天皇も昨年述べているように、顔の見える人間関係が希薄になりつつある時代である。

今日の日本社会を見れば、多くの人がうつむきがちにスマートフォンを見つめ、関心と無関心、仲間と他者、共感と冷笑といった相反する心情がせめぎあい、渦を巻いている感がある。「考える」のではなく刹那的に「感じる」。そこから多くの言葉が生まれては拡散する。人はすぐに集まり、すぐに散っていく。

世界を覆う分断や格差は、この社会にも及んでいる。人工知能をはじめ物事の変化は速く、自分の価値観やスキルがいつまで通用するのか誰もが不安を隠せない。そのような時代に応じ、平成流のコピーにとどまらぬ新しい象徴像をつくり上げる難しさを、想わざるをえない。

昭和から平成、令和へと過ぎてきた歳月にはもう一つの「元号」があるといわれる。「戦後」である。令和元年は戦後74年になる。先の戦争と戦後の歳月への上皇さま、上皇后さまの深い思いを、新天皇と皇后さまは受けつがれるのであろう。

むろん天皇は政治的な権能をもたない。しかし上皇さまの、慎重に磨かれた平和へのたしかな言葉と、ご夫妻の祈りの姿が、平和憲法を持つ国民の意識の深い部分に作用してきたのは確かなことだろう。

戦争と平和に限らない。新天皇ご夫妻には言葉の力を信じ、ご自分の言葉を大切にして語っていただきたいと願う。言葉が軽く浮遊し、饒舌がはびこる時代であればこそ。

歩み出す 令和の皇室

5月1日、新天皇陛下が即位した。当日は皇位のしるしとされる神器などを引き継ぐ「剣璽等承継の儀」、新天皇陛下から国民に向けた最初の「おことば」がある「即位後朝見の儀」が開かれる。

4日にはさっそく、皇居で即位を祝う一般参賀が開催され、新陛下の雅子さまや皇族方と宮殿・長和殿のベランダに立ち、集まった人々の祝賀に応える。上皇さま、上皇后さまは出席しない。新天皇陛下のおことばも検討され、何が語られるかが注目される。

25～28日にはトランプ米大統領が来日する。新天皇の即位後、最初に迎える国賓となり、歓迎行事や新天皇陛下との会見、宮中晩餐会が開かれる。

天皇の定例地方訪問「三大行幸啓」は、代替わり後は国民文化祭が加わって「四大行幸啓」となる。6月の全国植樹祭（愛知県）を皮切りに、9月に全国豊かな海づくり大会（秋田県）と国民体育大会（茨城県）、秋に国民文化祭（新潟県）が予定されている。

皇嗣となった秋篠宮さまは、皇嗣妃・紀子さまと5月18日に鳥取市で開かれる第30回全国「みどりの愛護」のつどいに出席する。新天皇ご夫妻から引き継いだ行事のひとつだ。

また、秋篠宮ご夫妻は6月下旬～7月上旬、ポーランドとフィンランドを公式訪問する。外交関係樹立100周年の記念行事に出席する予定で、5月の代替わり後、皇室として最初の海外訪問となる。

秋篠宮家の長女眞子さまは7月中旬、日本人移住120周年を迎える南米のペルーとボリビアを訪問する。国際基督教大学を卒業した次女佳子さまも本格的に公務に取り組む予定で、姉妹で両親を支えていく。

9月にはラグビーワールドカップ日本大会が開幕する。秋篠宮さまが名誉総裁として各国代表を出迎える。

10月、即位礼正殿の儀　11月、大嘗宮の儀

10月22日には天皇即位を宣言する「即位礼正殿の儀」が開かれ、新天皇、新皇后両陛下が各国要人と対面する。この日には両陛下がパレードする「祝賀御列の儀」も予定され、両陛下を乗せたトヨタの最高級車「センチュリー」のオープンカーが公道を走る。

11月14日から15日にかけては、新天皇が新穀を神々に供え五穀豊穣などを祈る儀式「大嘗祭」の中核行事「大嘗宮の儀」がある。

2020年も大きな行事が続く。4月には秋篠宮さまが、皇太子と同様の立場であることを内外に示す「立皇嗣宣明の儀」が行われる。7月に開幕する東京五輪、続く東京パラリンピックには新天皇陛下が大会の名誉総裁に就任する見通し。皇族方も各競技の観戦に訪れる予定だ。

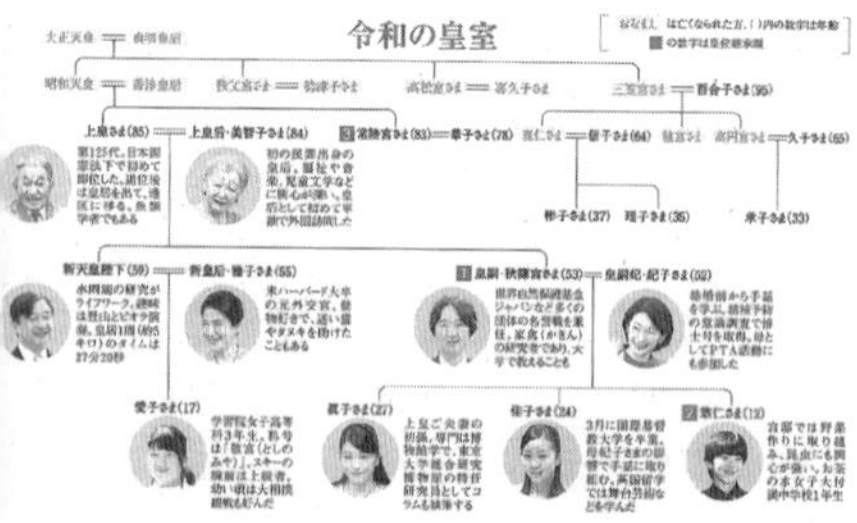

即位後の予定や主な儀式

2019年5月1日　新天皇陛下が即位

剣璽等承継の儀
皇位を継承した証しとして、皇室に伝わる剣とまが玉（璽）、御璽（ぎょじ）と国璽（こくじ）を引き継ぐ。皇位継承権がない女性皇族の出席は認めず

皇居・宮殿＝1989年1月7日

即位後朝見の儀
新天皇陛下が即位後初めて、国民の代表に会う

4日　新天皇即位を祝う一般参賀

13日　**斎田点定の儀**
秋に行う大嘗祭（だいじょうさい）で使う新穀をつくる悠紀（ゆき）地方、主基（すき）地方を占いで決める儀式

25～28日　トランプ米大統領来日。新天皇陛下が迎える初の国賓

6月2日　愛知県で全国植樹祭 ①

28、29日　大阪府で主要20カ国・地域（G20）首脳会議開催

6月下旬～7月上旬　皇嗣となった秋篠宮さまが紀子さまと、ポーランドとフィンランドへ公式訪問

7月中旬　秋篠宮家の長女眞子さま、ペルーとボリビアを訪問

9月7、8日　秋田県で全国豊かな海づくり大会 ②

20日　ラグビーW杯が開幕。大会の名誉総裁の皇嗣・秋篠宮さまが開会式に出席

28日　茨城県で国民体育大会総合開会式 ③

9～11月　新潟県で国民文化祭 ④

10月22日　**即位礼正殿の儀**
新天皇陛下が内外に即位を宣言する儀式。外国の元首クラスや国内各界の代表らが招かれる

皇居・宮殿松の間＝1990年11月12日

祝賀御列の儀
新天皇、新皇后両陛下がパレードし、広く国民から祝福を受ける

1990年11月12日、平成の祝賀パレードの様子と当時のルート▲

22、25、29、31日　**饗宴の儀**
祝宴。平成の時から招待者数、回数をともに減らし、約2600人を招き、4回開かれる

平成の「饗宴の儀」＝1990年11月12日▶

11月14、15日　**大嘗宮の儀**
新天皇陛下が国家の安寧と五穀豊穣（ほうじょう）を祈る大嘗祭の中核をなす皇室行事。国事行為にはしないが公費を支出。大嘗宮建設にかかるコストは前回よりも削らんだ

12月23日　上皇さまが86歳に

2020年1月2日　新年一般参賀　上皇ご夫妻の出席も検討

2月23日　新天皇陛下が60歳。新たな天皇誕生日に

4月19日　**立皇嗣宣明の儀**
秋篠宮さまが皇太子と同様の立場であることを国内外に宣言

7月24日　東京五輪開会式　新天皇陛下が開会宣言をする可能性も

2019年5月1日 朝日新聞

天皇の「お仕事」とは

憲法の主な規定

第4条 1 天皇は、この憲法の定める国事に関する行為のみを行ひ、国政に関する権能を有しない
2 天皇は、法律の定めるところにより、その国事に関する行為を委任することができる

第6条 1 天皇は、国会の指名に基いて、内閣総理大臣を任命する
2 天皇は、内閣の指名に基いて、最高裁判所の長たる裁判官を任命する

第7条 天皇は、内閣の助言と承認により、国民のために、左の国事に関する行為を行ふ

国事に関する行為とは
1 憲法改正、法律、政令及び条約の公布
2 国会の召集
3 衆議院の解散
4 国会議員の総選挙の公示
5 国務大臣等認証官の任免、全権委任状、大使公使の信任状の認証
6 大赦、特赦などいわゆる恩赦の認証
7 栄典の授与
8 批准書及び外交文書の認証
9 外国の大使公使の接受
10 儀式を行うこと

2003年1月、天皇の国事行為臨時代行として、国会開会式に臨み、おことばを代読する皇太子時代の新天皇陛下

- こうした規定に基づき、内閣から届く書類に決裁をする「執務」は年間1000件以上にも及ぶ
- 完全な休日はほとんどなく、1年のうち約7割前後は活動。空いた時間ができれば先々の行事の資料などに目を通している
- 外国からのゲストや駐日大使らとの面会も増えている

内閣から届く書類に目を通し決裁する「執務」

国賓としてブータンのワンチュク国王夫妻を迎える

チリのリカルド・ラゴス大統領（当時）との午餐会に出席

文化勲章受章者らと茶会に臨む

九州北部豪雨の被災者に声をかける

そのほかの活動

- 各分野で功績があった人との拝謁・お茶
  文化勲章受章者や文化功労者などを招いて懇談
- 宮中祭祀
  国民の幸せを願い、年間約20件の祭儀を行っている
- 勤労奉仕団との面会
  皇居の清掃ボランティアをねぎらう
- 各種行事・式典への出席
- 地方訪問
  毎年定例の催しをはじめ、被災地見舞い、戦没者慰霊など
- 進講
  国際情勢などについて専門家から説明を聞く

受け継ぐ 天皇の務め

天皇はどんな毎日を過ごしているのか。あまり知られていないが、先々まで予定がぎっしり埋まり、完全な休日がほとんどない。

側近によると、4月30日に退位した上皇さまは在位中、午前6時ごろに起床し、皇居・御所周辺を散策するのが日課だった。その後に朝食をとり、新聞に目を通す。すでにリタイアしている多くの同年代の人たちと違い、陛下の多忙な一日はここから始まる。

例えば昨年11月8日のスケジュールを見てみよう。お住まいの御所で国際生物学賞の関係者から説明を受けた後、宮殿に移動して秋の勲章親授式へ。昼食後、皇居内で清掃ボランティアに従事した勤労奉仕団からあいさつを受け、夕方には東京都内で明治維新150年記念特別展などを鑑賞。帰宅したのは午後7時過ぎだった。

天皇の仕事として大きな比重を占めるのが、内閣から届く書類を決裁する「執務」だ。例年1千件以上あるが、上皇さまは一つ一つ内容を読み込み、納得したうえで署名・押印してきたという。

日本と諸外国との交流が広がるのに伴って、外国からのゲストとの面会も増えた。宮内庁が上皇さまの74歳当時の1年間の公務と、昭和天皇の同じ年齢時を比較したところ、外国賓客や駐日大使らとの会見は1・6倍、海外に赴任する大使らとの面会は4・6倍に膨れあがっていた。

執務・面会・地方訪問…完全な休日わずか

さらに、上皇さまは恒例の地方訪問をはじめ、災害の被災地に足を運んだ。宮内庁によると、昨年は3月に日本最西端に位置する沖縄県の与那国島へ。9月に西日本豪雨の被災地である岡山、愛媛、広島3県を、11月に北海道地震の被災地・厚真町を見舞うなど各地を訪れた。

こうした多忙さが即位以来30年以上続いた。宮内庁が集計したところ、2015年の年間稼働日は7割前後の261日間。特段予定がない日でも、上皇さまは先々の行事の資料に目を通したり、側近らが相談にあがったりすることがあり、「完全にお休みいただける日はごくわずか」（宮内庁幹部）だったという。

新天皇陛下は、上皇さまの活動をほぼ全て継承する。上皇さまの高齢化に伴って縮減されていた宮中祭祀も元の形に戻っていくほか、ライフワークの水の研究も可能な限り続けたい意向で、代替わり直後から忙しい日々となる。

皇嗣の秋篠宮さまは、これまでも皇族随一多忙とされてきたが、従来の活動に加え、新天皇陛下が皇太子時代に担ってきた地方訪問の大半を引き継ぐ。様々な団体の名誉総裁・総裁職に就いており、負担が増しそうだ。

皇嗣ご夫妻の総裁職など

皇嗣・秋篠宮さま
- 皇室会議議員
- 山階鳥類研究所総裁
- 日本動物園水族館協会総裁
- 御寺泉涌寺を護る会総裁
- 恩賜財団済生会総裁
- 大日本農会総裁
- 大日本山林会総裁
- 日本植物園協会総裁
- 世界自然保護基金ジャパン名誉総裁
- 日蘭協会名誉総裁
- 全日本愛瓢会名誉総裁
- 日本水大賞委員会名誉総裁
- 日本ワックスマン財団名誉総裁
- サイアム・ソサエティ名誉副総裁
- 東京大学総合研究博物館特招研究員
- 東京農業大学客員教授
- オーストラリア博物館名誉会員
- 家畜資源学術標本基金総裁

皇嗣妃・紀子さま
- 皇室会議予備議員
- 恩賜財団母子愛育会総裁
- 日本赤十字社名誉副総裁
- お茶の水女子大学人間発達教育科学研究所特別招聘研究員
- 結核予防会総裁
- 大日本蚕糸会総裁
- 日本学術振興会名誉特別研究員

新天皇ご夫妻の名誉総裁職など

新天皇陛下
- 東京五輪・パラリンピック名誉総裁（予定）
- 学習院大史料館客員研究員

新皇后・雅子さま
- 日本赤十字社名誉総裁（予定）

歴代天皇は研究者としての顔を持っている

皇居内の生物学研究所で

ハゼ類の魚を観察

米ニューヨークの国連本部で講演

	昭和天皇	上皇さま	新天皇陛下
研究テーマ	ヒドロ虫類、植物	ハゼの分類学、タヌキの食性	水問題
実績	著書や植物誌の刊行	新種の命名、論文発表	国連本部で皇族初の基調講演

2019年５月１日 読売新聞

新天皇陛下即位

社説

平成から令和へ

平和と安定へ努力重ねたい

上皇后さま

上皇さま

新皇后さま

新天皇陛下

■ 退位礼正殿の儀

天皇陛下のお言葉

令和元年

平成の陛下 上皇に

雅子さま 新皇后

「国民に心から感謝」

秋篠宮さま 皇嗣

＜2019.5.1＞

2019年5月1日 読売新聞

新しい皇室の構成

丸数字は皇位継承順位。
2019年5月1日現在。
□□は亡くなった方

貞明皇后　大正天皇

三笠宮　高松宮妃　高松宮　秩父宮妃　秩父宮　香淳皇后　昭和天皇

百合子さま（95）

華子さま（78）

❸ 常陸宮さま（83）

高円宮　桂宮　寛仁親王

久子さま（65）

信子さま（64）

承子さま（33）

瑶子さま（35）

彬子さま（37）

上皇后さま（84）

民間出身の初めての皇后。趣味はピアノや詩の英訳など多彩

上皇さま（85）

約200年ぶりの上皇。魚類研究者でハゼの論文が多数

紀子さま（52）

Her Imperial Highness the Crown Princess

皇嗣妃。結核予防会総裁。健康心理学などを研究

❶ 秋篠宮さま（53）

His Imperial Highness the Crown Prince

皇太子待遇の「皇嗣」に。鶏やナマズなどの研究者

皇后さま（55）

Her Majesty the Empress

元外務省キャリアで英語が堪能。環境問題にも関心。動物好き

天皇陛下（59）

His Majesty the Emperor

留学経験のある初めての天皇。ライフワークは水の研究

❷ 悠仁さま（12）

お茶の水女子大付属中学1年。上皇ご夫妻の孫で唯一の男子

佳子さま（24）

今年3月に国際基督教大学を卒業。今後、公務を本格化

眞子さま（27）

東京大学総合研究博物館の特任研究員で、専門は博物館学

愛子さま（17）

学習院女子高等科3年。昨年夏には学校の海外研修で英国へ

改

令和元年
5月1日（水）

令和 皇室の構成図

退位の日 写真グラフ

識者座談会＜下＞

本日は即位・改元
別刷り特集も

▶新天皇、皇后両陛下の歩み

▶皇室これからの1年

▶新天皇ご一家の暮らし

▶元号248 壮観絵巻

皇室 総力特集5日間

引き抜くと保存版に

すでにお届け

4月28日

▶平成グランドフィナーレ
＜上＞元年～10年

▶基礎からわかる皇室

4月29日

▶平成グランドフィナーレ
＜中＞11年～20年

▶基礎からわかる皇位継承

4月30日

▶上皇さま、上皇后さま
30年アルバム

▶平成グランドフィナーレ
＜下＞21～31年

▶上皇ご夫妻 出会いと子育て

▶識者座談会＜上＞

あす いよいよ完結編

5月2日

▶紙面で見る
新天皇ご一家の歩み

▶即位・改元 写真グラフ

▶秋篠宮ご一家 もっと知りたい

▶皇室 将来像を考える

▶5.1列島ドキュメント

「退位礼正殿の儀」に臨まれる天皇、皇后両陛下（30日午後5時2分、皇居・宮殿で）

紙面構成　山下寛人

2019年５月１日 読売新聞

平成 厳かに幕

「退位礼当日賢所大前の儀」を終えられた天皇陛下（30日午前10時11分、皇居・賢所で）

皇居・宮中三殿（右手前から神殿、賢所、皇霊殿）（30日午前）

「退位礼当日賢所大前の儀」が行われた皇居の宮中三殿（30日午前）

いずれも代表撮影

「退位礼正殿の儀」を終えて、一礼される天皇陛下（30日午後5時12分）

2. 新聞の真骨頂―3・11に見る

数百年、いや千年に一度と言われた未曽有の東日本大震災からちょうど1年目の2012年3月11日、新聞各社の1面を飾ったのはもちろん1年前の大震災に関する記事でした。本来、新聞がその紙面づくりに最も力を入れるのは元旦の1面トップ記事です。新たな年を迎え、各新聞社は1年の決意を元旦の1面に込めるのです。その元旦の紙面以上に、各新聞社の「個性」が顕著に表れたのが、2012年3月11日朝刊の1面でした。

1年が経ったものの、復興の現状はどうなっているのか、今何が問題で、これから何をなすべきなのか。各社渾身の1面からさまざまなことが見えてきます。それぞれの紙面を掲載しましたので、一緒に読みながら話を進めます。

朝日新聞は、今なお仮設住宅などで暮らす被災者千人に3ヵ月にわたるアンケートを実施しました。アンケートから聞こえてくる声に耳を傾け、真に求められていることは何だろうかと訴えました。

毎日新聞は、116年前の明治三陸地震津波[2)]で、先祖が襲われた家族に焦点を当て、哀しみを語り継ぐことの大切さを伝えています。

日本経済新聞は復興が遅々として進まぬことを厳しく非難しながらも、日本の企業の驚異的な復元力に対し称賛を込めて指摘しました。

中でも異彩を放ったのが読売新聞です。見ていただければ分かるように、いつもなら1面の左下にあるはずのコラム「編集手帳」を3倍の大きさに拡大、「時は流れない。雪のように降り積もる。人は優しくなったか。賢くなったか」という見出しで、最上段に置かれました。その下には降りしきる雪の中、犠牲者に対する祈りが終日続いた仙台市若林区の写真が横長で大きく載っています。

「情緒的な紙面」という批判もあるでしょう。読売社内でも意見が分かれたと言います。私は、心に沁みる、インパクトのある紙面だと受け止めました。

こうして各紙のその日の1面を丁寧に読んでみると、大震災をめぐる断面が浮かび上がってくるような気はしませんか。言うまでもなく、速報性においてはテレビやインターネットが優れています。しかし、起きた事象の意味を深く掘り下げ、体系的にとらえる視点、いつでもどこでも繰り返し読める便利さは、まさに新聞の真骨頂と言えるでしょう。

東日本大震災と同じような悲劇が再び繰り返されないことを心から願うばかりですが、この歴史的な大災害に遭遇したことで、あらためて新聞の役割が見直されることになったというのも、不思議なめぐり合わせのような気がしてなりません。

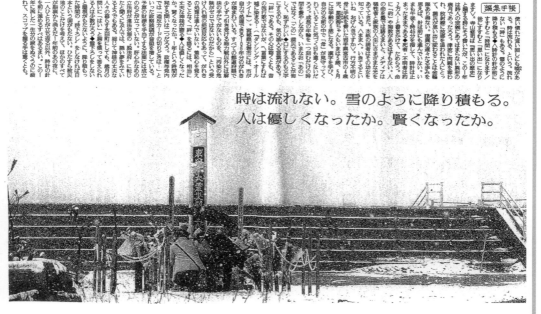

2012年３月11日 読売新聞

時は流れない。雪のように降り積もる。人は優しくなったか。賢くなったか。

編集手帳

使い慣れた言い回しにも嘘がある。時は流れる、という。流れない「時」もある。雪のように降り積もる◆〈時計の針が前にすすむと「時間」になります／後にすすむと「思い出」になります〉。寺山修司は『思い出の歴史』と題する詩にそう書いたが、この1年は詩人の定義にあてはまらない異形の歳月であったろう。津波に肉親を奪われ、放射線に故郷を追われた人にとって、震災が思い出に変わることは金輪際あり得ない。復興の遅々たる歩みを思えば、針は前にも進んでいない。いまも午後2時46分を指して、時計は止まったままである◆死者・不明者は約2万人…と書きかけて、ためらう。命に「約」や端数があるはずもない。人の命を量では語るまいと、メディアは犠牲者と家族の人生にさまざまな光をあててきた。本紙の読者はその幼女を知っている。〈ままへ。いきてるといいね　おげんきですか〉。行方不明の母に手紙を書いた岩手県宮古市の4歳児、昆愛海ちゃんもいまは5歳、5月には学齢の6歳になる。漢字を学び、自分の名前の中で「母」が見守ってくれていることに気づく日も遠くないだろう。成長の年輪を一つ刻むだけの時間を費やしながら、いまなお「あの」ではなく「この」震災であることが悔しく、恥ずかしい◆口にするのも文字にするのも、気の滅入る言葉がある。「絆」である。その心は尊くとも、昔の流行歌ではないが、〽言葉にすれば嘘に染まる…（『ダンシング・オールナイト』）。宮城県石巻市には、市が自力で処理できる106年分のがれきが積まれている。すべての都道府県で少しずつ引き受ける総力戦以外には解決の手だてがないものを、「汚染の危険がゼロではないのだから」という受け入れ側の拒否反応もあって、がれきの処理は進んでいない。羞恥心を覚えることなく「絆」を語るには、相当に丈夫な神経が要る◆人は優しくなったか。賢くなったか。1年という時間が発する問いは二つだろう。政権与党内では「造反カードの切りどきは…」といった政略談議が音量を増している。予算の財源を手当てする法案には成立のめどが立っていない。肝心かなめの立法府が違法状態の〝脱法府〟に転じたと聞くに及んでは、悪い夢をみているようでもある。総じて神経の丈夫な人々の暮らす永田町にしても、歳月の問いに「はい」と胸を張って答えられる人は少数だろう◆雪下ろしをしないと屋根がもたないように、降り積もった時間の〝時下ろし〟をしなければ日本という国がもたない。ひたすら被災地のことだけを考えて、ほかのすべてが脳裏から消えた1年前のあの夜に、一人ひとりが立ち返る以外、時計の針を前に進めるすべはあるまい。この1年に流した一生分の涙をぬぐうのに疲れて、スコップを握る手は重くとも。

2012年３月11日 朝日新聞

東日本大震災 きょう１年

家族離ればなれ ３割
仕事失ったまま ４割

死者 1万5854人
行方不明者 3155人
避難者 34万3935人

死者・行方不明者数は2012年3月10日、避難者数は2月23日現在

家の土台だけが残る仙台市若林区荒浜地区。奥は市南部の街明かり＝10日午後6時14分、15秒間露光、矢木隆晴撮影

東日本大震災は11日で発生から1年になる。死者・行方不明者は1万9千人に上り、仮設住宅などで避難生活を強いられている人も34万人を超える。東京電力福島第一原発事故があった福島県では、県外に避難した6万3千人が、見えない帰還の日を今も待ち続ける。一方、奪われた命を悼みながら、もとの暮らしを少しでも取り戻すための「復興」の手立てはどこまで進んだか。被災地では、槌音に希望を抱きながらも、進まぬがれき処理や除染、雇用対策などに不安や不満の声があがる。震災後2年目に向けての課題はまだ多い。

朝日新聞デジタルに写真特集

千人の声 アンケート（30・31・32面）

朝日新聞は1月下旬～3月上旬、「いま伝えたい千人の声」で取材した被災者やその保護者のうち、岩手、宮城、福島の仮設住宅とアパートなどの「みなし仮設」で暮らす計1033人に面接調査した。離れて暮らすようになった家族が「いる」と答えた人が3割により、失業や休業に追い込まれた人も4割いた。もとの暮らしを取り戻せていない実態を裏付けている。

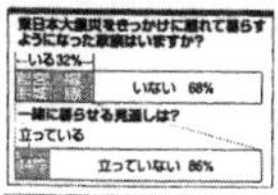

震災をきっかけに、離れて暮らす家族が「いる」と答えた人は32%。このうち、再び一緒に暮らす見通しが「立っている」と答えた人は14%だった。特に東京電力福島第一原発の事故による避難が続く福島では、離れた家族がいる人が50%に達したが、一緒に暮らす見通しが立っている人は7%だった。

福島県の男性(88)は、3世代で同居していたが、いまは仮設住宅で妻と暮らす。息子夫妻は県内の避難先で仕事が見つかり、孫も東京で就職。「故郷の田畑は荒廃し、働く場所がなくなる。住民はばらばらになり、もう帰れない」と話す。「東京に転居した孫が家に帰省した。一緒に住むことも考えたが、津波が怖くて東京に戻ってしまった」（岩手・61歳男性）との声もあった。

震災後の就業状況については、仕事で収入を得ていた人の約[illegible]が影響を受けていた。「失業・廃業」が28%、「休業・休職中」が12%、「転職」が9%だった。「震災前と同じ仕事についている」は42%にとどまった。

宮城県の男性(60)は、経営していた水産加工会社の工場と自宅が全壊し、廃業した。「3千万円の借金だけが残った。仕事を探さないといけないが、この年では転身も難しい」

仕事による収入は、震災前より「減った」が47%、「無くなった」が13%。1カ月の減収額を聞くと、10万円以上が6割に上った。このうち20万円以上が37%を占めた。

忘れないために

東北復興取材センター長　青木 康晋

「私たちのことを忘れないでくださいね」。東日本大震災の被災地で何度も聞いた言葉だ。それがいまの被災者の思いなのだと思う。

あの日から1年になるが、何がどう変わったのか。仙台市内で巨大地震を経験し、震災と復興の取材にかかわってきた私の目には、ほとんど何も変わっていないように見える。それがなんとももどかしい。

沿岸部はがれきが山積みにされたままだし、東京電力福島第一原子力発電所の周辺では荒涼とした光景が広がっている。いまなお約3200人もの人が行方不明で、家族はやりきれない気持ちでいる。

戦後最大の震災と未曽有の原発事故で、この国の政治、経済、社会のありようが問われた1年だった。

政治は、政府・与党だけでなく、野党や自治体も含めて右往左往し、速やかに有効な手を打てなかった。経済は大きな打撃を受け、十分に回復できないでいる。首都東京をはじめ、災害に弱い社会もあらわになった。

2年目で浮かび上がるのは、日本全体が今後、息長く復興とどう向き合っていくかという問題だ。復興は単に元の姿に戻ることではなく、この国の再生につながるものであってほしい。政治、経済、社会の抜本改革抜きに、被災地も日本も元気になっていかない。

大規模災害は、次にどこでどんな形で起こるかわからない。防災はひとごとではない。今回の教訓を、災害に強いまちをどうつくるか、それでも災害が起きたらどうするかといった課題に生かさねばならない。

お互いに支え合えるような国の仕組みをつくり、安心して暮らせるまちにすることが、今回の震災と原発事故を「忘れない」ということだと思う。

私たちメディアも、そのために伝え続けたい。これまで20日間にわたって続けてきた「いま伝えたい 千人の声」では全[illegible]の記者が被災地に入り、一人ひとりの話を聞いた。ここでつづられている言葉に込められた思いが、日本中に、世界に届くことを願う。

2012年３月11日 毎日新聞

悲しみ語り継ぐ

東日本大震災きょう1年

なお34万3935人避難 3155人不明

東日本大震災から11日で1年を迎えた。復興庁などによると今なお34万3935人が全都道府県に散って避難生活を送り、うち11万6787人が7県の仮設住宅に暮らす。警察庁のまとめでは、死者は自然災害で戦後最悪の1万5854人に上り、3155人は行方が分からないまま。岩手、宮城、福島3県で推計約2253万トンのがれきが発生したが、最終処理済みは6％にとどまる。被災自治体の復興計画は5～10年での完了を想定し、道のりは遠い。福島県はこれに加え、放射能汚染にも苦しむ。被災地では「風化」を懸念する声が強い。【北村和巳】

復興「難しい」過半数

被災者アンケート 余震に不安まだ

毎日新聞は震災から1年を機に、6回目の被災者追跡アンケートを実施した。1年間の調査を通じ、住んでいた地域に戻りたい人が8割前後だったが、復興の見通しは調査の度に揺れ動き、今回は過半数が「難しい」と答えた。地域の未来が見えない中で苦悩する被災者の姿が浮かんだ。

調査は同じ被災者100人に震災から1、2、3、6、9カ月時点に実施。今回は岩手

連続特集 12・13面に詳報

116年前の物語 娘へ、未来へ――

山田町の男性 流された母の教え

家々の土台だけが残る海辺の集落に、粉雪が舞い落ちていた。震災1年を前にした10日、岩手県山田町の長根勝さん(52)は一人娘の瑞歩さん(15)と自宅のあった船越地区を訪れた。「ここが玄関、あそこがおばあちゃんの部屋だったな」

多くの人が避難した裏山へ通じる階段を上るうち、2人は無口になった。視線の先に、流された鳥居の跡から小さな命が三つ芽吹いていた。

「お、ふきのとうが出ている」

「すごい」

父娘は顔を見合わせてほほ笑んだ。

◇

保険外交員の長根さんは78歳の母亭子さん、妻のり子さん(51)、瑞歩さんと4人で2階建ての家に住んでいた。

大地震に襲われた時は仕事で隣の宮古市にいた。勤務先にいた妻の無事はメールで確認できた。娘がいる中学校は高台に建っている。母は自宅にいるはずだが、近くに高さ8メートル以上の防潮堤がある。さほど心配はしていなかった。

だが、戻った街は真っ赤に燃えていた。翌朝ようやく自宅に向かうと、防潮堤は壊滅していた。駆け寄ってきた近所の女性が泣き崩れた。「勝くん、母さんが流された」

膝が悪かった母は裏山への階段を上りきれずに流されたという。がれきだらけの自宅跡に座り込んだ。百余年前の先祖の姿が自分と重なった。

東北の伝承を集めた「遠野物語」の第99話に、明治三陸津波（1896年）で妻と子2人を亡くした男「福二」が、妻の幻影に誘われ浜に一晩立ち尽くすという話が収められている。福二の4代後の子孫が長根さんだ。

物語は福二のその後を「久しく煩ひたり（長く病んでいた）といへり」と結ぶ。そのせいか、父も祖母もこの話をしたがらなかった。教えてくれたのは母だ。「本買え。遠野物語にうちの話がある」「先祖のことだから、しっかり覚えとけ」

長根さんは母を捜して遺体安置所を巡り歩いた。体の一部しかない遺体。焼けた遺体。7月上旬、訪れた安置所で赤ちゃんの亡きがらを見た。目を見開き、手を伸ばしたままだった。「抱っこして」とせがんでいるように見えた。「おまえは何のために生まれてきたのか」。涙が止まらなくなった。これ以上遺体を見ると自分がおかしくなると思い、安置所回りをやめた。

数百もの遺体を見ながら、思ったことがある。「自分の先祖以外にもたくさんの悲しみがあったはずなのに、その物語はどうなったのだろう」

明治、昭和の大津波を経て被害の記録は残されたが、悲しみは風化したのではないか。福二のことを伝えた母の思いを、自分なりに理解した。

「ただの教訓ではなく、じいちゃん、ばあちゃんから口で伝えられた話こそ力を持つ。一人一人が血の通った物語を語り継ぐことでしか、次世代の悲しみはなくせない」

現在、山田町内の仮設住宅で暮らす。家を建てる場所を決めかねているが、この町を離れるつもりはない。

今年に入り、流失した家系図の復元を始めた。近い将来この図を瑞歩さんに見せながら、先祖の物語を伝えよう。そう心に決めている。【奥山はるな】

2012年３月11日 日本経済新聞

再生へ 底力今こそ

復興の歩みなお遅く

東日本大震災1年

東日本大震災から1年。日本経済は被災地や企業の努力によって瀬戸際から脱したが、復興の歩みはまだ遅く、原子力発電所事故の影響も大きく立ちはだかる。産業空洞化の危機もじわじわと迫る。総額65兆円にのぼる未曽有の財政、金融政策で時間を買っている間に、再生に向けた確かな道筋を描けるか。再生2年目を迎え、今こそ日本の底力を見せる時だ。

竹灯籠に灯をともし犠牲者の冥福と復興を祈る（10日夜、宮城県気仙沼市）＝写真 井上昭義

東日本大震災の被害状況	
死　者	1万5854人
関連死（日経まとめ）	1407人
行方不明	3155人
負　傷	2万6992人
避　難	34万3935人
建物全半壊	38万3246戸

2011年3月11日午後2時46分。世界最大級の地震と津波が日本を襲い、死者・行方不明者は震災関連死も含め、2万人を超えた。全半壊した建物は38万戸以上、住宅や工場、インフラ被害は16・9兆円。原発事故の影響は数字では示せない。

人手不足深刻 「復旧に5年」

それから1年。「復興はまだ2割ぐらいだ」と被災地の実情に詳しい増田寛也野村総合研究所顧問（元岩手県知事）は言う。津波被害が激しかった宮城県気仙沼市は電柱や道路はできつつあるが、震災前の景色とはほど遠い。「完全復旧には5年かかる」と宮城県の担当者は語る。

国交省は1～3次補正予算のうち「68%が執行済みだ」という。だが、それは国が地方への配分計画を決めただけの話。被災3県の道路、橋などの被害額は7300億円。2月時点で工事の発注や契約にたどり着いたのは7%にとどまる。

岩手県宮古市。津波で壊れた8・5㍍の防潮堤を2㍍高くする復旧工事が8日、ようやく始まった。着工が1年がかりになったのは被害の大きさのせいもあるが、現場の人手が足りないからだ。

大手ゼネコン（総合建設会社）が全国から人を集めて、地元建設会社の下請けになる。こんな逆転現象が被災地のあちこちで起きている。

国と被災地による復興への取り組みもちぐはぐなままだ。3月に決まった復興交付金の1次配分。2500億円と市町村の申請の6割にとどまった。復興庁は「優先度が高くない事業が含まれていた」という。被災地の自治体は「いまは自由だというのと違う」と反発する。

震災が起きたは日本経済が08年9月リーマン・ショックから立ち直りかけていた時だった。半導体など東北拠点とした部品の製造拠点が大打撃を被り、サプライチェーン（部品供給網）が機能不全に陥って自動車などの生産が激減した。

ここから日本企業は驚異の復元力をみた。供給網は予想以上に早く修復。福島県いわき市のタンガロイの新鋭工場を訪れた米有力投資家のバフェット氏は昨秋、日本企業の強さを称賛した。

落ち込んでいた国内の生産は、3月に震災前の水準まで回復しそうだ。乗用車8社の1月の国内生産は前年比18・8%増と4カ月連続プラスとなった。ホンダは4割、トヨタは3割と高い伸びで過去の減産分を取り戻す「挽回生産」を急ぐ。

「65兆円」投入 経済を下支え

一方、政府・日銀による景気テコ入れは空前の規模だ。4次におよぶ11年度補正予算は20・6兆円。日銀も国債購入などの基金の枠を30兆円増やした。円高抑制を狙った円売り介入額は11年3月以降、14・3兆円。お金の性格は違うが、合わせて約65兆円をつぎ込み、日本経済は底割れを免れた。

当面は復興需要も日本経済を下支えする。輸出産業を苦しめる超円高が一服したこともあって日経平均株価は9日、一時、約7カ月ぶりに1万円台を回復した。

だが、今年後半には財政効果が息切れしかねず、楽観はできない。

貿易収支は昨年、31年ぶりの赤字に転落し、「輸出立国」の地位は揺らぐ。成長の舞台が新興国に移るなか、空洞化の足音が大きくなってきた。

自動車用変速機大手のジヤトコは日産自動車に歩調を合わせ、2割の海外生産比率を18年度に7割に上げる。秦孝之社長は部品供給会社にも「海外進出に備えてほしい」と伝えた。中小企業も海外に出ざるを得ない。

内閣府によると、製造業の11年度の海外生産比率は過去最高の18・4%。5年後の見通しは22・4%に上がる。

電力問題の解決は急務だ。菅政権が脱・原発依存へとカジを切り、原発は次々に稼働を停止。5月にはすべての原発が止まる見通しだ。大和総研はその場合、実質国内総生産（GDP）を最大1%超押し下げるとみる。

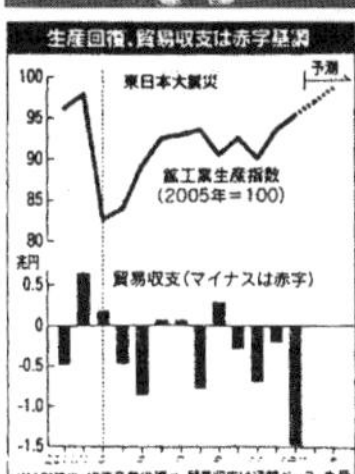

政府・日銀の「65兆円政策」	
補正予算	4兆円（1次 2011年5月）
	2兆円（2次 7月）
	12.1兆円（3次 11月）
	2.5兆円（4次 2012年2月）
円売り介入	0.7兆円（2011年3月）
	4.5兆円（8月）
	8.1兆円（10月）
	1兆円（11月）
日銀の追加緩和	5兆円（3月）
	10兆円（8月）
	[illegible]
	10兆円（2012年2月）

東日本大震災 きょう1年

原発 津波対策わずか

「浸水」着手・完了

「7項目全て」ゼロ

東京電力福島第1原発の事故を受けて、経済産業省原子力安全・保安院が提示した原発の津波対策7項目のうち、浸水対策強化については同原発を除く全国16原発（商業炉）の全てで対策に着手、または完了していることが10日、産経新聞の電力各社への調査で分かった。防潮堤の新設・かさ上げも、予定のある13原発中11原発で建設に着手・完成。一方、7項目すべての対策に着手している原発はゼロだった。全原発で新たな津波対策が完了するのは早くても平成27年度末とみられ、早期の原発再稼働に影響が出るのは必至だ。

＝2面に「巨費重荷に」

原発の津波対策調査

※数字は原発数

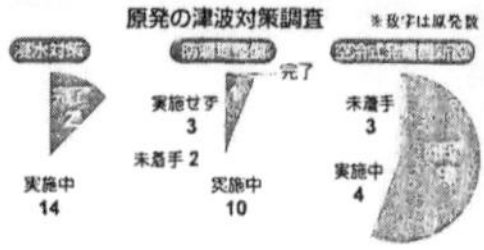

福島第1原発では、津波による配電盤の冠水などで全電源が喪失。原子炉の冷却ができなくなり、大量の放射性物質を飛散させる事態を招いた。電力各社は事故直後から津波対策を進めてきたが、保安院は、2月に30項目にわたる安全対策を取りまとめた。うち7項目は津波への多重の備えを明文化した〝統一基準〟。①電気設備の分散配置②浸水対策強化、防潮堤建設③空冷式非常用発電機の新設④非常用バッテリーの強化⑤非常時の重要な計器類専用電源の新設⑥非常時に対応できる電源の接続部の統一⑦復旧時に必要な照明やケーブルなど電気設備の予備品確保―となっている。

②の浸水対策は、建屋入り口に「水密扉」を設置するなど非常用電気設備の冠水を防ぐもの。全原発で対策が進み、島根（中国電力）と東海第2（日本原電）では完了していた。

13原発で予定される防潮堤の新設・かさ上げは年内に3原発で完了する見込み。未着手は東海第2など2原発にとどまった。

一方、整備の遅れが目立つ項目も。過酷事故発生時に重要となるバッテリーの十分な容量確保（④）と計器類専用の電源確保（⑤）は、いずれも15原発で未着手。震災から1年が経過しても、代替の非常用電源に不安が残っている。

津波対策の投資額は浜岡（中部電力）の約1千億円が最高。関西電力が美浜、高浜、大飯の3原発で津波対策を含む一連の安全対策に約2千億円を見込む。

墓参もままならず

東日本大震災の被災地では10日、一周忌法要で犠牲者を供養する姿が目立った＝写真（頼光和弘撮影）。岩手県大槌町の墓地では、いまだに多くの墓石が震災で倒れたままの状態で、手を合わせることができない遺族も少なくない。

2012年３月11日 東京新聞

涙の3·11 祈りの日

死者1万5854人、不明3155人

34万人が避難生活

私たちと世界を変えた「あの日」がめぐってきた。東日本大震災から十一日で一年。死者は一万五千八百五十四人に達し、三千百五十五人の行方が依然分からない。死者とともに今を生きる人々。日本列島は祈りの日を迎えた。

東京電力福島第一原発事故による放射能汚染も影響し、約三十四万四千人が避難生活を送る。

被害が大きい岩手、宮城、福島三県の県外避難者は計約七万三千人。うち約六万三千人が福島の避難者で、子どもを守るために家族が離れ離れになった家庭も多い。

被災地の再建をがれきの山が阻む。がれき量は、阪神大震災時の一・五倍と見積もられているが、がれきを受け入れる被災地外の自治体は少なく、広域での処分がはかどっていない。

原発事故は、政府が昨年末に「収束」を宣言。しかし、溶け落ちた核燃料の状態すら分からず、核燃料を取り出す作業が続く。原発から半径二十キロの範囲は依然立ち入り禁止。除染は進んでいない。

十一日は、各地で追悼式や催しが予定され、発生時刻の午後二時四十六分に黙とうがささげられる。

大震災被災者数（人）

	死　者	行方不明
全　国	1万5854	3155
岩　手	4671	1249
宮　城	9512	1688
福　島	1605	214
東　京	7	
茨　城	24	1
栃　木	4	
群　馬	1	
千　葉	20	2
神奈川	4	
避難者	34万3935	

（注）10日、警察庁まとめ。他県の行方不明はゼロ
【注】2月23日、復興庁まとめ

使わぬ機械 被災企業へ

東京商議所が無償支援

工作機械が刻む復興の音ー。東京商工会議所の会員企業が東北の被災企業に無償提供した機械が、動き始めている。使っていない機械を贈るプロジェクト。これまでに四十四台が現地に届いた。東商は「復興はこれからが本番。需要は高まる」と、支援の輪を広げていく。

宮城県気仙沼市で水産加工工場のラインなどの整備、保守を手掛けるテックサワイは、都内の精密機器メーカー、トプコン（板橋区）から、金属を削る「フライス盤」を譲り受けた。

津波で作業場が流され、沢井敏雄社長（[illegible]）は「百五十万円はする機械。提供先が神様のように感じる。ありがたい」。

昨年七月に業務を再開したものの、従業員はまだ増えない。いまだに先の見通せない状況だが、「需要があれば、すぐに対応できる態勢でいられるのはうれしい」と沢井社長は前を向く。

プロジェクトは昨年六月に始まった。東商の会員企業が日本商工会議所のデータベースに、提供できる機械を登録。被災地では各地の商工会議所が地元企業の要望を吸い上げ、需要と供給が一致すると、必要な機械が送られる。

東商によると、都内企業ではこれまでにトプコンのほか、電子部品メーカーSMK（品川区）など十四社が旋盤機械などを二十六社に提供。他地域の商工会議所も同様の活動を始めている。

3. 新聞は子どもたちの強い味方

２０１９年７月30日、文部科学省は、４月に実施した全国学力テスト[3)]の結果を公表しました。小学校６年と中学校３年の児童生徒を対象に国語と算数・数学は毎年、理科と英語は３年に１度程度行われており、今年は全国の国公私立の小中学校約３万校で約２０２万人が参加しました。文部科学省が全国学力テストの結果を分析したところ、「新聞を読む習慣がある子どものほうが、正答率が高くなる」という傾向が明らかになりました。

これは、テストとともに行われた児童生徒への意識調査で、新聞を読む頻度を①ほぼ毎日、②週に１～３回程度、③月に１～３回程度、④ほとんど、または全く読まない、の４択で聞き、それぞれの層の平均正答率との相関を調べたものです。

その結果、小・中ともすべての教科で最も平均正答率が高かったのは①「ほぼ毎日」と答えた児童生徒で、読む頻度が落ちるにつれ、いずれも平均正答率が低下しています。中でも小学生の国語は①の平均正答率が73・２％だったのに対し④の「読まない」は61％で、12・２ポイントの差がつきました。

分析の担当者によれば「新聞は情報を的確に伝えるために文章が整理されており、教材として適切である」ということです。

毎日、新聞を読むことで活字に触れることが習慣になり、一つひとつの記事に触発されて、物事じっくり考えますから、読む力、書く力、考える力が自然に身についていくのでしょう。新聞は子どもたちにとって、学力向上の強い味方なのです。

4. 新聞の印象と評価

一般社団法人日本新聞協会[4)]は、全国の新聞社、通信社、放送局の信頼の向上をめざして創設された自主的な組織ですが、2015年までは隔年で「全国メディア接触・評価調査」を、2017年からは「新聞オーディエンス調査」行っています。調査会社もサンプル数も違うため単純に比較できませんが、「2015年全国メディア接触・評価調査」と2019年2月発表の「2018年新聞オーディエンス調査」から、新聞への信頼度、評価がある程度分かります。

例えば、「新聞は知的である」という印象評価は2015年の調査では42・2%でしたが、2018年では61・9%にのぼっています。また、「情報が信頼できる」という項目では

２０１５年が38・９％で、２０１８年では52・０％とこちらも高い数字が出ています。このほか「安心できる」、「情報が正確」などの項目でもほかのメディアに比べて高い評価を得ており、さまざまな情報が氾濫する中、新聞の持つ安心感が評価されています。

元号が変わるといった歴史的な瞬間を正しく読者に伝える新聞の役割は、目まぐるしく変容する時代にあってますます真価を発揮するということが分かっていただけると思います。

5. 進む「新聞離れ」

ほかのメディアと比べ、知的であり、信頼感、安心感が高い評価を得ている新聞ですが、インターネットの普及による「新聞離れ」に歯止めがかからない厳しい現実があります。

ＮＨＫ放送文化研究所世論調査部では5年おきに[5)]「国民生活時間調査」を実施、その結果を公表していますが、２０１５年度の調査結果でも新聞離れがはっきり表れています。各メディアを1日15分以上利用した人の割合を示す「行為者率」を見ると、平日ではテレビが85・２％であるのに対し、新聞はその半数以下の33・２％となっています。テレビは依然として1日の中で国民のほとんどが接する日常メディアと言えますが、２０１０年から平日・土曜・日曜とも減少しています。

新聞の国民全体の行為者率は１９９５年以降減少が続いていますが、この５年の減少幅は特に大きくなっています。平日の行為者率を男女年齢層別に見ると、１日の中で新聞を読む人は男女60代以上では半数を超えていますが、男女20代以下は１割以下です。男性のすべての年齢層、女性の20〜40代、60代と、幅広い年齢層で２０１０年から減少を続けています。

一方、趣味・娯楽・教養のインターネット（仕事や家事などによる利用は除く。電子メールなどのやり取りも除く）は、行為者率・平均時間とも増加し続けています。行為者率は平日23％、土曜・日曜が26％で、およそ４人に１人が１日の中で自由行動としてのインターネットを利用していることになります。

もちろん、新聞というコンテンツがあればこそのインターネットの普及ですが、新聞もインターネットを通じて読む人の率が上昇しており、新聞にとっては蛸が自分の足を食べているような状況に追い込まれているとも言えます。

6.「新聞の力」を信じて

新聞離れは時代の反映でしょうが、それだけに、２０１１年の東日本大震災を機に新聞の利用度や信頼度が増したことは、新聞がいざというときに役立つことを示しました。また、改元という歴史的な出来事が生じたとき、新聞が真価を発揮することも明白になりました。新聞の真の役割は、事実を客観的に詳しく伝えることにあります。そして、なぜこういうことが起きたのか、どうしてこういう結果になったのか、ニュースの背景や問題点を深く掘り下げて解説する役目も新聞は担っています。時代の趨勢を大きな「鳥の目」でとらえ、鳥瞰図的に読者に提供していきたいというのが私の願いです。

また、権力者や世の中の不正を追及する、これも新聞の大事な仕事です。さらに言えばただ追及するだけではなく、社会が抱える懸案や課題についての解決策や処方箋を提供することが求められます。ここにも新聞が果たすべき使命があります。

こうし見ていくと、新聞の命は決して「風前の灯」ではないことがよく分かっていただけたと思います。だからこそ今、新聞はこれまで何をしてきたのか、そしてこれから何をしていこうとしているのかじっくり考えなければならないときを迎えていると思います。

●新聞の行為者率（男女年齢別・職業別）

【行為者率】	(%)	平日					土曜					日曜				
		'95	'00	'05	'10	**'15年**	'95	'00	'05	'10	**'15年**	'95	'00	'05	'10	**'15年**
国民全体		52	49	44	41	**33**	50	49	47	43	**35**	48	47	43	39	**33**
男	10代	14	8	7	7	**4**	15	10	9	6	**1**	18	12	11	4	**1**
	20代	32	31	21	13	**8**	29	22	*9*	*9*	***8***	30	21	16	*8*	***7***
	30代	55	42	29	23	**10**	52	48	27	24	**16**	52	44	27	26	**12**
	40代	67	58	41	41	**20**	66	56	47	37	**32**	60	54	39	39	**23**
	50代	74	62	56	49	**38**	70	66	63	57	**38**	71	67	57	54	**34**
	60代	77	79	73	68	**53**	78	77	72	75	**56**	74	76	69	69	**57**
	70歳以上	73	78	71	78	**66**	71	79	75	77	**70**	69	76	74	72	**70**
女	10代	13	9	7	4	**3**	13	11	11	3	**3**	14	14	6	3	**2**
	20代	32	24	16	15	**3**	35	26	21	6	***0***	28	24	16	7	***2***
	30代	50	44	29	24	**12**	43	39	33	28	**11**	45	38	33	23	**10**
	40代	64	58	49	40	**24**	61	58	53	43	**31**	60	56	47	36	**25**
	50代	66	67	60	45	**40**	63	70	61	51	**33**	59	58	54	51	**38**
	60代	64	69	62	66	**56**	58	61	65	62	**50**	52	59	61	53	**51**
	70歳以上	51	52	51	57	**54**	52	56	59	54	**53**	44	48	51	46	**58**
農林漁業者		60	49	52	59	**47**	56	*59*	*57*	−	***60***	49	*60*	*47*	−	−
自営業者		62	61	51	50	**40**	54	59	56	53	**40**	57	52	53	47	**35**
勤め人		56	49	41	37	**26**	54	50	45	40	**28**	51	48	39	36	**24**
主　婦		64	68	58	54	**52**	61	58	59	55	**54**	57	54	57	51	**50**
無　職		64	64	61	63	**55**	61	67	67	62	**54**	57	62	63	57	**60**
学　生		15	10	9	6	**4**	17	14	10	4	**2**	18	15	10	3	**2**

注）・斜体は、サンプルが100人未満で少なく、誤差が大きいので参考値
　　・－は、サンプルが50人未満のため割愛した

資料出所：NHK放送文化研究所「国民生活時間調査」

第2章

新聞はどうやって
できるの

1. 日本は新聞大国

◻ 世界に誇る発行部数

第2章では、実際に新聞はどうやって作られていくのかということを見ていきましょう。まず新聞全体の話をしますと、インターネットの急速的な普及が新聞離れという現象を生み出しているものの、世界の新聞発行部数から比較すると、日本はまだまだ新聞大国と言えるようです。

世界新聞・ニュース発行者協会[1]が発行している「World Press Trends」（2018年度版）によれば世界一の発行部数を誇るのは日本の読売新聞です。2位は朝日新聞、3位が毎日新聞で、6位と9位に、中日新聞と日経新聞がそれぞれ入っています。

もう1つ資料を紹介しましょう。やはり世界新聞・ニュース発行者協会による「成人人口1000人あたりの部数」（2018年度版）を国別に見たものです。日本は459・1と高い数字を示しています。アメリカは201・5で、イギリスが332・5となっています。フィンランドが478・9、アイスランドは597・6とそれぞれ高い数字を示しているのはその国の人口の割合とも関係しています。日本は発行部数でも、成人人口に対する数値でも群を抜いていることは明らかです。

ただ、国内における新聞の発行部数を見てみると驚愕の数字に出会うことになります。例えば今から18年前の２０００年の発行部数は５３７０万部（一般紙・スポーツ紙）であったのに対し、２０１８年は３９９０万部となっています。また1世帯当たりの部数が２０００年は1・13であったのに対し、２０１８年は０・７と減少しました。

主要5紙の販売部数を見てみましょう。２００８年に１００２万部を誇っていた読売新聞は２０１１年に１０００万部を切るとそこから加速度的に減少していきました。２０１８年12月には８０５万部まで落ち込んでいます。また、朝日新聞も８０４万部から５７６万部に減少、毎日新聞は３８８万から２６５万部に、日経新聞は３０５万から２３８万部、産経新聞は２２０万部から１４５万部と減少しました。減少している中で目に付くのが、世帯数でいうと逆に増えていることです。

もちろん、アメリカのニューヨークタイムスが87万部、ワシントンポストが54万部ですから、部数が大幅に減少していてもまだまだ日本は新聞大国と言えるかもしれません。

ただ、アメリカの場合はエリアが限られていますし、質の高い新聞は特定のエリートだけのものという考えもありますから、一概に比較はできません。

では、何が日本の新聞購読率を支えているのでしょうか。それは日本ならではの戸別配達[2)]というシステムが確立しているからだと思います。戸別配達によって、読者は居（寝）ながらにして新聞を開くことができます。部数は減少しているものの、戸別配達率は2000年に比べて2018年の方がわずかながら上がっているというデータもあります。

配達してくれる人材を確保することが最近では大変困難になっているという状況もありますが、戸別配達という日本特有のシステムに支えられ、信頼されていることを力にして、物事の本質に鋭く迫っていく記事を読者の皆さんにお届けすることが新聞人の使命だと思っています。

●新聞の発行部数の推移

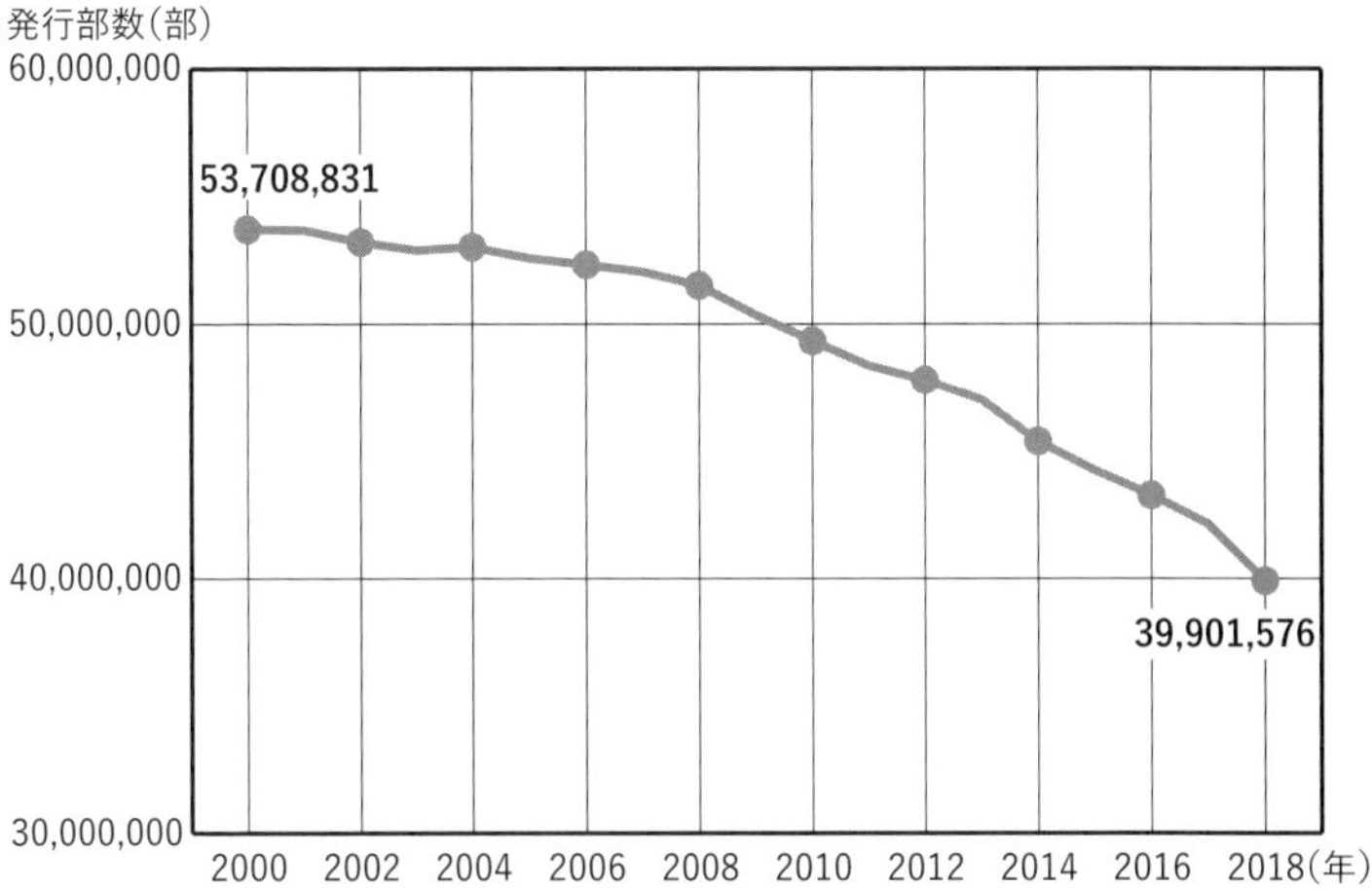

年	発行部数
2000	53,708,831
2001	53,680,753
2002	53,198,444
2003	52,874,959
2004	53,021,564
2005	52,568,032
2006	52,310,478
2007	52,028,671
2008	51,491,409
2009	50,352,831
2010	49,321,840
2011	48,345,304
2012	47,777,913
2013	46,999,468
2014	45,362,672
2015	44,246,688
2016	43,276,147
2017	42,128,189
2018	39,901,576

資料出所：（一社）日本新聞協会「新聞の発行部数と世帯数の推移」調査

□複数紙を読む大切さ

毎朝家まで配達してもらえる新聞の１部の値段は大体１２０円から１８０円が相場となっています。果たしてこの価格は高いのでしょうか？　珈琲１杯にも満たない値段で毎日新しい情報が手に入るのですから大変安価であると言えるのではないでしょうか。私がお願いしたいのはできることなら複数の新聞を取ってぜひ比較していただきたいということです。

新聞を読むというのは習慣ですから、やはり子どもの頃から新聞に触れてもらうことが大切だと、各社いろいろ工夫しています。読売新聞でも授業で読んでもらえるよう無料で新聞を提供していますし、社内で「母と子の新聞教室」を開催しています。子どもたちは新聞を読むことで多角的にものを見たり、物事の背景や本質を知ったりすることが可能になります。かつては自分たちで学級新聞や壁新聞を作って、新聞は子どもたちにとても身近なものであったはずです。

壁新聞と言えば、東北大震災のときも一番力を発揮したのは手書きの壁新聞でした。新聞の原点に帰らなければという思いを強くしています。

2. 新聞ができるまで

□「土俵入り」って何のこと？

次頁に「新聞ができるまで」を示しました。読売新聞が子ども向けに出している「新聞はともだち」という小冊子の最初の頁を転載したものです。これを見ると、各家庭に新聞が届くまで、多くの人が関わっていることが分かっていただけると思います。

取材のあり方については第3章で詳しく触れることにして、ここでは取材の次の工程である編集会議から話を始めます。

新聞社の1日は夕刊から始まりますが、それに合わせ、朝の9時半ごろ、夕方は5時過ぎ、夜は10時頃の3回にわたって、各部のデスクが集まり、編集会議が開かれます。それぞれが取材した原稿を持ち寄り、どの記事をトップに持ってくるかなど、記事を配分し、みんなでその日の紙面づくりの方針を立てるのですが、面白いことに編集会議はなぜか「土俵入り」と呼ばれています。なぜ、編集会議が「土俵入り」と言われるのかは定かではありませんが、思うに、本番前の大切な儀式という意味でしょうか。

新聞ができるまで

みんなが寝ている間も、新聞社はおおいそがしなんだよ!

新聞ってどのようにでき上がり、みんなの家まで届くのかな? 日本や世界のできごとを、早く、正確に、公正に伝えてくれる新聞が作られている現場をのぞいて見よう。

取材　政治・経済の動き、事件・事故、文化・スポーツから街の話題まで、記者の取材は、昼も夜も続きます。

編集会議　毎日朝と夕方、夜の3回、各部のデスクらが集まり、その日の紙面づくりの方針を立てる編集会議を開きます。「立ち会い」、「土俵入り」と呼ぶこともあります。

レイアウト　集まった記事の配置を決め、見出しをつけていきます。

写真の大きさや形を決め、色を調整するのもすべてコンピューター。最新の機器が活躍します。

組版　コンピューターに入った記事や写真を取り出し、レイアウトの指示に沿って紙面に組み上げます。

校閲　文字や文章に間違いがないか、紙面をチェックするのが校閲です。

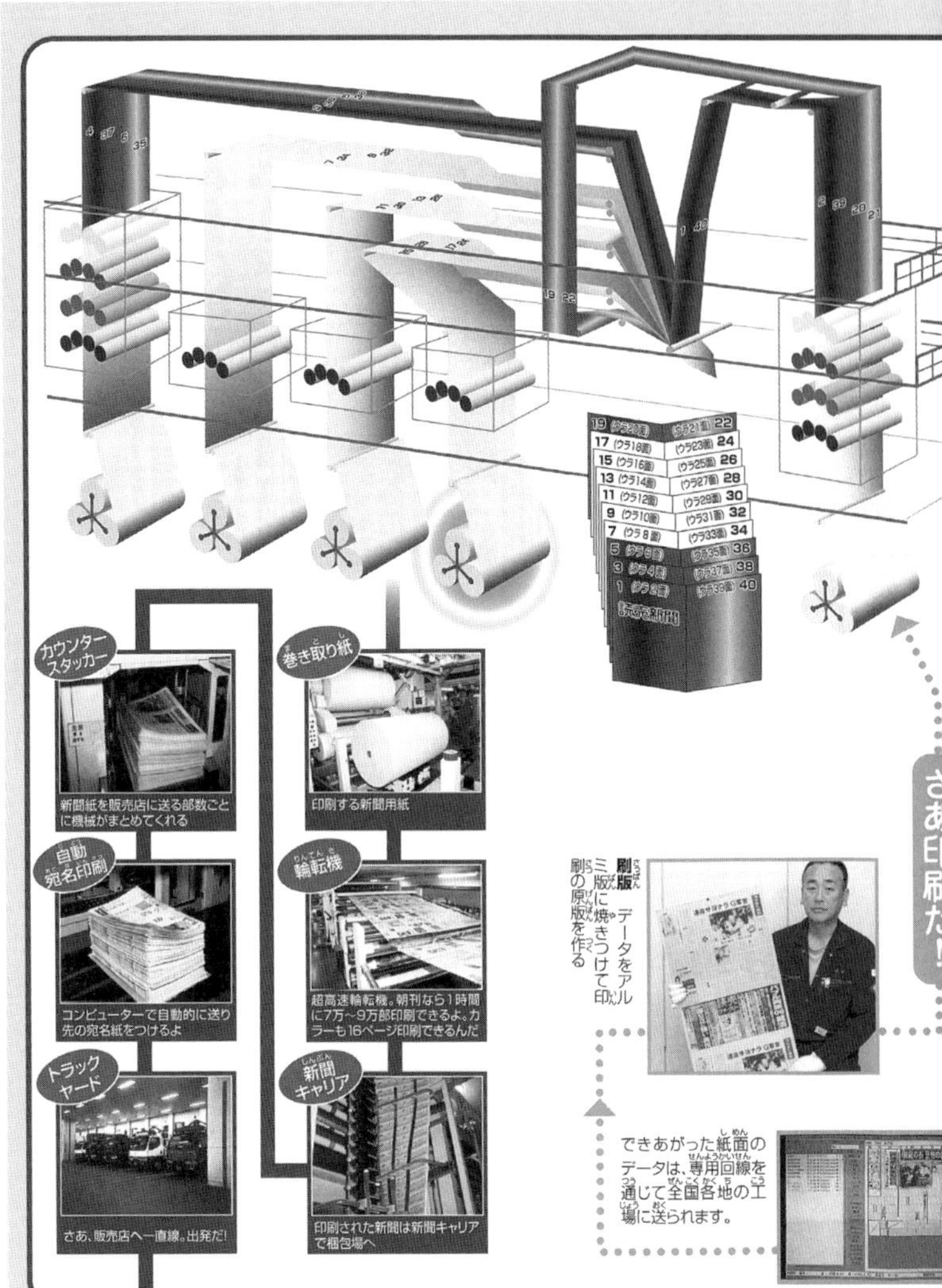
さあ印刷だ！
刷版　データをアルミ版に焼きつけて印刷の原版を作る
できあがった紙面のデータは、専用回線を通じて全国各地の工場に送られます。
巻き取り紙
印刷する新聞用紙
輪転機
超高速輪転機。朝刊なら1時間に7万～9万部印刷できるよ。カラーも16ページ印刷できるんだ
新聞キャリア
印刷された新聞は新聞キャリアで梱包場へ
カウンタースタッカー
新聞紙を販売店に送る部数ごとに機械がまとめてくれる
自動宛名印刷
コンピューターで自動的に送り先の宛名紙をつけるよ
トラックヤード
さあ、販売店へ一直線。出発だ！
読売新聞
1 (ウラ2面) (ウラ39面) 40
3 (ウラ4面) (ウラ37面) 38
5 (ウラ6面) (ウラ35面) 36
7 (ウラ8面) (ウラ33面) 34
9 (ウラ10面) (ウラ31面) 32
11 (ウラ12面) (ウラ29面) 30
13 (ウラ14面) (ウラ27面) 28
15 (ウラ16面) (ウラ25面) 26
17 (ウラ18面) (ウラ23面) 24
19 (ウラ20面) (ウラ21面) 22

□紙面の構成

それでは新聞の紙面構成はどのようになっているのでしょう。新聞によって違いますが、読売新聞の1面を例にとると、まず1面トップ、1面準トップ、そして真ん中の記事があり、それ以外は題字と編集手帳、広告で構成されています。

2面は、1面に入れるほど大きくはないけれど、1面に続いて大事な政治や経済、国際関係の記事が収められています。

3面は、大事なニュースでさらに詳しく報じなければいけないことを取り上げています。新聞社全体の意見である「社説」は2面（産経、日経）、3面（読売）、5面（毎日）、8、12、14面など（朝日）と分かれております。そして、4面は政治面となっています。

編集会議では各自が持ち寄った材料を、1面には何を持ってくるか、2面には何を入れるかといったように大きな方針を決めていきます。

□各社で違う記事の重点の置き方

編集会議の責任者は編集局長です。しかし、編集局長が朝から夜まで会議に付き合っているわけにはいきません。読売新聞の場合は数名の編集局次長がいて、この人たちが交代で編集会議の責任者を務めます。テレビ中継で結んで、大阪本社、西部本社も一緒に会議に参加します。最終的な責任者は編集局長ですが、トップ記事をどれにするか、どれくらいの大きさにするかなどは、編集会議でみんなで話し合って決まります。

何をトップにもってくるかは、各社の価値判断が決め手ですが、実は、この価値判断というのがなかなかやっかいなのです。

最近の例で見てみましょう。2019年6月に世間を騒がせた「老後資金2000万円問題」の取り扱い方が新聞によって随分違います。「老後資金2000万円問題」とは、2019年6月3日、「長寿化に伴い預貯金などの資産寿命を延ばす必要がある」と金融庁が報告書を公表したことに端を発します。当然、国民からは強い反発がありました。その後、麻生太郎金融担当大臣は、夫婦の老後資金に「2000万円」を必要とする試算を盛り込んだ金融庁の報告書の受け取りを拒否するという異常事態に発展、一連の流れを受けての、6月11日〜15日の各社の朝刊を読み比べてみます。

朝日新聞は6月11日の朝刊で、参院選に弾みをつけたい野党が「老後2000万円」問題を参院選の争点として位置づけ、今後国会で応酬が続くことを示唆しました。また、毎日新聞も6月12日の朝刊で「前代未聞の不受理劇」の裏側には約3週間後に公示を控えた選挙の影があると指摘、火消しにやっきになる与党幹部の発言を掲載しています。

一方、日経新聞は6月13日の朝刊で、金融庁の政治への配慮の薄さを挙げながら、報告書が訴えようとした内容までは否定できないという見解を示しています。「人生100年時代」を見据えれば、公的年金の再設計と指摘年金などの自助を促す制度の拡充は欠かせないとし、今回の問題が年金改革の遅れにつながることを懸念しています。

読売新聞は6月15日の朝刊で、激しい国会論戦が「老後2000万円不足」を独り歩きさせていることを指摘しています。報告書の目的は人生100年時代に備えた資産を息長く活用する必要性を強調していることから、報告書のポイントを紹介し、長寿社会に向けた資産形成のイメージを示しました。また、同日の社説の中で、「政府と与野党は公的年金の不安をあおるのではなく、老後の資金をどう賄っていくのか、冷静で建設的な議論が必要である」と指摘しました。

このように同じ報告書でも、報道の力点評価が新聞によって異なります。できるだけ複数の新聞に目を通した方がそれだけ多角的な見方ができるとも言えます。

2019年６月11日 朝日新聞

2019 参院選

「老後2000万円」国会で応酬

「年金100年安心 ウソだった」
野党、争点化へ追及

参院選を控えた与野党論戦の論点に、老後の資産形成における「2千万円不足」問題が急浮上した。安倍晋三首相ら全閣僚が顔をそろえた10日の参院決算委員会で、野党側はこの問題に照準を合わせて政権を追及。これと合わせ、消費税率引き上げや安倍首相が掲げる憲法改正、米国との貿易交渉などへの批判を強め、参院選の争点に位置づける構えだ。

▼1面参照

参院決算委で立憲民主党の蓮舫副代表（右）の質問に答弁する安倍晋三首相＝10日午後、福留庸友撮影

老後「2000万円不足」問題をめぐる
安倍晋三首相と野党の応酬
10日、参院決算委員会

立憲民主・蓮舫氏：日本は65歳から30年生きると2000万円ないと生活が行き詰まる国なのか

安倍首相：金融庁から発表された数字だが、不正確で誤解を与えるものだった

共産・小池晃氏：年金は「100年安心」と言っていたのに、いつの間にか年金はあてにするなと。国家的詐欺に等しい

安倍首相：今の世代も次の世代も給付と負担のバランスをとる。100年安心は仕組みとしてそれを確保する

主要野党が参院選で争点化を狙うテーマ

- 老後「2000万円不足」問題・年金問題
- 安倍政権の姿勢・体質
- 日米貿易交渉問題
- 10月の消費増税の是非
- アベノミクスの功罪
- 日朝・日韓・日ロ外交
- 自民党が掲げる９条改憲の是非

首相は釈明・反論

「国民が怒っているのは（公的年金が）『100年安心』がウソだったことだ。自分で2千万円をためろとはどういうことか」

10日の参院決算委。4月の同委の質疑以来、初めて全閣僚が出席した論戦の場で、立憲民主党の蓮舫副代表は強い口調で「2千万円不足」問題を取り上げた。

3日公表された金融庁の報告書にある「公的年金の水準は今後調整されていくことが見込まれる」との記載について、蓮舫氏は「足らざる部分のためにもっと働け、と。公助から自助にいつ転換したのか」と質問を投げかけた。

首相は「老後に月5万円、30年で2千万円の赤字であるかのような表現は、誤解や不安を広げる不適切な表現だった」と釈明。だがその後、簡潔な答弁を求める石井みどり委員長（自民）の注意をよそにたたみかけた。「100年安心はウソではない」

反論の材料にしたのは、首相が「100年安心」の根拠としている「所得代替率」だ。所得代替率とは、現役世代の平均的な手取り収入に対する年金支給額の割合を示す数値で「100年安心」で約束したのは50%。厚生労働省によると今は約6割で、当面は50%を割り込まない見通しだ。首相はこの点を踏まえ「（現行制度で）給付と負担のバランスは取れている」とし、野党の批判は当たらないという認識を示した。

首相はさらに「マクロ経済スライド」という、平均余命の延びなどに応じて年金支給を調整する仕組みの説明を駆使して反論した。2019年度の支給額の見直しで4年ぶりにこの制度を適用し、賃金の伸び率（0・6%増）を下回る0・1%増に支給額を抑制しつつ、プラス改定ができた成果を強調。これにより年金制度の持続可能性を担保できたとして、「現在の受給者、将来世代の双方にプラスになる。公的年金の信頼性はより強固になった」と胸を張った。

今回の「2千万円問題」の議論では、現役世代の負担で高齢者の生活を支える年金制度について、制度の持続可能性という「根幹」を守るのか、支給水準を重視するのかという認識のギャップも浮かぶ。

少子高齢化で現役世代が受給世代を支える年金制度の仕組みが限界に近づきつつある、との指摘もある。金融庁の報告書も年金が老後の収入の柱であることは認めつつ、支給額の目減りは避けられないという文脈で作成された。

同庁幹部は「あくまで平均的なモデルケース」として「2千万円」と明示したとするが、野党側は政権追及の好材料を得たとして批判を強める。

この日、共産党の小池晃書記局長は「100年安心と言っていたのに、いつの間にか年金は当てにするな、と。国家的詐欺に等しい」と追及すると、首相は「100年安心は仕組みとして確保する。給付と負担のバランスを取る」と答弁し、給付よりも制度を維持することを重視する考えをにじませた。

（山口博敬、中崎太郎）

「選挙に影響」自民火消し

参院選に向けて弾みをつけたい野党は「2千万円問題」をきっかけに「年金」に戦線を拡大させる構えだ。

第1次安倍政権の07年、年金記録のずさん管理が発覚。自民党はこの年の参院選で大敗し、安倍政権退陣につながった。年金は有権者の関心も高く、「安倍政権にとって鬼門」（野党中堅議員）とみるためだ。

蓮舫氏はこの日、麻生太郎財務相兼金融相に金融庁の報告書を読んだかどうかをただし、麻生氏から「全体を読んでいるわけではない」との答弁を引き出し、「国民の間で怒りが蔓延している大問題なのに」と突き放した。さらに、いまなお2千万件弱の記録の持ち主が不明のままの年金記録問題も取り上げ、当時「最後の1人まで徹底的にチェックし、全て支払う」と発言した首相に「口約束だったじゃないか」と迫った。

一方、国民民主党の大塚耕平氏が問題視したのは、日本年金機構が年金の受給開始（原則）65歳を前に送付する年金請求書だ。

現行制度では、受給開始時期を繰り下げると年金額は増額され、70歳開始の場合は65歳開始と比べて年金額は42%増える。このため、請求書には「年金額を増額させますか？」などの設問があり、受給開始を繰り下げる場合は請求書の提出は不要だとしている。

大塚氏は「70歳まで繰り下げる方に誘導しているのではないか」と指摘した。平均余命よりも前に死亡した場合、65歳からの受給開始に比べて受け取る年金額が少なくなりうるため、大塚氏は「年金請求書を『年金詐欺』と言う人たちがいる」と批判した。

野党側は参院選に向け、10月に予定される消費増税や、首相が目指す改憲に反対姿勢を強め、米国との貿易交渉や、日ロ、日朝関係など安倍政権の外交姿勢なども争点化する構えだ。

ただ、金融庁の報告書をきっかけに年金問題が急浮上。旧民主党政権も年金制度の抜本改革を掲げつつ実現できなかった経緯があり、野党も無傷ではいられないテーマだが、国民民主党の玉木雄一郎代表は10日、「年金を大きな争点として参院選を戦わなければならない」と山形市内で記者団に強調した。

10日の自民党役員会では改選組の参院議員から「2千万円問題は参院選に影響がある」と懸念する声が出た。二階俊博幹事長は記者会見で「（金融庁の）報告書は老後に備えて個人の置かれた状況に応じ有利な資産形成ができるようにという観点からの提言。年金制度の信頼性とは別のものではないか」と火消しに回った。

（山本恭介、斉藤太郎）

2019年６月12日 毎日新聞

前代未聞の不受理劇

「老後2000万円」選挙の影

「焦点」

「麻生氏、問題直視を」

年金財政検証先送り

最低賃金「早期1000円」 骨太の方針原案

「老後資金2000万円」を巡る与党幹部の主な発言

二階俊博自民党幹事長
「2000万円」の話が独り歩きし、不安を招いている。金融庁には麻生氏を含め、自民党として厳重に抗議している＝11日、党本部で記者団に

山口那津男公明党代表
事前説明もなく、いきなり誤解を招きやすいものが出てきた。猛省を促したい。年金の不安をあおるような言動は罪深い＝11日の記者会見で

岸田文雄自民党政調会長
極めてずさんなもので、まともな政策議論に役立つものではない。報告書と年金の持続可能性は全く別の議論だ＝11日、党本部で記者団に

モデル世帯の厚生年金の給付月額の推移
（14年の財政検証より）

		2014年度	19年度	30年度	43年度	50年度
夫婦の年金月額	基礎年金	12万8000円	12万2000円	13万円	12万5000円	13万7000円
	報酬比例部分	9万円	8万5000円	10万円	11万8000円	12万9000円
	計	21万8000円	20万7000円	23万1000円	24万4000円	26万6000円
現役男性の平均的な手取り月額		34万8000円	34万7000円	40万8000円	48万2000円	52万7000円

2019年６月13日 日本経済新聞

年金改革 遅れに懸念

「老後資産2000万円」政府火消し

老後資産に2000万円が必要との試算を示した金融庁の報告書を巡る騒動で、公的年金の制度改革が遅れる懸念が強まった。年金を巡る大きな課題の一つは現在の年金受給者への給付の膨張を抑え、将来世代との格差を縮める改革だ。厚生労働省は今夏以降に検討を本格化する予定だったが、現在の受給者への給付が不十分だという声が勢いづけば、議論することさえ難しくなる。

給付抑制論 タブー視も

公的年金は現役世代から高齢世代への「仕送り方式」で成り立つ。少子高齢化に伴い、将来世代の年金額が極端に減らないよう「100年安心」をうたった2004年の公的年金の制度改革で導入したのが「マクロ経済スライド」だ。

マクロ経済スライドは人口減少などに応じて給付を抑える仕組み。デフレ下では発動しないことになっている。このため04年の導入以来発動したのは過去2回のみで当初の計画より少ない。現役世代の手取り収入に対するモデル世帯の年金額の割合を示す「所得代替率」は04年の59・3%から、14年の62・7%に上昇した。

現在の受給者への支払いの増加は将来世代への給付を抑えて調整することになり、このままだと給付と負担のバランスは悪いままだ。

政府は経済財政運営の基本方針（骨太の方針）の素案に、公的年金の支給開始年齢の一律引き上げは実施しないと明記。働く高齢者の年金額を減らす「在職老齢年金制度」の見直しも掲げられ、むしろ年金の支出が増える改革が盛り込まれた。

世代間の格差を縮めるために、マクロ経済スライドの発動を強化すべきだという意見が有識者の間では多い。現行制度では賃金や物価の上昇率が小さかったり、マイナスだったりすると十分に機能しない。発動しやすい仕組みに見直すことが急務だが、当面は議論さえも封じられそうだ。

将来の年金水準を見通す財政検証の公表も遅れている。厚労省は「引き続き作業中」と説明するが、与党が報告書問題の火消しに追われ、参院選前の公表はいっそう難しくなった。パートなどの厚生年金の加入を拡大し、年金財政の支え手を増やすといった改革も「より大変になった」と厚労省幹部はこぼす。

厚労省の調査によると、65歳以上の高齢者世帯の収入に占める公的年金の比率は66%だ。老後の生活の柱だが、生活全てを賄っているわけではない。「人生100年時代」を見据え、公的年金の再設計と私的年金など自助を促す制度の拡充は欠かせない。その場しのぎで改革が遅れれば老後の安心は描けない。

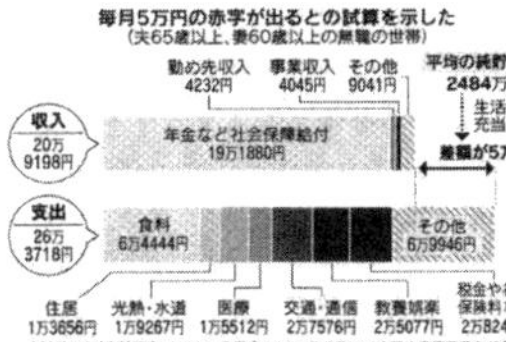

金融庁、薄かった政治配慮

金融庁は老後資産に2000万円が必要と示した報告書の事実上の撤回を迫られた。老後に向けた資産形成を促す狙いだったが、単純な試算が誤解を招き、年金不信問題にも発展して、麻生太郎金融相からも「正式な報告書として受け取らない」と拒絶された。政治や世論の動向を見誤ったツケは大きい。

「国民の皆さんの老後の生活に不安が広がった」。12日、自民党の森山裕国会対策委員長は都内の会合で、金融庁の金融審議会がまとめた報告書を批判した。報告書が撤回になったことを踏まえ、記者団に「報告書はもうなくなった」とも語った。

審議会でまとめた文書が担当閣僚に拒否されるのは極めて異例だ。麻生氏は財務相との兼任で、金融庁に姿を現すことは少ない。金融庁幹部の政治家との接点が少なくなり、政治への目配りを欠いたのは否めない。

金融機関への強力な監督権限を持つ官庁として「監督外」の国民感情を読み違えたのも痛手となった。「審議会で議論してきたのは年金制度そのものではない」と批判を受け流そうとしたが炎上に拍車がかかった。金融庁幹部は「関係者への配慮が足りなかった」と悔やむ。

一方で報告書が訴えようとした内容までは否定できない。主眼としたのは、老後も安心して暮らすには年金だけに頼らず、計画的に資産をつくる「自助」が欠かせないというメッセージだ。金融庁が呼び掛けたのは2000万円を預金で確保することではなく、積み立て分散投資など運用を含めた備えだ。

日本人の寿命は世界有数の長さで、今後も延びる可能性が高い。長生きする分だけ医療や介護費など必要なお金は増える。低金利環境が続くなかで、預金や年金だけの老後設計には限界もある。

マネックス証券の大槻奈那チーフ・アナリストは「実額で大まかな試算を出すことにもう少し配慮があってもよかったが、早期からの資産形成が必要だと改めて認識すべき問題だ」と指摘する。

2019年 6 月15日 読売新聞

「人生100年」蓄え重要

金融庁報告書

「老後2000万円不足」独り歩き

スキャナー
SCANNER

14日の衆院財務金融委員会では、金融審議会（首相の諮問機関）の報告書に対し、公的年金制度への不安を助長したとの批判が与野党から上がった。ただ、報告書の目的は、長い老後に備えた資産形成の大切さを訴えることにある。激しい国会論戦とは裏腹に、「人生100年時代」を見据えた議論は置き去りにされている状況だ。（経済部　黒木健太朗、長原和磨、本文記事1面）

■陳謝

「家計調査のある時点の平均値の収入、支出、貯蓄をただ並べ、5万円分を赤字であるかのような表現をしたのは意味もなく、ミスリードだった」。報告書作成に関わった金融庁の三井秀範・企画市場局長は、委員会で陳謝を繰り返した。

報告書は、夫が65歳以上、妻が60歳以上の無職夫婦の場合、毎月の収支の赤字額は平均5万円で、今後20～30年生きるとすれば不足額の総額は1300万～2000万円になると明記している。総務省の家計調査をもとに機械的に算出したものだが、こうした数字を役所が明示するのは異例だ。

内容には配慮を欠いた部分も多い。高齢者の多様な生活状況や資産規模などを踏まえない舌足らずな説明で、国民の公的年金への不安を助長することになった。金融庁幹部は「報告書が、資産形成の重要性を訴える本来の目的とは異なる形で注目された。配慮を欠いていた」と反省する。

■資産形成

もっとも、報告書には重要な論点も含まれている。人生100年時代に備えた資産形成のあり方を探っていることだ。

退職後の収入は現役時代より減るのが一般的だ。厚生労働省の度山徹大臣官房審議官（年金担当）は委員会で、「基本的に引退後の生活は公的年金を基本としながら、資産の活用を加えて賄われている」と述べた。

政府が提唱してきた「100年安心」は、年金制度の持続性についての言及で、個人の生活を年金だけで賄うことを保証したものではない。退職後に貯蓄などの資産を取り崩すことは十分、想定される。

このため、報告書は資産を息長く活用する必要性を強調している。ポイントは、「少額・長期・分散」だ。

現役期は、「少額からでも資産形成の行動を起こす時期」と位置づけた。必要なときにすぐに取り崩せる預貯金を確保しながら、余ったお金を少しずつ、長期的に運用する。リスクを小さくするため、複数の金融商品に分散して投資することも推奨した。

退職時期が迫る頃から、退職金額を確かめ、老後の資産が十分かどうか確認することや、再雇用などで継続して働くかどうかを検討するよう求めた。医療費などがかさむ高齢期には、資産をどう取り崩すかや、認知能力の低下などに備えた対応を取るよう促した。

慶応大の土居丈朗教授は、「どんな老後を送りたいのかは人により異なる。報告書を老後の生活設計や必要な資産形成を考える契機にするべきだ」と話している。

長寿社会に向けた資産形成のイメージ

（金融庁の資料を基に作成。資産額や年代はイメージ）

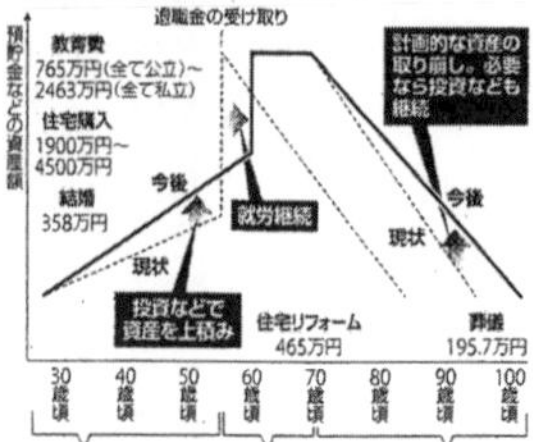

1 現役期
- 早い時期から、少額からでも長期・積み立て・分散投資などによる安定的な資産形成
- 長期的に取引できる金融機関を選ぶ

2 退職期前後
- 退職金の額などを早期に確認
- 定年後、就労継続など収支の改善策を検討
- 中長期的な資産運用の継続

3 高齢期
- 介護など、健康状態に応じた資金計画の見直し
- 認知症などに備え、お金の管理について周囲と相談しておく

金融審議会の作業部会がまとめた報告書のポイント

- 高齢夫婦の無職世帯では、毎月の赤字額は約5万円。20年で約1300万円、30年で約2000万円の金融資産の取り崩しが必要に

➡ 問題点
- 公的年金だけでは、生活費として月5万円足りないかのような誤解招く
- 公的年金制度への不安を助長

- 退職後にこれまで以上に長く生きることに備え、老後に向けた資産形成など「自助」の必要性を強調

□ニュース価値を計る8つの要素

価値判断とは何かと言っても簡単に答えは出てきません。ニュースは生き物ですから、あらゆる角度から物事の軽重を判断していかなければなりません。

大切なのは時間軸だけでなく、空間軸でも見ていくということです。外国で起きたばかりの小さな事件でも、その後どのように膨らんでいくか分かりません。

ちなみに読売新聞ではニュース価値を計るために次のような8つの要素を掲げています。

①国際性

　将来的に地球規模のニュースに発展していくかどうかの見通しを持つことが、国際化の進む今、求められています。

②記録性（歴史性）

　速報性ではテレビにかないませんが、国家間の共同声明や法改正などは全文あるいは要旨を詳報しなければならず、新聞の記録性が後世の貴重な資料となります。

③影響性（発展性）

　公共料金の値上げなど、そのニュースを知っていないと市民生活に不便が生じるようなニュースを新聞は伝えていく義務があります。

④社会性（時代性、連続性、多発性）

例えばどこかでいじめ問題があったとしたら、それは個々の問題ではなく、時代を反映したみんなの問題であることを伝えていく使命が新聞にはあります。

⑤普遍性（大衆性、一般性、著名性）

最大多数の最大関心事というものをきちんと見ていかなければなりません。政治のニュースよりタレントの動向を知りたいという読者も多いのです。

⑥人間性

自分の危険を顧みず、人の命を助けるというような人間の勇気に人の心は打たれます。

⑦地域性

同じ大きさの事件や事故でも、読者は、より身近な方に関心を持ちます。

⑧意外性

新しいもの、珍しいもの、変わったものへの興味は人間の本能です。

以上8つのことを総合的に判断しながら、読者にとってどんな情報が大切か、あるいは今は関係がなくても、その後発展し、普遍化されたものになっていくであろうということを、きちんと伝えていかなければなりません。

８つの要素は読売の内部の基準であり、各新聞社がそれぞれの価値判断の特性を持っています。

最近の報道で言えば、朝日新聞と東京新聞は「反原発」のようですから、それを大きく報道しようとする傾向があり、２紙の場合、原発の記事がトップに来ることが多くなります。各新聞社の価値判断を、紙面から覗いてみるのも楽しいかもしれません。

見出しの力

さまざまな要素を考えながら、より良い紙面づくりを目指しているのですが、読者が一番に注目するのは何かというと「見出し」なのです。朝、なかなかゆっくり紙面を読むことができないので、とりあえず見出しだけは読んできたという人も多いのではないでしょうか。見出しを読むことでイメージが作られるため、簡潔な中にもすべての要素を入れること、そして何より正確であることが求められます。

私は、入社したての頃に出会った１本の見出しが、忘れられません。それを書いた先輩記者に強く憧れました。１９７５年の出来事であったと記憶していますが、当時、北海道の石狩川[3)]は、台風などによって氾濫続きでした。１９７５年８月、台風６号の影響による大雨のため、大洪水に見舞われます。河川は氾濫し、道路は冠水、田畑を濁流が襲いました。その被害を伝えるときの見出しが「石狩に緑見えず」というものでした。わずか7文字にあらゆることが集約され、濁流に覆われた景色が目に浮かびました。見出しとはかくあるべきという完璧な一行は、今も心に残っています。

あまり無味乾燥でもいけません。その一方であまり情緒過剰であっても、肝心の事実を伝える役目を果たせなくなります。そのバランスも考えながら、核心を衝く見出しでなければいけません。その時大切なのは〝詩的センス〟ではないかとも思うのです。

1975年８月25日 読売新聞

石狩に緑見えず—泥海の朝

水はけるまで10日も？

“復旧工事何一つ　農民悲痛

水にひたったわが家を前に立ちつくす月形町の住民ら
（けさ８時45分、本社ヘリから）

インスタント食品などで腹ごしらえをする避難者たち（けさ７時30分、北村中央公民館）

さて、最近の記事から見出しについて考えてみましょう。２０１９年7月21日に投票が行われた参議院選挙の結果について各紙はもちろん1面トップで報道しましたが、その見出しに若干の差が見られました。朝日新聞は「改憲勢力3分の2に届かず」と大きく縦書きしました。朝日以外の他紙も多くが3分の2届かずと見出しを付ける中、読売は「与党勝利改選過半数」という見出しをつけました。１面の下の部分に「与党・改憲勢力３分の2割れ」と小さく書いたことから、前述の改元報道のときと同じように、読売は安倍さんに配慮していると言われましたが、私は改憲勢力が３分の２云々と議論すること自体がおかしいと思っています。改憲勢力というのは自民党、公明党、維新、無所属の人たちのことですが、その人たちが皆同じ改憲勢力だとは思いません。自民党や公明党の中には改憲に慎重な人たちもたくさんいます。維新は独自の改正案をもっていて、自民党案と違います。

つまり、改憲勢力3分の2とはいったい何なのか、その内実がよく分からないのに、届くか届かないかということだけを大きく見出しに掲げることは、有権者である読者に間違った判断をさせるものだと私には思えてなりません。それほど見出しの力は大きく、だからこそ見出しを作るにも深い思慮が必要になってきます。

2019年７月22日 朝日新聞

改憲勢力2/3は届かず

自公 改選過半数

野党共闘 1人区10勝

参院の新勢力

残り4

自民	公明	与党系無所属	その他	維新	立憲	国民	共産	社民	れいわ	野党系無所属
112	27	3	0	15	32	21	13	2	2	14

過半数(123)　3分の2(164)　245

改憲勢力
自民、公明、維新と与党系無所属
164で3分の2超
157

公示前(欠員4人)　238

定数245(3増)。改選数は124。「その他」は諸派のほか、与党系・野党系以外の無所属。

第25回参議院選挙が21日、投開票された。自民党は全国32ある1人区、比例区とも堅調で、公明党の議席と合わせて改選定数（124議席）の過半数（63議席）を上回った。改選後の全議席は245。与党に加えて日本維新の会、与党系無所属を合わせた「改憲勢力」で憲法改正の国会発議に必要な「3分の2」（164議席）には届かなかった。立憲民主党や国民民主党など野党4党は候補者を一本化した1人区で10議席を確保し、共闘が一定の効果を示した。れいわ新選組も比例区で議席を得た。

首相、改憲「任期中挑む」

当選者に花を飾る安倍晋三首相＝21日午後9時46分、東京・永田町の自民党本部、福留庸友撮影

安倍晋三首相は21日夜、選挙戦で憲法改正に向けた議論の是非を訴えてきたことを踏まえて「国民の皆さまはちゃんと（憲法改正に向けた）議論をせよということだったんだろうと思う」とフジテレビの番組で述べた。その上で「私の使命として、残された任期の中で、憲法改正に当然挑んでいきたい」と強調した。

党総裁任期は2021年9月までで残り2年余。首相は「20年の新憲法施行」を掲げていたが、目標とする時期を後ろ倒しさせた。

「改憲勢力」は憲法改正の国会発議に必要な「3分の2」を割った。ただ、首相は「国民民主党の皆さんの中にも憲法議論をしっかりしたいと言ってる方がおられる」と指摘。一部野党議員も巻き込む形で改憲議論を喚起して、野党を分断したい考えをにじませた。首相は参院選と同時に衆院を解散する衆参同日選を見送り、解散カードを温存しており、野党への揺さぶりをかけるものとみられる。

選挙戦で立憲民主党など野党は首相の姿勢を批判。立憲の枝野幸男代表は22日未明の記者会見でも「憲法改憲は許すべきではないという勢力が3分の1を超える。民意は明確になった。議論を今、進める必要はない」と述べた。野党共闘の効果は1人区で10勝して一定程度、発揮されたこともあり、強く抵抗していく構えだ。首相が唱える9条改正に極めて消極的な公明党も改憲には慎重姿勢をとっており、公明党との与党内調整も大きな焦点となる。

首相は目標とした全議席の過半数（123議席）を与党で確保できる改選53議席を大きく上回った。国政選挙での連勝を6に伸ばし、当面は安定した政権運営ができる基盤を改めて確保した。

参院選の結果を受けた内閣改造と自民党役員人事について、首相は9月前半に行う方向で調整。二階俊博幹事長の処遇が焦点だ。幹事長として衆参両院の選挙で勝利しており、続投するとの見方がある一方、交代を求める声が党内の一部にある。首相は菅義偉官房長官ら政権の骨格については代えない構えだ。

首相の総裁任期は残り2年余だが、参院選勝利で自民党則を改正したうえでの「総裁連続4選」を求める声が出る可能性もある。二階氏はさっそく21日の日本テレビの番組で4選論に言及した。人事では、「ポスト安倍」に向け、菅氏のほか、岸田文雄政調会長の処遇も焦点。石破茂元幹事長ら首相に対抗する勢力が政権とどう距離を取るかも注目される。

一方、野党第1党の立憲民主党は議席を伸ばし、野党内での主導権を確保した。議席が伸び悩んだ国民民主党は厳しい党運営になる。初の国政選挙で議席を確保した、れいわ新選組の動向も焦点だ。

政府は10月、消費税率の10%への引き上げを予定通り行い、それを財源とした教育無償化などを実施。景気の落ち込みを防ぐため、増収分を上回る2兆円規模の対策を行う。日米貿易交渉では参院選後に成果をまとめる方針。中東ホルムズ海峡などの安全確保をめぐる多国籍の「有志連合」への参加も判断を迫られる。

2019年７月22日 読売新聞

3. 新聞の役割

□3つの役割とは

前述の「ニュース価値を計るための8つの要素」は報道する者の心構えですが、新聞には、①客観報道、②調査報道、③提言報道の3つの役割があると言われています。

新聞の一番大きな役割に客観報道があり、これは文字通り事実を客観的、ありのままに正確に伝えることです。その場合、何をもって客観的というのか意見の分かれるところです。

2つ目として、ある時期から調査報道ということが言われるようになりました。警察が誰かを逮捕したということを客観的に報道するのではなく、自分の所で独自に調べたことを報道するというものです。調査報道の事例は第4章で紹介します。

□提言報道のさきがけとして

さらに、3番目として提言報道があります。客観的に、あるいは独自の調査をして報道するだけではなく、ある問題についてどう考えればよいのかということを新聞社なりに提言をするという役割が新たに加わりました。その先駆けをなすものが1994年11月3日に、読売新聞が出した「憲法改正試案」だったと思います。

現行憲法は十分その役割を果たしたけれど、時代の流れの中でいろんな矛盾をはらんでいると考え、自分たちの憲法をつくろうと試案を出しました。私もメンバーの1人でした。

しかし、ほかの新聞社からの反対は強く、毎日新聞は、「平和理念を掲げた憲法は国民の中に根を張って定着したといえよう。今、逐条的な改正案をつくって世に問う時だろうか」と拒否反応を示しました。高知新聞、沖縄タイムス、佐賀新聞の3紙も同様の論旨で反論、朝日新聞も強い反対の姿勢を示しました。

試案発表直後から膨大な抗議のFAXや葉書が届きました。予測していたとおり右からも左からも来ました。なぜ右の立場の人たちからも抗議が来たかというと、国民が主人公だと考える私たちは、「天皇」条項を第1章に置かなかったからです。「国民主権」を第1章にし、「天皇」は第2章にしました。これが右の立場の人には許せなかったようです。もう1つ、自衛隊を軍隊ではないが、「軍事的組織」として位置づけました。これには、「軍事的組織」であっても持ってはならないという左からの猛烈な抗議がありました。

その後私たちはさらに具体的な提言として、総合安全保障政策大綱や内閣行政機構の改革大綱、中央省庁の改編案を発表しました。政府の「1府12省庁」[4)]という中央省庁改革は読売

1994年11月３日 読売新聞

憲法改正、読売新聞社が試案

自衛力保持を明記

「憲法裁判所」創設も

人格・環境権盛る

二十一世紀の日本にふさわしい憲法はどうあるべきか。新しい憲法を考える国民的論議の出発点とするため、読売新聞社は二日、独自の憲法改正試案をまとめた。主な柱は、第一に、侵略戦争の放棄、非人道的な無差別大量殺傷兵器の廃絶、徴兵制の禁止を宣言したうえで、自衛力の保持を明記したことだ。第二に、新たな人格権と環境権の規定である。第三に、立法では参院の機能強化、行政では首相のリーダーシップ強化、司法では憲法裁判所の創設など、三権にわたる改革である。このほか、国民主権と象徴天皇を一段と明確にし、憲法改正手続きの簡素化も図っている。（試案の全文17―20面、試案のポイント21面、関連記事2・3面に）

大量殺傷兵器を禁止

読売新聞社が改正試案をまとめたのは、現行憲法では十分に対応できない新たな状況が生まれており、今こそ、未来志向の国民的憲法論議を深めるための素材を提示することが言論機関の責任である、と判断したからである。

改正試案は、前文と十一章、百八条から成る。

改正試案が目指すところは、①現行憲法の基本原理である国民主権、基本的人権の尊重、平和主義の堅持と発展②一国平和・繁栄主義からの脱却、国際責務の積極的遂行③人権概念の広がりと価値観の多様化への対応、にある。

この観点から、簡潔化された前文では、現行憲法の基本原理を発展させる決意を表明、併せて民族の歴史と伝統の継承、国土の保全と文化的遺産の保護、文化・学術の向上をうたった。

国民主権は、現行憲法では前文と第一条の中に触れられているに過ぎないが、第一章として独立させることでより明確にした。

第二章・天皇では、国民主権と調和して定着している天皇の象徴性をはっきりさせ、対外関係に限って、名目的な元首性を認めた。

第三章・安全保障では、軍事大国化への明確な歯止めをかけたうえで「自衛のための組織を持つことができる」とし、自衛隊の違憲・合憲論争に終止符を打つこととした。

続く第四章・国際協力では、「確立された国際的機構」による人道的支援や平和維持活動に、文民はもちろん自衛官の派遣も可能なことを明記した。

現行憲法制定後の人権概念の広がりと人権意識の高まり、価値観の多様化を反映させるため、第五章・国民の権利及び義務に、人格権とプライバシー保護規定、環境権条項を新設した。

一方、三権にわたる改革の中で特に力点を置いたのが、第八章・司法の憲法裁判所の創設である。

憲法裁判所は憲法判断のみを行う一審かつ終審の裁判所であり、最高裁判所の上位に位置して司法権を代表する裁判所となる。

第六章・国会は参院の機能強化に主眼を置いた。

改正試案の主な内容

▽国民主権を第一章に
▽象徴天皇の明確化
▽侵略戦争放棄、無差別大量殺傷兵器の廃絶、徴兵制の禁止
▽自衛力保持と国際責務の遂行を明記
▽人格権、プライバシー権、環境権を新設
▽憲法裁判所の創設と裁判の迅速化
▽参院に「条約」「人事」で優越権
▽首相の指導力強化
▽憲法改正手続きの簡素化
▽私学助成禁止規定の削除

専門家を招き 3年間で案文

改正試案作りは読売新聞社の憲法問題研究会（新聞記者のプロジェクトチーム・十二人）が担当した。

一九九二年の一年間、憲法問題調査会（猪木正道会長）で安全保障問題を中心に審議したのを受けて、研究会はさらに二年間憲法全般の検討作業を行った。

この間、与野党の政治家、労組幹部、学者、元官僚など多数の専門家を招いて問題点を論議するとともに、条文作りを進めてきた。

国民論議へ具体案

現行憲法 現実とひずみ

案を基にできたと言われています。そのほか、21世紀の構想、経済危機7つの提言、政治行政の緊急改革の提言など、次々に提言を行い、第二次憲法改正試案も発表しました。

私たちの憲法改正試案という提言報道に対し、新聞社のやるべきことではないと言っていたほかの新聞社も、次第に提言報道を始めるようになりました。朝日は社説で憲法問題などの提言を始めました。ただ、社説のように限られたスペースでは限界もあります。消費税の問題や社会保障についても、客観的報道だけでなく、どうすべきなのかについて積極的に提言する責任があります。新聞社はそれができるだけの人材を備えているのですから、ただ批判するだけでなく、きちんと提言という形で社会に物申すべきです。

□署名入りの記事がなぜ増える？

今、署名入りの記事がどんどん増えています。解説には署名を入れるのは当たり前です。しかし、単に事実を報じているだけの小さな記事に2人も3人もの署名が入った記事を読むと愕然とします。本来1人で書くような内容であり、名前を入れるのが目的なのかと思ってしまいます。

記事を書くのは一線の人間ですし、それをサブキャップ、キャップがチェックし、さらにデスクが見るのですから、会社の責任として載せた客観報道の記事に、果たして署名が必要だろうかと私は疑問に思っています。社説には署名がありません。なぜなら論説委員が徹底的に議論したうえでの会社の意見だからです。

確かに署名入りだと親しみを感じるという効果もあります。コラムはその人の「色合い」が出るコーナーです。私も月に一度の「五郎ワールド」（後述）にはかなり私的なことも書いています。「私」を全面的に出しています。

署名を入れるのは、その人でなければ書けない「色合い」が出ている場合や深く掘り下げて解説しているような場合のみに限定すべきであって、何でも署名を入れる風潮を私は歓迎しません。

一方で、署名入りならば好きなことを書いてもよいということではありません。例えば消費税の増税について社説では必要であると主張している読売新聞の同じ紙面に、署名入りだからといって「増税反対」を書くとすると、読者は混乱してしまいます。「色合い」はあっても、大方針が全く違うようでは困ります。

大切なのは人権への配慮

署名入りの記事を書くときにもそうですが、最も気を付けなければならないのは人権への配慮です。書く方は何気なく書いても、書かれたことでマイナスの影響を受けた人は、二度と立ち上がれないほどの衝撃を受けることになります。特に自ら対抗する手段を持たない一般の人はなおさらです。報道に携わる人間は自分の書いたことが人の生死に関わることもあるのだと、強く認識する必要があります。

次頁に1946年に制定され、2006年6月全面的に改訂された「新聞倫理綱領」の全文を掲げました。綱領は「21世紀を迎え、日本新聞協会の加盟社はあらためて新聞の使命を認識し、豊かで平和な未来のために力を尽くすことを誓い、新しい倫理綱領を定める」という言葉で始まります。署名記事を書くときには、常にこの綱領の精神に立ち返りたいものです。

○新聞倫理綱領○

21 世紀を迎え、日本新聞協会の加盟社はあらためて新聞の使命を認識し、豊かで平和な未来のために力を尽くすことを誓い、新しい倫理綱領を定める。国民の「知る権利」は民主主義社会をささえる普遍の原理である。この権利は、言論・表現の自由のもと、高い倫理意識を備え、あらゆる権力から独立したメディアが存在して初めて保障される。新聞はそれにもっともふさわしい担い手であり続けたい。

おびただしい量の情報が飛びかう社会では、なにが真実か、どれを選ぶべきか、的確で迅速な判断が強く求められている。新聞の責務は、正確で公正な記事と責任ある論評によってこうした要望にこたえ、公共的、文化的使命を果たすことである。

編集、制作、広告、販売などすべての新聞人は、その責務をまっとうするため、また読者との信頼関係をゆるぎないものにするため、言論・表現の自由を守り抜くと同時に、自らを厳しく律し、品格を重んじなければならない。

＜自由と責任＞　表現の自由は人間の基本的権利であり、新聞は報道・論評の完全な自由を有する。それだけに行使にあたっては重い責任を自覚し、公共の利益を害することのないよう、十分に配慮しなければならない。

＜正確と公正＞　新聞は歴史の記録者であり、記者の任務は真実の追究である。報道は正確かつ公正でなければならず、記者個人の立場や信条に左右されてはならない。論評は世におもねらず、所信を貫くべきである。

＜独立と寛容＞　新聞は公正な言論のために独立を確保する。あらゆる勢力からの干渉を排するとともに、利用されないよう自戒しなければならない。他方、新聞は、自らと異なる意見であっても、正確・公正で責任ある言論には、すすんで紙面を提供する。

＜人権の尊重＞　新聞は人間の尊厳に最高の敬意を払い、個人の名誉を重んじプライバシーに配慮する。報道を誤ったときはすみやかに訂正し、正当な理由もなく相手の名誉を傷つけたと判断したときは、反論の機会を提供するなど、適切な措置を講じる。

＜品格と節度＞　公共的、文化的使命を果たすべき新聞は、いつでも、どこでも、だれもが、等しく読めるものでなければならない。記事、広告とも表現には品格を保つことが必要である。また、販売にあたっては節度と良識をもって人びとと接すべきである。

4. 同じ新聞でも紙面が違うのはなぜ？

□版数の不思議

ここで、ちょっと目線を変えて、新聞の版数について見てみましょう。紙面の上の方に小さく記載されている12版、13版という数字に気づいたことがありますか。これは版数といって、普通朝刊は12、13、14版、夕刊は3、4版があります。締め切り時間によって違い、版数が多いほど遅い時間のニュースまで入ります。朝刊の13版は関東近郊だけでなく、私が生まれ育った秋田もここに入り、14版は都心です。夕刊の3版は埼玉県、4版は都心と横浜の一部です。同じ新聞でどうしてこういうことが起きるかというと、ひとえに配達の関係で、輸送に時間がかかるからです。ニュースというくらいですから常に新しいものを紙面に入れたいけれど、印刷工場から都心へ運ぶのと、秋田に運ぶのとでは、かかる時間が違います。印刷工場から配達区域までの距離によって、おのずと締め切り時間が変わってきます。

□夕方6時でおしまい？

かつては12版の前に7版というのがありました。どうして12版の前が7版かというと、昔は数字が揃っていましたが、どんどんなくなっていったからです。

私が総理番だった頃の7版は、夕方6時が締め切りでした。そうすると秋田の方へ行く新聞は、総理の動きは6時でおしまいになるわけです。総理はじめ政治家の動きは夜に活発になりますが、7版地域の人達は6時までの総理の動きしか知ることができないことになります。

ナイターもそうです。テレビで観ればいいにしても、新聞としての使命は果たせていないことになります。この点は技術の進歩とともに工夫が重ねられてきました。また、販売店まではトラックで輸送されますが、効率のため各新聞社共同で輸送しています。不公平が起こらないよう、締め切り時間を守ることで協力し合っています。

□枕元へ届くしあわせ

1000万部、800万部と日本の新聞が膨大な購読数を維持してこられたのは、日本独自のシステムである戸別配達があるからということは前にも述べました。新聞大国日本は、朝4時過ぎから、雨の日も風の日も枕元へ届けてくれる戸別配達が支えてきました。

値段をとってみても、枕元まで届けてもらって全国紙で1部120から180円です。おにぎり1個分で、地域のことから世界のこと、あらゆることを知ることができます。手前味噌になりますが、とてもお値打ちといえます。

5.「社説」に光る新聞社の個性

それでは、いよいよ新聞の顔とも言える「社説」について見ていきましょう。新聞で一番に目につくのは1面のトップ記事ですが、現実的に起きていることで、それをどうとらえればよいのか、新聞社の考え方の核になるのが社説と言えます。それぞれの新聞社としての考えを展開しているということで文字通り「社説」と呼ばれており、紙面でも「社説」と表記していますが、産経新聞だけは「社説」ではなく「主張」となっています。

社説は紙面のどのあたりに掲載されているかと言うと、見比べてもらえば分かりますが、新聞社によって違います。読売は3面、日本経済新聞と産経新聞は2面、毎日新聞は5面に掲載され、朝日新聞の場合はちょうど真ん中あたりに社説があります。

通常、社説は2本ですが、国政選挙があったときや、政府から重要な方針が出されたとき、大事件が起きたときなど、何か大きな出来事があったときは1本の社説となります。

□社説の書き手

では、新聞の顔とも言える社説を書いているのはどんな人たちかと言うと、論説委員と呼ばれる人たちです。ベテランの記者で、日本経済新聞のように編集委員と兼ねている場合もありますが、多くは独立した存在です。

読売新聞の場合は20人ほどの論説委員が、論説委員会で議論を重ね、分担して社説を書いています。論説委員のほとんどは各専門部の部長やその手前を経験してきた者ばかりですから、その道のエキスパートと言っても差し支えないでしょう。

新聞にはいろんな機能がありますが、社説は、自分たちの意見を展開する言論機能の重要な役割を果たしています。その言論機能の担い手が論説委員なのです。私も政治部長の前に2年10ヵ月、論説委員を経験しました。

なお、編集委員という肩書を目にしたこともあるかと思いますが、編集委員は、会社の意見というより自分の名前で、個人的色合い、個人的見識を示しながら記事を書きます。

□論説委員と解説委員の違いは？

テレビの報道番組などで解説委員と紹介される人たちがいます。テレビ局には論説委員はいません。テレビは「放送法」で言論を主張する機関でないことが定められているからです。

今から25年ほど前のことになりますが、新聞とテレビの違いを説明するのに分かりやすい出来事がありました。1993年6月、衆議院が解散し、翌7月に総選挙が行われたときのことです。総選挙の結果、当時与党の自民党は解散前の議席は維持したものの過半数を割り、細川護熙[5]連立政権の誕生となりました。自民党は結党以来、初めて野党に転落するという屈辱を味わうことになりました。まさに時代の節目を象徴する出来事でした。

この歴史的とも言うべき、自民党による55年体制の崩壊について、全国朝日放送（現・テレビ朝日）の椿貞良報道局長が日本民間放送連盟（民放連）の会合で言及します。選挙時の報道姿勢として、反自民の連立政権を成立させる手助けになるような報道をしようではないか、との方針をまとめたというのです。この発言が、放送法でいうところの公平さを著しく欠くということで、椿氏は後に衆議院の政治改革調査特別委員会に証人喚問される事件にまで発展します。いわゆる「椿事件」と言われるものです。テレビで、一方的に自分の主張をすることは、放送法で許されていないため起こったことです。

ところが、新聞は違います。テレビとは違って自分はこう考えるということを社説で主張することができます。むしろそうすべきなのが新聞なのです。論説と解説ということの違いを頭に置いて、テレビの報道番組等での解説委員の発言に耳を傾けてみると、新しい発見があるかもしれません。

繰り返しますが、社説は各新聞社のベテラン記者でもある論説委員による会社としての主張です。ですから社説の違いが新聞社の違いとも言えます。社説によって新聞の特徴が明確に分かるからこそ、社説は新聞の顔であるのです。

□論説委員会の仕組み

では論説委員会の仕組みはどのようになっているのか見ていきたいと思います。論説委員を束ねるのが論説委員長ですが、朝日新聞や東京新聞（中日新聞）は論説主幹という呼び方をしています。論説委員長の下には副委員長がいて、この人たちが週の担当になり、明日の社説のテーマをどうするか、政治、経済、社会、国際、科学のそれぞれ専門の論説委員たちと話し合います。

例えば、立憲民主党の代表選挙があったとしますと、まずどういう人が立候補しているか、事実関係を説明しながら、われわれは何を主張するのか、この代表選挙に何を求めているのか、担当の論説委員が説明し、みんなで議論します。読売の場合、毎日会議を開いて議論を重ね、方向性が決まると、担当論説委員が原稿を書きます。そしてできあがった原稿をみんなで「てにをは」まで徹底して点検します。「てにをは」までもと思われるかもしれませんが、実はここがとても大切なところです。

社説は新聞の顔であって、あくまでも新聞社の意見として書くわけですから、みんなで徹底的に見なければいけません。これは当然のことです。

□社説の心構えとは

最も気を付けるのは事実関係に間違いがないかということです。社説では往々にして人のことをとやかく批判するわけですから、事実関係が間違っていたのでは、説得力も何もあったものではありません。新聞ではよく訂正記事を見かけますが、社説が訂正を出すようでは主張の根拠がなくなります。社説に訂正記事はあり得ない、あってはならないと私は思っています。

社説は、論旨が明快でなければなりません。さらに、大切なのは一貫性ということです。時代や状況が変わったからといって主張ががらりと変わるようでは困ります。消費税や、原発問題など重要な課題について、年月という風雪に耐え得る主張でなければ、読者の心には届きません。

新聞の中でも社説を読む人は限られているという声も聞きます。でも、私が子どもたちを前に話すときは「まず、社説を読んでください」と必ず言います。なぜなら社説にはいろんな要素がいっぱい詰まっているからです。この小さなスペースの中に、事実関係や問題点はもちろん、処方箋も書かれています。

一方で、社説には宿命的とも言える問題もあります。それはあまり人間味がないということです。あらゆる問題について論を展開するのですから、どうしても潤いの少ない無味乾燥なものになりがちです。

ちなみに私が初めて書いた社説は国会についてでした。もう30年も前のことですが、社説の中で私は福沢諭吉[6)]の言葉を引用しました。「国会とは異説抗論の場である」という福沢の言葉を引用して、時代が変わっても国会は言論で大いに議論を戦わす場であるべきだということを主張しました。無味乾燥になりがちな社説に、ちょっと味付けをして、多くの読者、とりわけ若い人たちに読んでもらうよう努力しなければいけないと思います。

□社説の基本は明快な論旨

みんなで議論することによって、社説の論旨はより明快になっていきます。かつてこんなことがありました。政治の話は政治担当の論説委員が説明をしながら書くことはお話ししましたが、政界における「派閥」の話になったとき、思いもかけず科学担当の論説委員から意見が出たことがありました。「どこの世界でも派閥があるのだから、派閥を一概に悪だと決めつけるのはいかがなものか」というような意見が飛び出したのです。あるいは逆に、科学担当が書いた社説に対し、科学には全く弱い私が意見を言ったこともあります。「太陽系以外にも人間に似た生物がいるのではないか。それを確認するため、電波を発し、傍受できるようにしよう。そういう計画に日本も参加すべきだ」という説明に対し、私には確認する方法がなぜ電波なのか分からず、どうして電波だと分かるんですか、と発言しました。このように、たとえ専門外であっても一般の人が思うであろう素朴な質問をして議論を戦わせることで社説を完成させていきます。この姿勢こそ、読者に分かってもらいやすい社説づくりの基本だと思います。読売の場合、1つの社説について最低でも30分かけて議論します。社説が「個説」でないことの、ゆえんです。

□ 新聞の顔、社説を読み比べる

社説はそれぞれの新聞の顔ですから、新聞によって大きな違いがあります。各新聞を位置づけると、一番左に朝日新聞があって、毎日新聞が真ん中よりも左、産経新聞が最も右で、その間が読売新聞とよく言われます（最近では「反原発」を前面に出している東京新聞が、さしずめ一番左に位置するかもしれません）。

では、どのように違うのか、ここからは具体的に見ていきたいと思います。この5年ほどの間で最も大きなテーマであり、与野党が真っ向から対立した「集団的自衛権」の見直しと「安保法案」、そして「テロ準備罪」について見ていきますが、新聞の社説においてその違いがくっきりと表れています。

○集団的自衛権

ここでは朝日新聞と読売新聞を比較しながら見ていきましょう。まず、2014年7月2日付の社説は、「集団的自衛権」の行使を限定的に容認するという新たな見解を閣議決定したことを朝日も読売も取り上げています。ご承知のように、自分の国が襲われたときは自国で守ることができる「個別的自衛権」というのは日本国憲法でも認められているというのが誰しも認めるところですが、「集団的自衛権」というのは自分の国と密接な関係にある国が襲われたときは、自国が襲われていないにもかかわらず、それを同じように守る権利があるということです。

そのことについてわが国では、ずっと長い間、権利は保有するけれど憲法9条において行使できないという見解であったのが、部分的にこれを変えるということが閣議決定されたわけです。

その政府見解というのは、密接な関係にある国が攻撃され、日本国民の権利が根底から覆される明白な危険がある場合、最小限度の実力行使が許容されるというものでした。これに対し新聞の社説はどのように取り上げたかということを具体的に見ていきます。

朝日新聞の社説では、1983年に内閣法制局長官が「集団的自衛権の行使を認めたいなら、憲法改正の手段を取らざるを得ない。このままでは集団的自衛権は認められない」と発言したとき、その答弁を閣僚として追認したのが当時の安倍晋太郎外務大臣であったことから、今その子息がそれを覆そうとしており、矛盾が明らかになっているのではないかというのが論点の1つとなっています。

それに対し読売新聞は、「本来なら憲法を改正すべき内容なのに、解釈変更で対応する解釈改憲とは本質的に異なり、むしろ国会対策上の理由などで過度に抑制的であった従来の憲法解釈を、より適正化したものである」と指摘、さらに、「これまで集団的自衛権を保有しながら憲法9条によって行使できないとされてきたものが、行使容認に転じたことは、長年の安全保障上の課題を克服したと言う意味で画期的であるとし、日本の防衛はどうあるべきか、ということを国民が一緒に考えるうえで歴史的意味がある」としています。

　この正反対の社説を読み比べることによって、日本の防衛のあり方についてどちらが現実的かを考えていただきたいと思います。

2014年7月2日 朝日新聞

集団的自衛権

解釈改憲の矛盾あらわ

安倍首相がどんなに「国民の命と平和な暮らしを守る」と訴えても、閣議決定による解釈改憲の矛盾は覆い隠せない。

きのうまでの2日間、衆参両院の予算委員会で開かれた集団的自衛権をめぐる集中審議。政府の答弁は、とても国民を納得させられるものではなかった。

憲法改正をせずに集団的自衛権行使を認めることができるのか。このことが、ここ数カ月の論争の最大の焦点だった。

安倍首相はこの点について、予算委でこう答えた。

「9条の解釈の基本的な論理を超えて武力行使を認めるのは困難であり、その場合には憲法改正が必要になる」

つまり、今回の解釈変更による集団的自衛権の行使は許されるが、それ以上は憲法改正が必要だというのだ。

ところが、83年に内閣法制局長官はこう答えている。

「集団的自衛権の行使を認めたいなら、憲法改正の手段をとらざるを得ない」。この答弁を「その通りであります」と閣僚として追認したのが、当時の安倍晋太郎外相だ。

憲法改正をしなくてもできることとできないことの間の線引きが、明らかに変わってしまっている。

これだと、いま首相が「できない」といっている「湾岸戦争やイラク戦争での戦闘参加」も、いつの間にか「できる」ようになってもおかしくない。

首相は武力行使の新3要件を「世界で最も厳しい」と強調する。その一方で、中東ホルムズ海峡の機雷封鎖による経済的影響も勘案すると述べた。石油不足がきっかけでも、自衛隊を紛争地に派遣する可能性があるということだ。

ならば、自衛隊員の生命の危険が高まることを国民にきちんと説明すべきだ――。こうした切実な問いに、首相は全く答えようとはしなかった。安全保障環境の変化や新3要件の説明を繰り返すばかりで、議論はかみ合いようもない。

一連の安全保障政策の見直しは、日本人だけの生命にかかわる問題ではない。集団的自衛権の行使や多国籍軍への後方支援の拡大は、世界の様々な紛争に日本が軍事的な関与を強めるということだ。

紛争当事国の国民の生命や生活に、日本も責任を負わざるを得なくなることを意味する。いまの日本に、それだけの覚悟はあるのか。

問題の射程は広く深い。衆参1日ずつですむわけがない。さらなる閉会中審査を含め、徹底した国会論議が不可欠だ。

2014・7・16

2014年７月２日 読売新聞

社説

集団的自衛権

抑止力向上へ意義深い「容認」

日米防衛指針に適切に反映せよ

米国など国際社会との連携を強化し、日本の平和と安全をより確かなものにするうえで、歴史的な意義があろう。

政府が、集団的自衛権の行使を限定的に容認する新たな政府見解を閣議決定した。

安倍首相は記者会見で、「平和国家としての歩みを、さらに力強いものにする。国民の命と暮らしを守るため、切れ目のない安全保障法制を整備する」と語った。

行使容認に前向きな自民党と、慎重な公明党の立場は当初、隔たっていたが、両党が歩み寄り、合意に達したことを歓迎したい。

「解釈改憲」は的外れだ

安倍首相が憲法解釈の変更に強い意欲を示し、最後まで揺るぎない姿勢を貫いたことが、困難な合意形成を実現させたと言える。

公明党は、地方組織を含む党内調整に時間を要したが、責任ある結論を出せたのは連立政権の一翼を担った経験の賜物だろう。

政府見解は、密接な関係にある国が攻撃され、日本国民の権利が根底から覆される明白な危険がある場合、必要最小限度の実力行使が許容されると記した。

集団的自衛権は「保有するが、行使できない」とされてきた。その行使容認に転じたことは、長年の安全保障上の課題を克服したという意味で画期的である。

今回の政府見解には明記されていないが、米艦防護、機雷除去、ミサイル防衛など、政府が集団的自衛権を適用すべきとした8事例すべてに対応できるとされる。

国連決議による集団安全保障に基づく掃海などを可能にする余地を残したことも評価できる。行使の範囲を狭めすぎれば、自衛隊の活動が制約され、憲法解釈変更の意義が損なわれてしまう。

新解釈は、1972年の政府見解の根幹を踏襲し、過去の解釈との論理的整合性を維持しており、合理的な範囲内の変更である。

本来は憲法改正すべき内容なのに、解釈変更で対応する「解釈改憲」とは本質的に異なる。むしろ、国会対策上などの理由で過度に抑制的だった従来の憲法解釈を、より適正化したと言えよう。

今回の解釈変更は、内閣が持つ公権的解釈権に基づく。国会は今後、関連法案審議や、自衛権発動時の承認という形で関与する。司法も違憲立法審査権を有する。

いずれも憲法の三権分立に沿った対応であり、「立憲主義に反する」との批判は理解し難い。

「戦争への道を開く」といった左翼・リベラル勢力による情緒的な扇動も見当違いだ。自国の防衛と無関係に、他の国を守るわけではない。イラク戦争のような例は完全に排除されている。

自衛隊恒久法の検討を

政府見解では、自衛隊の国際平和協力活動も拡充した。

憲法の禁じる「武力行使との一体化」の対象を「戦闘現場における活動」などに限定した。「駆けつけ警護」や任務遂行目的の武器使用も可能にしている。

自衛隊による他国部隊への補給・輸送・医療支援や、国連平和維持活動（PKO）で、より実効性ある活動が期待できよう。

武装集団による離島占拠などグレーゾーン事態の対処では、自衛隊の海上警備行動などの手続きを迅速化することになった。

さらに、平時から有事へ「切れ目のない活動」を行うため、自衛隊に領域警備任務などを付与することも検討してはどうか。

政府・与党は秋の臨時国会から自衛隊法、武力攻撃事態法の改正など、関連法の整備を開始する。様々な事態に柔軟に対応できる仕組みにすることが大切だ。

PKOに限定せず、自衛隊の海外派遣全体に関する恒久法を制定することも検討に値しよう。

日米両政府は年末に、日米防衛協力の指針（ガイドライン）を改定する予定だ。集団的自衛権の行使容認や「武力行使との一体化」の見直しを、指針にきちんと反映させなければならない。

国民の理解を広げたい

自衛隊の対米支援を拡大する一方、離島など日本防衛への米軍の関与を強め、双方向で防衛協力を深化させたい。新たな指針に基づく有事の計画策定や共同訓練を重ねることが、日米同盟を強化し、抑止力を高めていく。

集団的自衛権の行使容認は、与党のほか、日本維新の会、みんなの党や、さらに民主党の一部も賛成している。民主党執行部は、解釈変更を批判しながら、行使容認の是非は決め切れていない。

安倍首相は今後、国会の閉会中審査などの機会を利用し、行使容認の意義を説明して、国民の理解を広げる努力を尽くすべきだ。

＜2014．7．2＞

○安保法案成立

「集団的自衛権」の行使を限定的に容認する閣議決定がなされ、日本の防衛をどう考えていくかという流れの中で、２０１５年9月19日に「安保法案」が成立しました。これに対し朝日と読売は社説の中で真っ向から対決しています。朝日新聞は「この法案は憲法違反であり、その成立に野党が抵抗するのは理があること」だとはっきり書いています。さらに、「選挙で勝利したからと言って何をしてもよいということではない。それは民主主義のはき違えであり、立憲主義への挑戦にほかならない」と強く論じています。つまり、「そもそも集団的自衛権の一部容認が間違いであって、それに基づく安保法案は問題がある」というスタンスです。それに加えて「ちゃんと十分に議論されたのか。衆参両院で２００時間を超える審議で熟議がなされたか」と疑問を呈しています。朝日新聞の社説は中身の問題と合わせてそれを決める過程にも疑義があるというのです。

それに対し、読売新聞は「そもそも日米同盟と国際的な連携を強化し、抑止力を高めて日本の安全をより確実なものにするという意味で画期的なものであり、このことによって世界の安定と平和を維持することができるため、日本が従来以上に貢献する道が拓かれる」という論点であり、朝日と真っ向から対立しています。

読売新聞の社説は「集団的自衛権の限定的行使を認めることになったのは、従来の解釈が過度に抑制的過ぎており、憲法9条の制約のもとでも、日本はもっと積極的な平和主義を具体的にやらなければいけない」と、ちゃんと注文もつけており、「むろん、今後安保法案の意義や内容は分かりやすく説明し、国民の理解を広める努力は粘り強く継続しなければならない」と釘をさしています。

ここで、私たちが考えなければならないのは、国会の論議はどこまでやれば熟議になるかということです。与野党の思惑もあり、なかなか難しいことです。際限なく議論することは果たしてどうなのか、決めるべきときにはやはりちゃんと決めなければなりません。

ですから、中身についてはもちろん、その決め方の問題でも、社説にも違いが出てくると言えます。

2015年９月19日 朝日新聞

安保法案と国会

熟議を妨げたのはだれか

つかみ合いと怒号。委員長の姿は見えず、声も聞こえず、現場にいた者も何が起きたかわからない中での「可決」。

参院特別委での混乱と内閣不信任決議案などをめぐる攻防の果てに、憲法違反だと考えざるを得ない安全保障関連法案の審議が大詰めを迎えている。

国権の最高機関とされる立法府が無残な姿をさらしたのは、極めて遺憾である。

抵抗に理はある

この責任は一体どこにあるのか。いろいろな見方はありうるだろう。

それでも、抵抗する側には理があると考える。

安倍首相は14日の特別委で、「熟議の後に、決めるときには決めなければならない。それが民主主義のルールである」と語った。

衆参で200時間を超える審議で熟議はなされたか。とてもそうは思えない。

審議の意味は確かにあった。広範な国民が法案に反対の意思を示すようになったのは、その成果だろう。一方で、国会での与野党の質疑が熟議の名に値したとはとても思えない。

その責任の多くは、政権の側にある。

安倍内閣は、集団的自衛権は行使できないとしてきた歴代自民党内閣の憲法解釈を正反対にくつがえす閣議決定をもとに、法案化を進めた。その結果出てきたのが、自衛隊法など10本の改正案をひとつに束ねた一括法案と1本の新法だ。

多岐にわたる論点を束ね、丸ごと認めるか否かを国会に迫る。これでは熟議などできはしない。衆院特別委の浜田靖一委員長（自民）でさえ、衆院での採決後に「法律10本を束ねたのはいかがなものか」と内閣に苦言を呈したほどだ。

一括法案の中核にあるのは、違憲の疑いを指摘されてきた集団的自衛権の行使容認である。個々の改正点が政策的に妥当であるかを検討する前に、まずは憲法に適合しているのか判断すべきなのはあたりまえだ。

何でも決めていいか

国民を守るための安全保障政策や、世界の平和と安定に寄与するための国際貢献策は、極めて重要な政策テーマだ。

政権を担った経験のある民主党など野党にも、安全保障に詳しい議員は多い。「集団的自衛権ありき」でなく、安倍内閣がまっとうなやり方で新たな安全保障政策を提起していれば、もっと冷静で、実のある論戦の土壌はつくれたはずだ。

それなのに国会審議で見せつけられたのは、「安全保障環境は変わった」といった説明の繰り返しと、矛盾を突かれるとそれまでの答弁をくつがえす政府側の一貫性のなさだ。

その典型は、自衛隊による中東・ホルムズ海峡での機雷除去だ。首相は当初から集団的自衛権行使の具体例として挙げ続けていたのに、採決の直前になって「現実問題として想定されていない」と認めた。

問題点を指摘する議員に「早く質問しろよ」。閣僚答弁の間違いについての指摘に「まあいいじゃない、それくらい」。議場での首相のヤジも驚くべきものだった。

「決めるべき時には決めるのが民主主義のルール」というのも、常に正しいのだろうか。

国会議員には、憲法を守り、擁護する義務がある。憲法に違反する立法はできない。

選挙で多数を得たからといって、何をしてもいいわけではない。それは民主主義のはき違えであり、憲法が権力をしばる立憲主義への挑戦にほかならない。「民主主義のルール」だと正当化できる話ではない。

野党議員が議会の中で認められるあらゆる手段を駆使して、こうした政権側の動きを止めようと試みたのは当然だ。

社会の骨組みの危機

もちろん、暴力的な行為は許されない。しかし、参院での採決をめぐる混乱の責任を、野党ばかりに押しつけるのはフェアでない。

「違憲」の法を成立させようとする国会の前で、憲法学者の樋口陽一・東京大学名誉教授はこう訴えた。

「憲法だけでなく、日本社会の骨組みが危ない」

この危機感を共有する。

今回のようなやり方で新たな法制をつくったとしても、残るのは政治への不信である。

いつか現実に自衛隊が他国軍の兵站（後方支援）に出動することになれば、国民の幅広い理解も後押しもないまま、隊員たちは危険な任地に赴くことにもなる。

安倍首相は「法案が成立し、時が経ていく中で間違いなく理解は広がっていく」と述べた。「のど元過ぎれば」とでも言いたいのだろうか。

内閣の行き過ぎをとめる責任は、与党にもある。

一連の経緯は国会への信頼も傷つけた。この法制を正すことでしか、国会は失った信用を取り戻すことはできまい。

2015・9・19

2015年9月19日 読売新聞

安保法案成立へ

社説

抑止力高める画期的な基盤だ

「積極的平和主義」を具現化せよ

日本の安全保障にとって画期的な意義を持つ包括的法制が制定される。高く評価したい。

今国会の焦点の安全保障関連法案が19日に成立する見通しとなった。

歴代内閣が否定してきた集団的自衛権の行使を限定的ながら、容認する。日米同盟と国際連携を強化し、抑止力を高めて、日本の安全をより確実なものにする。

自衛隊の国際平和協力活動も拡充する。人道復興支援や他国軍への後方支援を通じて、世界の平和と安定を維持するため、日本が従来以上に貢献する道を開く。

この2点が法案の柱である。

国際情勢悪化の直視を

日本は今、安保環境の悪化を直視することが求められている。

北朝鮮は、寧辺の核施設の再稼働を表明した。衛星打ち上げを名目とする長距離弾道ミサイルを来月発射する可能性も示唆した。中国は、急速な軍備増強・近代化を背景に、東・南シナ海で独善的な海洋進出を強めている。

大量破壊兵器と国際テロの拡散も深刻化する一方である。

北朝鮮の軍事挑発や中国の覇権主義的な行動を自制させ、アジアの安定と繁栄を維持する。それには、強固な日米同盟による抑止力の向上と、関係国と連携した戦略的外交が欠かせない。

安保法案は、外交と軍事を「車の両輪」として動かすうえで、重要な法的基盤となろう。

戦後70年の節目の今年、安倍政権は、法案の成立を踏まえ、「積極的平和主義」を具現化し、国際協調路線を推進すべきだ。

この路線は、米国だけでなく、欧州やアジアなどの圧倒的多数の国に支持、歓迎されていることを忘れてはなるまい。

220時間にも及ぶ法案審議で物足りなかったのは、日本と国際社会の平和をいかに確保するか、という本質的な安全保障論議があまり深まらなかったことだ。

国民への説明は続けよ

その大きな責任は、野党第1党の民主党にある。安易な「違憲法案」論に傾斜し、対案も出さずに、最後は、内閣不信任決議案などを連発する抵抗戦術に走った。

多くの憲法学者が「違憲」と唱える中、一般国民にも不安や戸惑いがあるのは事実だ。

だが、安保法案は、1959年の最高裁判決や72年の政府見解との論理的な整合性を維持し、法的安定性も確保されている。

日本の存立が脅かされ、国民の権利が根底から覆される明白な危険がある――。そうした存立危機事態が発生した際さえも、憲法が武力行使を禁止している、と解釈するのには無理がある。

政府が長年、集団的自衛権の行使を禁じる見解を維持してきたのは、今回の「限定的行使」という新たな概念を想定しなかったためだ。従来の解釈が、むしろ過度に抑制的だったとも言える。

安倍首相は、第1次内閣の2007年に有識者懇談会を設置し、解釈見直しに着手した。13年に懇談会を再開し、昨年5月の報告書を踏まえ、行使容認に慎重だった公明党や内閣法制局も交えた協議を経て、法案を作成した。

国論の分かれる困難な政治課題に、ぶれずに取り組めたのは、3回の国政選挙に大勝し、安定した政権基盤を築いたことが大きい。選挙公約にも平和安全法制の整備を掲げており、「民意に反する」との批判は当たるまい。

無論、今後も、安保法案の意義や内容を分かりやすく説明し、国民の理解を広げる努力は粘り強く継続しなければならない。

安保法案が成立しただけで、自衛隊が効果的な活動を行えるわけではない。法案は、自衛隊法95条の「武器等防護」に基づく平時の米艦防護や、海外での邦人救出、「駆けつけ警護」など、多くの新たな任務を定めている。

防衛協力を拡充したい

まず、自衛隊が実際の任務にどう対応するか、自衛官の適切な武器使用のあり方を含め、新たな部隊行動基準（ROE）を早急に作成しなければならない。さらに、そのROEに基づく訓練を十分に重ねることが大切である。

平時の米艦防護が可能になることで、自衛隊と米軍の防衛協力の余地は大幅に広がる。米軍など他国軍との共同訓練や、共同の警戒・監視活動を拡充すべきだ。機密情報の共有も拡大したい。

新たに必要となる装備の調達や部隊編成の見直しなども、着実に進めることが重要である。

それらが、安保法案の実効性を高めるとともに、様々な事態に切れ目なく、かつ機動的に対処する能力を向上させるだろう。

＜2015．9．19＞

○テロ等準備罪

さらに、2017年6月16日、「テロ等準備罪」を新設する改正組織犯罪処罰法が成立します。この法案については、どう評価するかという前にこの法案をどう表記するかということですでに新聞による差が出ており、朝日は「共謀罪」と呼び、読売は「テロ等準備罪」と呼んでいます。この段階でイメージが完全に作られてしまい、「共謀罪」というのは何かを共謀してやればそれにはすべて引っかかってくると受け止められてしまいます。

朝日は社説において「この法案は日本を監視社会にしてしまう危険があり、プライバシーの保護や市民の自由な権利が侵されてしまう。この法案が成立するまでの議論が実にお粗末である。また、採決においても本会議での直接採決ということで、権力のむき出しの行使は後世に大きな傷跡を残した」と指摘しています。ここでも朝日は、2年前に成立した安保法案と同様に、共謀罪そのものの問題と同時にその決め方の問題を明らかにするという論法を用いています。

それに対し読売の社説は、「犯罪の芽を事前に摘み取り、実行を食い止めることがテロ対策の要諦である。今、2020年に東京オリンピック・パラリンピックを控えてテロ対策をどうするかということは喫緊の課題であり、そのためにはこのテロ等準備罪を有効に機能させなければならない」と支持の立場を打ち出しています。さらに、「改正法の最大の利点は国際犯罪組織防止条約の締結が可能になる」と説き、「今やテロは国際的な協力なしに防ぐことはできないことから、この法案によってスムーズになる」という論点を貫いています。

また、「共謀罪」は過去に3度廃案になっていることから、朝日などがいう「共謀罪」は過去の物とは違うことを指摘しています。なぜなら、これまでは対象の犯罪が組織的犯罪集団に限定されず、適用には実行準備行為も必要とされなかったものが、これからは組織的犯罪集団に限定し、実行準備行為も認めなければ運用できないからです。だからこそ政府はこれまでの国会審議で、組織的犯罪集団と関わらない一般市民は関係ないと言ってきたことを挙げ、朝日と真っ向から対立しています。

社説

テロ準備罪成立

凶行を未然に防ぐ努力続けよ

法に基づいた適正捜査の徹底を

2020年東京五輪・パラリンピックを控え、テロ対策は喫緊の課題である。凶行を防ぐため、改正法を有効に機能させなければならない。

テロ等準備罪を創設する改正組織犯罪処罰法が、参院本会議で自民、公明両党と日本維新の会などの賛成多数で可決、成立した。安倍首相は「国民の生命、財産を守るため、適切、効果的に運用していきたい」と語った。

国際的なテロ集団が、多くの事件を各国で引き起こし、市民がその犠牲になっている。テロの資金集めのために、組織的な麻薬密売などを手がける集団もある。

条約の締結を急ぎたい

犯罪の芽を事前に摘み取り、実行を食い止めることが、テロ対策の要諦である。「既遂」を処罰する日本の刑事法の原則に縛られたままでは、有効な手立てを講じられない。テロ等準備罪が必要とされる所以である。

他国から日本に侵入するテロ集団を摘発するためには、国際協力が不可欠だ。

改正法の最大の利点は、国際組織犯罪防止条約の締結が可能になることだ。締結国間では、捜査情報のやり取りなど、迅速な捜査共助が容易になる。犯罪人の引き渡しもスムーズにできるだろう。

条約には187の国・地域が参加する。国連加盟国の中で未締結なのは、日本、ソマリア、南スーダンなど11か国だけだ。早急に条約の輪に加わらねばならない。

テロ等準備罪で摘発の対象となるのは、組織的犯罪集団だ。テロ集団のほか、暴力団、麻薬密売組織、人身売買組織、振り込め詐欺集団などが想定される。

組織的犯罪集団の構成員や周辺者が、2人以上で重大犯罪を企てる。うち1人でも実行準備行為に走れば、その段階で全員を取り締まることができる。テロ集団の活動を根元から封じるための武器として、改正法を活用したい。

共謀罪とは別の物だ

過去に3度廃案になった「共謀罪」法案では、対象の団体が組織的犯罪集団に限定されず、適用には実行準備行為も必要とされなかった。テロ等準備罪が共謀罪とは別物であることは明らかだ。

制約が多すぎて、テロ等準備罪を効果的に運用できるのか、という懸念さえ生じる。

政府は国会審議で、組織的犯罪集団と関係のない一般人は対象外だ、と繰り返し説明した。一時的に集まった犯罪者グループは該当しない、との見解も示した。

野党が質問した「米軍基地反対の運動家」なども対象外であることは言うまでもない。

集団の周辺者の例として、暴力団と地上げを行う不動産会社社長を挙げた。277の対象犯罪を選んだ理由も具体的に示した。

こうした説明により、摘発対象が明確になったのではないか。「一般人も処罰される」という野党の主張は、不安を煽るだけだったと言わざるを得ない。

野党は「監視社会になる」とも批判した。改正法はあくまで、犯罪の成立要件や刑罰を定めた実体法だ。捜査手続きは従来の刑事訴訟法に基づいて行われる。警察が新たな捜査手段を手にするわけではない。批判は的外れだ。

警察には今後、一層の情報収集力が求められる。供述を引き出す能力も問われる。テロ等準備罪への疑念を軽減するためにも、法に基づいて、適正に捜査する姿勢に徹することが肝要だ。

無論、改正法により、テロを完全に防げるわけではない。特定の集団に加わらずに自爆テロなどを起こす「ローンウルフ」型の犯罪には対処が難しい。

あらゆる事態を想定し、法の穴を埋めていかねばならない。

残念だったのは、国会が混乱したことだ。民進、共産など野党が金田法相の問責決議案、内閣不信任決議案などを次々と提出したことで、改正法の参院本会議の採決が翌日朝にずれ込んだ。

乱暴だった「中間報告」

与党が、参院法務委員会での採決を省略し、審議経過などに関する委員長の「中間報告」で済ませたのは、乱暴な対応だった。

7月に東京都議選を控え、野党が徹底抗戦の構えを取ったため、採決時の騒動を避けようとしたというが、かえって与党の強引な国会運営が印象づけられた。

委員会できちんと結論を得たうえで本会議にかける手続きを踏むのが、本来の国会の姿だ。

18日の会期末が迫っていたが、会期を多少延長することは十分可能だったはずだ。重要法案だからこそ、もっと丁寧に審議を尽くすことが与党には求められる。

< 2017. 6.16 >

2017年６月16日 朝日新聞

「共謀罪」市民が監視を

権力の病弊

「共謀罪」法が成立した。

委員会での審議・採決を飛ばして本会議でいきなり決着させるという、国会の歴史に重大な汚点を残しての制定である。

捜査や刑事裁判にかかわる法案はしばしば深刻な対立を引きおこす。「治安の維持、安全の確保」という要請と、「市民の自由や権利、プライバシーの擁護」という要請とが、真っ向から衝突するからだ。

二つの価値をどう両立させ、バランスをどこに求めるか。

その際大切なのは、見解の異なる人の話も聞き、事実に即して意見を交わし、合意形成をめざす姿勢だ。どの法律もそうだが、とりわけ刑事立法の場合、独善と強権からは多くの理解を得られるものは生まれない。

その観点からふり返った時、共謀罪法案で見せた政府の姿勢はあまりにも問題が多かった。

277もの犯罪について、実行されなくても計画段階から処罰できるようにするという、刑事法の原則の転換につながる法案であるにもかかわらずだ。

マフィアなどによる金銭目的の国際犯罪の防止をめざす条約に加わるための立法なのに、政府はテロ対策に必要だと訴え、首相は「この法案がなければ五輪は開けない」とまで述べた。まやかしを指摘されても態度を変えることはなかった。

処罰対象になるのは「組織的犯罪集団」に限られると言っていたのに、最終盤になって「周辺の者」も加わった。条約加盟国の法整備状況について調査を求められても、外務省は詳しい説明を拒み、警察庁は市民活動の監視は「正当な業務」と開き直った。これに金田法相のお粗末な答弁が重なった。

「独善と強権」を後押ししたのが自民、公明の与党だ。

政治家同士の議論を活発にしようという国会の合意を踏みにじり、官僚を政府参考人として委員会に出席させることを数の力で決めた。審議の中身を論じずに時間だけを数え、最後に仕掛けたのが本会議での直接採決という禁じ手だった。国民は最後まで置き去りにされた。

権力の乱用が懸念される共謀罪法案が、むき出しの権力の行使によって成立したことは、この国に大きな傷を残した。

きょうからただちに息苦しい毎日に転換するわけではない。だが、謙抑を欠き、「何でもあり」の政権が産み落としたこの法律は、市民の自由と権利を蚕食する危険をはらむ。

日本を監視社会にしない。そのためには、市民の側が法の運用をしっかり監視し、異議を唱え続けなければならない。

2017・6・16

大きな問題となった最近の3つの法案について社説を読み比べてみましたが、社説は新聞の顔であり、個々の問題に対する社説の違いは、とりもなおさず新聞社の基本的立場の違いであるということがはっきり分かっていただけると思います。ときにはあえて部数の激減覚悟で書かなければならないこともあるのです。どんなときも主張がぐらつくことがないよう肝に銘じて、論説委員たちは今日も熱い議論を戦わせています。

6. 新聞のオアシス、それはコラム

新聞の顔である社説がときとして潤いの乏しいものになりがちなのに対し、新聞のオアシスとでも言えるのがコラムです。コラムには毎日書かれるコラムと定期的なコラムがあります。毎日書かれるコラムは、読売新聞なら「編集手帳」、朝日新聞は「天声人語」、毎日新聞は「余禄」というようにそれぞれ名称が違います。コラムには署名が入っておらず、その担当者は新聞によって事情は違いますが、読売の場合は火曜から土曜までを竹内政明という一人の人間が長い間書いてきました。

コラムには書き手の心がそのまま表れます。引用でつなぐのではなく、書き手が自分の怒

りや喜びや悲しみを自分の言葉で語るとき、無数の読者の熱い共感が生まれます。読者は、朝ご飯を食べながらコラムを読んで一緒に腹を立てたり、涙を流したり、ときにはくすっと笑ったりするのです。毎日のコラムは、社説に負けず劣らず、まさに新聞の動脈といってもよいでしょう。

面白い話があって、各新聞のコラムニストは困ったときの得意技というのを、持っているとのことです。朝日新聞の「素粒子」にはたびたび冷奴の話が出てきました。産経新聞の名物コラムニスト、石井英夫さん[7]の「産経抄」には、しばしば「むかご」が登場しました。新聞社に名を残す名物記者はコラムの名手でもありました。石井さんや「天声人語」の深代惇郎さん[8]たちの名調子を思い出します。

私は読売の編集手帳を担当してきた竹内君は最高のコラムニストだと思っています。その考えは今も変わりません。彼は、自分の引き出しをたくさん持っており、人間の真実に光を当て続けてきました。惜しむらくは、竹内君の闘病により、２０１７年8月17日以降、現在までその名人芸に触れることができなくなりました。

稀代のコラムニスト、竹内政明の世界をしばらくじっくり味わっていただければと思います。

□日の当たらない人により多くの言葉を――竹内政明の世界

「編集手帳」を2本掲載しました。ちょっと見てください。文章をつなぐ◆の位置が同じ位置で、きちんと揃っています。これは難しいことです。一字違っても揃わなくなります。揃えることばかり考えると文章がおろそかになります。それを彼は難なくこなしてきました。こういう規則正しさが読者にはとても読みやすくなるのです。

コラムを書く苦労は並大抵のものではありません。ひとりで5日間も書いていると、どうしてもマンネリに陥りやすいという問題が出てきます。読者の気持ちを毎朝引き寄せなければなりません。そのために何が一番大切かと言うと、締めの部分だそうです。まず誰もが興味を持ってもらえるように書き出して、最後は余韻を持って終わるということです。それでいて最初と最後がピタリとつながり、文章の途中には、ちゃんとブリッジがかかっているわけですからまさに「職人芸」と言えます。

「編集手帳」の内容を具体的に見ていきましょう。2009年11月11日付けではロングランのミュージカル「屋根の上のヴァイオリン弾き」の主役であった森繁久彌[9)]と盲目の少女の出会いに触れています。森繁久彌の訃報に接し、96年に及ぶ役者人生への献花として、盲目の少女との挿話を取り上げました。その目線の温かさに胸が熱くなります。

もう1本、2013年1月29付けの「編集手帳」を読んでみましょう。ガチンコ力士「武州山」[10]の引退の記事を受けて、幕内在位11場所という短命であったものの、そのまっすぐな土俵人生に心から拍手を送っています。世間を騒がせた相撲界の八百長疑惑とは無縁の遅咲きの苦労人を「〝重み〟を量れない勲章が、男の人生にはある」と称える一文は、読者の深い共感を呼んだことでしょう。身びいき過ぎるとお叱りを受けるかもしれませんが、私は、竹内政明は最も優れたコラムの書き手であると今も思っています。

2009年11月11日 読売新聞

編集手帳

芝居が始まったのに、その少女は客席の最前列で頭を垂れ、居眠りをしている。「屋根の上のヴァイオリン弾き」九州公演でのことである◆森繁久弥さんをはじめ俳優たちは面白くない。起こせ、起こせ…。そばで演技をするとき、一同は床を音高く踏み鳴らしたが、ついに目を覚まさなかった◆アンコールの幕があがり、少女は初めて顔を上げた。両目が閉じられていた。居眠りと見えたのは、盲目の人が全神経を耳に集め、芝居を心眼に映そうとする姿であったと知る。心ない仕打ちを恥じ、森繁さんは舞台の上で泣いたという◆享年96、森繁さんの訃報に接し、生前の回想談を思い起こしている。誰ひとり退屈させてなるものか、という生涯枯れることのなかった役者魂と、情にもろい心と——森繁久弥という希代の演技者がその光景に凝縮されているように思えてならない◆映画、舞台、テレビと、巨大な山脈をなす芸歴のなかで、盲目の少女との挿話は山すそに咲いた一輪の露草にすぎまい。山脈の威容は、語るべき人たちが語ってくれよう。いまは小さな青い花の記憶を胸に映し、亡き人への献花とする。

2009.11.11

2013年１月29日 読売新聞

編集手帳

相撲界が八百長疑惑で大揺れの頃である。弁護士などの調査チームが関取衆から事情を聴取し、その際、証拠物件となる携帯電話と預金通帳を持参するよう求めた◆スポーツ報知の記事を覚えている。「あなたは持ってこなくてもよかったのに…」。武州山関(36)(藤島部屋)は持参した品を突き返された。いつも全身全霊で土俵を務めるあなたが八百長をするはずがないから、と◆一点の曇りなき〝ガチンコ力士〟認定者はほかにもいたが、第1号は武州山関である。あの朝、相撲界はどこまで汚染されているのか、誰を信じていいのか分からない疑心暗鬼のなかで、その記事に心を洗われた大相撲ファンも多くいたはずである。賜杯ならぬ記憶にその名を刻し、末永く称えられていい栄誉だろう◆きのうの朝刊が、その人の引退を短く伝えていた。年寄「小野川」を襲名するという。たび重なるけがに泣きながら、32歳で新入幕を果たした遅咲きの苦労人である。幕内在位は11場所、最高位は西前頭3枚目という◆稼いだ勝ち星の数や、浴びた拍手喝采の数だけでは〝重み〟を量れない勲章が、男の人生にはある。

2013．1.29

□竹内政明の「編集手帳」傑作選から

２０１８年5月、竹内政明の「編集手帳」傑作選が中公新書ラクレの1冊として上梓されました。16年分の中から自選したものと未収録作品が掲載されています。前述の2本のコラムも収録されています。竹内君は２０１５年に「ジャーナリズムを代表する1面コラムの書き手として、読者と新聞の距離を縮めマスメディアへの信頼を深める仕事をしてきた」ことが評価され、「２０１５年度日本記者クラブ賞」を受賞しました。その際の記念講演の要旨を紹介します。勝った人より「負けた人」に、幸せな人より「日の当たらない人」に寄り添い続けたコラムニストの神髄に触れてみてください。

「日の当たらない人に、より多く言葉をかけたい」

【2015年度　日本記者クラブ賞受賞記念講演　講演録】

「ポプラナミキユキフカシ、サイキヲイノル」

私は、受賞の知らせを受けた時、北海道の小樽の街を夜、さまよっておりまして、その日、札幌に、しゃべるのが嫌いだといっている割に講演を頼まれて行ったんですね。普通は断るんですけれど、なぜ行ったかといいますと、私は北海道大学の卒業でございまして、北大の入学式で卒業生からのメッセージをということで、新入生に講演してくれという話が来まして。

――略――

私は浪人して大学に入ったもんですから、落ちた年と受かった年と二回合否電報を受け取っております。その話をいたしました。電文の内容は今も覚えておりまして、「ポプラナミキユキフカシ、サイキヲイノル」というのが落ちたときの電報でございます。「クラークホホエム」というのが受かったときの電報でございまして。

そんな話をしていましたときに、ふと気がついたんですね。この電報というのは、それは十八、十九のころに受け取った二本の電報ですけれど、考えてみると、この電報が今の仕事にもどこかでつながっているのかもしれないなと入学式でしゃべりながら考えました。

と申しますのは、落ちたときの「ポプラナミキユキフカシ、サイキヲイノル」というのは数えてみると18文字あるんですね。受かったときの「クラークホホエム」というのは半分以下の8文字ですね。落ちたのを知らせるだけの電報であれば「サイキヲイノル」という部分は恐らくいらないですね。ただ落ちたって分かればいいなら、それは「ポプラナミキユキフカシ」でもいいし、「ポプラチル」でもいいし、「トケイダイチンモク」でもいいし。それだけで終えても良かったんだろうと思うんです。

受かったときはやけにそっけないですね。「クラークホホエム」。その後にべつに「オメデトウ」とも何ともつくわけでもない。これは、この二つの電報というのは私は今も記憶しているのは何だろうかと思うと、何か一つ学んだような気がします。幸せな人間、日の当たっている人間というのは放っておいてもいい、そっけなく扱っておいてもいい。だけど日の当たらない人間、不幸せな人間にはもう少し言葉を使わなきゃいけないというようなことを、学んだというほど自覚していなかったんですけれども、今から振り返ってみると学んだような気がします。

私の書くコラムというのはよくへそ曲がりだといわれまして、大体電報と一緒で、勝った人にそっけないんですね。負けた人に手厚い。わざとそうしているのか、意識してそうしているのかと聞かれても答えられないんですけれども。例えば去年、ロシアのソチで冬のオリンピックがございました。10日か2週間ぐらいの期間でございますけれども、私が「編集手帳」で取り上げたのはたった2本しかないんです。

フィギュアスケートの女子の浅田真央選手と、女子のスキージャンプの高梨沙羅選手と、これを2回取り上げただけです。2人ともメダルは確実、金メダルが取れるかもしれないといわれながら結局取れなかった。その2人のことを「編集手帳」で書いただけなんですね。ですから、金メダルを取った羽生結弦選手のことも書いていませんし、銀メダルを取ったハーフパイプの平野歩夢君のことも書いていませんし、レジェンド葛西紀明さんのことも取り上げていません。負けた人間、日の当たらなかった人、2人だけを取り上げただけでした。

そのさらに4年前も振り返ってみますと、カナダのバンクーバーでやはり冬のオリンピックがございました。このとき、ご記憶かと思いますが、スケートのフィギュア男子で高橋大輔選手が銅メダルを取りました。日本の男子フィギュアでは初めてのメダルということで、大きく報じられました。でも私は、へそ曲がりといわれるゆえんですけれども、高橋選手のことは書かなかったんですね。

書いたのは織田信成選手。今はタレントをなさっているんですかね、泣かぬなら自分で泣こうホトトギスみたいに、コマーシャルなんかでも号泣している方ですけれど、織田選手は演技をしている途中で靴のひもが切れたんですね、ご記憶だと思いますが。そして、靴のひもが切れて、一回演技をやめて戻って靴のひもを取り替えて、それから演技を再開したわけです。

普通はもう、そこの時点でメダルは無理、入賞もまあ無理だろうというのは誰が見ても分かる状況です。そこで、織田選手はその後、一生懸命に演技をするわけです。会場からもそこに惜しみない拍手が寄せられる。最後、こんなふうにして演技を終えたときに、カメラがアップになって映るんです。私は職場で見ていたんですが、映ると声は聞こえないですけど、口の形が「ありがとうございました」と動くのが見えたんですね。

これは非常に胸を打たれまして。普通だったら唇をかみしめて青ざめてうつむいてもいいかもしれない。そういう、この日のために激しいつらい練習を重ねてきた人が、本番で靴のひもが切れてめちゃくちゃになった。でもその後、演技をしっかりやって、最後にお客さんに「ありがとうございました」といえるというのはすごいことだなと思いまして、私は織田選手の話を書きました。

これがへそ曲がり（といわれるゆえんです）。普通だったら高橋選手のことを書けばもっと誌面は華やぐし、読んだ人は気持ちがいいのかもしれないけれども、しようがないんですね、そういう性分に生まれついてしまったもんですから。

—略—

完全には東日本大震災から立ち直れずに……

日の当たる、当たらないでいえば、東日本大震災などは幸せな人なんていないわけです。ニュースは全部悲しいことでございます。一番、仕事をした記憶はこの14年の中では東日本大震災が一番でございますね。いや、本当に疲れました。といって大体、おまえなんかべつに被災地を駆けずり回って取材しているわけじゃないだろう、疲れましたといっても本当に疲れているのかというふうに思われるかもしれませんけれど。

コラムを書いている人間の疲れ方というのは、ほかの新聞記者とはちょっと違うんですね。これは経験した方は分かっていただけると思うんですけれども、コラムと普通の記事の違いというのを私はよく俳句と短歌の違いに例えております。俳句は五七五ですね。短歌は五七五七七です。朝日新聞で以前、「折々のうた」を長く担当された詩人の大岡信さんがあるエッセイの中で俳句と短歌の違いを書いておられまして。俳句というのは、花が咲いた、鳥が鳴いている、そういう事実を写し取るだけで俳句になるんだと。だけど、短歌というのは七七がつく分、あるがままを描写したり、写し取ったりしただけでは短歌にならないんだ、咲いた花を見て、じゃあ、自分はどう思ったか。鳥が鳴いているのを聞いて自分はどう思ったか、そのどう思ったかという部分を書かないと短歌にならないんだというふうに大岡さんはいっておられます。

―略―

一般の記事とコラムを比べますと、まさに一般の記事は俳句なんですね。震災でいえば、母親が亡くなったところに子供が、棺にすがりついて泣きじゃくる、というのは非常に痛ましい話で悲劇ではありますけれども、泣きじゃくったと書くことは、それは事実を書いているだけであって俳句なんですね。

コラムはそれでは成り立たないわけです。じゃあ、その棺にすがって泣きじゃくっている子供を見て、おまえは何を思ったんだと。竹内、おまえは何を思ったんだと、そこを問いかけないとコラムは書けないんですね。ですから、例えばの話ですが、小学校2年生、8歳の男の子が津波に流されて亡くなった。その父親が呆然としてまだ遺体の見つからない被災地をさまよい歩いている。
と、そういうニュースを見たときに、それで「編集手帳」を書こうと思うと、じゃあおまえはどう思うんだと、まず自分に問いかけなければいけない。問いかけると、私も息子が一人おりまして、もう成人して勤めておりますけれども、その息子が8歳のときに津波で死んだとしようと。そうすると、どうなると。中学の入学式のときにみんなでファミリーレストランに家族で行った思い出はないんだなと。息子が大学に合格したときに喜んだあの会話もないんだなと。

今は二人で酒を飲むときもありますが、あ、そうか、8歳で死んでいれば二人で酒を飲むこともないんだなと。家の中にあるもので8歳で死んだとしたら、あ、そうか、この高校時代の野球部で試合をやっている写真、額に入っているこの写真はないんだな。一つずつ息子からもらった旅行の思い出が家に飾ってある。それもないんだなと。一つずつ物を消していくと、なんにも残らないんだな、8歳までしか生きないということは、と気がつくんですね。

気がついて、そうなったときに初めて、じゃあ今日のコラムは書けると思うわけです。その日はそれでコラムを書くわけです。そうすると、次の日は、今度は年老いた母親の手を握って避難しようとしているとき、その手を放してしまって、年老いた母親は津波に呑まれて死んでしまった。今、本当に何で手を放したんだろうって後悔している息子さんのニュースが流れてくる。

よし、今日はこれで書こうと思うと、今度は、昨日は子供を亡くした父親の気持ちだったけれど、今度は母親の手を放してしまった息子の気持ちにならなきゃいけない。私はもう、お袋は何十年も前に亡くしておりますが、亡くなる前に最後に話した会話は何だったかなとか、親孝行を幾つしたかなと数える。手を放した、手を握った。手を握った、お袋の手を握った記憶って最後はいつだったかな。

そういうことを幾つか積み重ねていって、自分の母親を亡くすというのはどういうものか。握っていた手を放してしまうというのはどういうことかというのが、ようやく自分で分かってくる。これでコラムが書けるというふうになるわけです。そうしますと、これを毎日ずっとなんですね。ちょうど俳優が役になりきるように感情移入をして、自分がその人の気持ちになったら（書ける）ということ、それをしないとコラムは書けな

い。それをすると、こんなにつらいものはなくて。（中略）
毎日お通夜に回っているような気持ちでコラムを書いておりました。ですから、現場に行っていないから、そんなに疲れないだろうとか思われる方もあるかもしれませんけれど、別な疲れ方をしまして。震災から大分時間が経ってきて、震災以外のテーマも随分書くようになってまいりましたから、今はそんな毎日がお通夜ということはないんですが、あのころの疲労というのはまだ随分残っておりまして、しかもさっき申し上げたように、私はどちらかというと、幸せと不幸であれば不幸のほうに目が向く、取り上げたいと思うたちなものですから、どうしてもまだ完全には震災から立ち直れずにコラムを書いております。
毎日読んでくださっている読者の方の中には、吹っ切れが悪いんじゃないかとか、どうも完成度が落ちているんじゃないのとか、いろいろ思われる方もあるかもしれませんが、しばらく経てば、また少し精神的にも立ち直れるのかなと思っておりまして。まとまらない話というか、もともと次の方の前座でございますから、このあたりで勘弁していただけたらと思っております。今日はどうもありがとうございました。

２０１５年６月３日

□定期コラム「五郎ワールド」ただ今奮闘中

さて、新聞のコラムには毎日書かれるコラムに加え、定期的なコラムというものがあります。私は月に一度署名入りのコラムを担当しています。

私の専門は政治記者ですが、コラムではできるだけ幅広く書こうと努めています。もちろん、政治に関連付けたコラムであっても、自分の喜怒哀楽を込めたいと思っています。

コラムを書くときに心掛けているのは、より多くの人に伝えるためにいかに普遍性を持った話を書くかということです。技術的にはいろんな方法があるでしょうが、書き手がどんなに深い思いを持っているかということがコラムの必須条件だと思います。

最近の「五郎ワールド」から2本を紹介します。

2019年８月３日 読売新聞

特別編集委員　橋本　五郎

永遠のトットちゃん

☆本当の貧しさとは
ハイチの売春している人の七二％は、ＨＩＶに感染していると聞いたので、十二歳の売春している女の子に質問した。「エイズ、怖くないの？」。また、あどけない少女は答えた。
「怖いけど、エイズになっても何年かは、生きていかれるでしょう？　私の家族は、明日、食べる物が、ないんですもの」
一回の売春料は六グールド。日本のお金にして四十二円。この四十二円で、少女の家は、なんとか明日は飢えないで、生きていかれる。

黒柳徹子さんが国連児童基金（ユニセフ）の親善大使になったのは1984年です。以来世界各地を回り、アフリカだけでも三十数か国に上っています。手を差しのべられることなく死んでいった子どもたちは、84年当時に年間約1400万人。今でも年間460万人の子どもの命が失われているといいます。

栄養失調や感染症、内戦や戦争に巻き込まれて亡くなっていった小さな子どもたちの魂に捧げられた『トットちゃんとトットちゃんたち』（講談社）には冒頭のような衝撃的な現実がいくつも描かれています。

黒柳徹子さんが第13回後藤新平賞に選ばれ、7月14日、東京・駿河台の明治大学で授賞式とシンポジウムが行われました。1923年の関東大震災後の復興担当の内務大臣を務め、今日の東京をデザインした後藤新平は衛生思想を普及、台湾や満洲の経営に携わるなど多彩で万能人のような人生を送りました。

その後藤新平と黒柳さんはどこに接点があるのか。私も委員を務める後藤新平賞選考委員会には明確な理由がありました。それを元フランス大使の小倉和夫さんは授賞式でわかりやすく説明されました。

2人を結ぶキーワードは「共生社会」です。男性と女性、外国人と自国人、障害者と健常者、宗教や民族の違いなどをどう乗り越えるか。今や人類史的課題になっています。その課題に果敢に取り組んできたという一点で2人は共通しているのです。

UNICEF提供

黒柳さんの『窓ぎわのトットちゃん』（講談社文庫）は800万部を超える戦後最大のベストセラーです。世界中で翻訳され、その数は約1000万部と言われています。黒柳さんはその印税で「トット基金」をつくり、「日本ろう者劇団」を支えています。授賞式で黒柳さんは劇団の俳優のお母さんにこう言われたのが何よりも嬉しかったとあいさつされました。

「私の家ではあの子だけが耳が聞こえないので、とても恥ずかしく、私たちもあの子も下を向いて歩いていました。でもあの子がろう者劇団の芝居に出てＮＨＫにも出演し、あの子が顔を上げているのを初めて見ました。ありがとうございました」

なぜ黒柳さんはこれほど息長く超人的ともいえる活動ができるのか。その鍵は『窓ぎわのトットちゃん』にあり、トモエ学園の校長先生、小林宗作さんとの出逢いにあることは明白でしょう。学校にとっての問題児であるトットちゃんは小学1年生で退学させられます。お母さんが救いを求めるように駆け込んだのがトモエ学園でした。その面接で、小林先生はトットちゃんの一方的なおしゃべりに4時間も付き合ってくれました。

トットちゃんにとって「君は、本当は、いい子なんだよ！」という言葉がどんなにありがたかったか。「君たちは、みんな一緒だよ。なにをやるのも一緒だよ！」と、どんな違いも許容する小林先生の教育方針がトットちゃんたちを限りなく膨らみのある人間に育んでいくのです。

学校の帰り、自由が丘駅の改札に近いところで、男の子2人と女の子1人が手でいろんな形をつくっています。トットちゃんは自分も手でお話できたらいいのにと思うけど、できないから仲間に入れません。

トットちゃんには耳の不自由な人がいることや、ろう学校の生徒であることもわかっていません。でも、目を輝かして相手の指の動きを見ている子どもたちが、とても美しく思え、いつか、お友達になりたい、そんなふうに考えていたのでした。

このエピソードはほんの一例です。何という純粋さでしょう。何というみずみずしいまでの人間の原初的な美しさでしょう。児童虐待、いじめ、不登校、引きこもり……。子どもを取り巻く環境は暗くなるばかりです。

しかし、トットちゃんの世界はあたかも桃源郷のように「希望」の光を放っています。

（次回は9月7日掲載予定です）

2019年11月２日　読売新聞

「倚門の望」は母の原点

特別編集委員　橋本　五郎

名優、森繁久彌が96歳でこの世を去って11月10日で10年になります。出演映画は300本を数え、「屋根の上のヴァイオリン弾き」の舞台公演は900回に上りました。1984年に文化功労者、91年には大衆芸能で初の文化勲章を受章しました。

演出家久世光彦さんは森繁さんを正面からアップで撮ろうとしてよく叱られました。後ろから、しかも全身を撮れというのです。役者魂の面目躍如です。

「私はいつも体中で芝居をしているつもりです。それなのに顔ばかり撮りたがるのは無礼です。（中略）たとえば、人間は転びます。大きくつんのめったり、ちょっと躓いたり――そんなとき、人間の可笑しさや寂しさが正直に出るものです。転ぶという動作は、顔を撮ってもわかりません。かと言って、足元だけ撮ってもしょうがありません。つまり、全身の芝居なのです」（『大遺言書』新潮社）

没後10年を機に『全著作森繁久彌コレクション』全5巻（藤原書店）の刊行が始まりました。NHKにアナウンサーとして入った森繁さんは新京（満洲）に赴任、終戦直後にソ連軍の侵入に遭います。第1巻収録の『森繁自伝』は、すさまじいまでの過酷な体験を解剖医のような冷徹な筆致で描いています。

満洲にとどまること7年。死線を越えて引き揚げ、劇作家菊田一夫の計らいで衣笠貞之助監督の「女優」に出演します。舞台稽古のあと森繁さんは東京・谷中の父の墓にお参りします。草木も眠る丑三つ時、初の映画出演を報告し、誓います。

父さん、あなたから戴いたお金を全部費いはたし、あげくの果てに株でしくじり、申しわけないことをしました久彌であります。一意発心しまして満洲に行き、折角いいとこまで行ったんですが、今度はお国の都合で挫折してしまいました。

あなたが遺産として私に残して行かれたお金は今に換算し参千万円くらいでしょうか。しかし、あんなものを残していって下さったばかりに、私はヒヨワなダラ漢になってだいぶ人生を損したようです。でもこの次お目にかかる時は、戴いたものと同額の金をかせいで参ります。どうぞ楽しみにお待ち下さい。

森繁さんのお母さんはお父さんの後添えで、生涯入籍されることはありませんでした。その母馬詰愛江のため鵠沼海岸に温かで住みやすい家をつくり、母をこう語るのが常でした。

「倚門の望」。母が門に倚ってわが子の帰りを待つという意味です。お母さんの遺品の中に一通の電報がありました。56年に森繁さんが「夫婦善哉」などの演技でブルーリボン主演男優賞を受賞した時、映画のロケ先から打ったものです。

「マツメアイエサマ　サイコウエンギ　ショウブ　ルーリボンヲウケマシタ　ハルカニハハウエニコノヨロコビ　ヲホウコクシマス　ヒサヤ」

何度も読んだのでしょう。電報用紙はボロボロでした。

胸迫るほど母思いに満ちた自伝的小説が出版されました。内閣官房副長官を8年7か月も務めた古川貞二郎さんの『鎮魂 ハルの生涯』（文藝春秋企画出版部）です。古川さんのお母さんも「倚門の望」の人でした。

佐賀に住む母は厚生省に入って東京で暮らすわが子伸二（古川さん）によく手紙を書きました。手紙には「田畑の仕事や家事ならまだ誰にも負けないが、文字は下手だから読んだらすぐ燃やしてね」と書き添えました。小学校4年までしか学校に行けず文章や字を上手に書けないのがとても恥ずかしかったのです。どうして燃やせと言うのかと聞くと「おまえにお嫁さんがきたとき、こんな下手な文字しか書けない母親だと思われるのが恥ずかしか」と答えました。伸二は「そんな女性とは絶対結婚しないから、心配せんでよかよ」と優しく言うのでした。それからは、母の手紙から「燃やしてね」が消えました。

この小説では、母が最初の結婚で若い夫が父親の後妻と通じている現場を見て婚家を去るという衝撃的な体験が「鎮守の杜の闇」として描かれています。30歳の時、母から告白された伸二は母の十三回忌の法要を済ませた翌日、その杜を訪ねます。

苦しんだであろう母の内心に自分も深く分け入ろうとしたのです。そうするとどうだろう。しばらくして杜に日の光が差し込み、長く伸二の脳裏に広がっていた深い闇は消えました。そうだ。母は稀なる善人の伸二の父と巡り合い、本当は幸せな一生を送った。そう思うのです。

（次回は12月7日掲載予定です）

7. 世論調査で分かることって？

□世論調査を信じなかった宮沢さん

今度は世論調査[11]の話をしましょう。１９９１年に宮沢喜一[12]内閣が誕生します。私は宮沢さんが総理になる前に宮沢派の担当になりました。その頃宮沢さんは派閥である宏池会[13]の会長でした。宮沢さんは世論調査を全く信じない珍しいタイプの政治家でした。

総理大臣になったばかりの宮沢さんに「支持率が上がるときにはさほど理由がないにしても、下がるときには理由があります。下がったときには気を付けられた方がいいですよ」と進言したことがあります。驚いたことに「支持率とは一体何ですか」という答えが返ってきました。

支持率とは「無作為抽出という方法で年齢や職業が偏らないように選ばれた人から、あるテーマについてどう考えているのかを導き出す調査」であることを説明します。そうすると、「それは何人に聞くのですか」とさらに質問されました。「少ないときは５００人、選挙などのときは1万人くらいに聞くこともありますが、通常は１５００人程度です」と説明すると、「どうしてそれくらいの人数で1億2000万の人たちの気持ちが分かるのですか」と切り返されました。「みんながどう思っているかを大ざっぱに知るだけです」と答えるしかありませんでした。

宮沢さんは歴代の総理の中で最も知性を感じさせる人でした。しかも自分の信ずることは断固として曲げないところがあり、世論調査には全く興味を持たなかったようです。というより「衆愚」に陥りやすいと思っていたのかもしれません。

□世論調査はスープの味？

500人で1億2000万の心が分かるものなのか。宮沢さんと同じ疑問を持つ人は多いと思います。本当はすべての人に聞けば間違いはないでしょうが、時間的にも物理的にも不可能です。そのため、一部の人に聞いても全体が分かるように、いろいろ苦労して世論調査を続けてきました。

統計の理論に基づけば、国民全員でなく、一部の人からの意見の集計であっても集計した数値に誤差はあまりないというのが学問的に証明されています。例えば、意見を100人に聞いたとすると10%の誤差が生じるけれど、1000人に聞けば誤差は3%に収まるということが統計学上明らかになっています。

読売新聞の原田哲也君が世論調査部長時代に面白い話をしてくれました。世論調査をスープや味噌汁の味にたとえてみれば分かりやすいというのです。スープや味噌汁をかき混ぜて濃淡がないようにして一口飲めば、全部飲み干して味を確かめなくても、味が分かるという意味です。世論調査もそれと同じで、国民全体から偏りがないように意見を引き出せば、つまり、かき混ぜることで全体の意見に近づけるという論理です。そのためには無作為で抽出するという作業がとても重要になってきます。

□世論調査で選挙の議席を予測

内閣支持率や消費税の引き上げなどの重要な課題について国民の意向を知るための世論調査とは別に、国政選挙では大規模な世論調査を実施して、選挙の議席を予測します。2019年7月の参院選では、調査結果も参考に新聞各紙は7月15日付けで次のよう報じました。

・読売「与党改選過半数の勢い」「1人区自民優勢」
・朝日「自公、改選過半数の勢い」「改憲勢力2／3は微妙」
・毎日「改憲2／3は厳しく」「1人区自民防戦」
・産経「改憲勢力2／3割れか」「自公72議席前後か」
・日経「改憲勢力2／3に迫る」「与党、改選過半数の勢い」

各紙とも具体的な議席数も予測していますが、世論調査で大事なことはおおよその傾向を知ることです。それでは参院選の結果はどうだったのか。7月22日付の読売の1面の見出しを見てみると「与党勝利、改選過半数」「1人区自民22勝10敗」となっており、朝日は「自公、改選過半数」「改憲勢力2/3は届かず」となっています。

各党の獲得議席の細かい点では、必ずしも当たっていない新聞もありますが、世論調査に基づく大局的な選挙予想という点では、きちんと趨勢をとらえていると言えるでしょう。世論調査は確実に精度を増しているのです。

□主流は電話によるPDD方式

では、実際どういうふうにして世論調査は行われているのでしょうか。大きく分けると、これまでは電話による調査、面接による調査、郵送による調査の3つの方法によって世論調査が実施されてきました。最近では、時間を短縮するという点からも電話によるPDD方式が主流となっています。これは乱数計算を基にコンピュータで電話番号を発生させ、そこに電話をかけ、質問に答えてもらうという方法です。携帯電話ではなく従来の固定電話が対象で、NTTなどの電話帳に記載されていない番号も対象とされます。

ただし、固定電話では電話に出る人は偏ってしまいますから、ここでも乱数表によって世帯の中で質問に答えてもらう人を指定します。その人が留守だからといってほかの家族に答えてもらうことはしません。性別、年齢、職業などが偏らないように細心の注意が払われています。

面接による調査は、対象者の自宅を訪問し、直接答えてもらう方式です。これは全国の市区町村の選挙管理委員会が作成する選挙人名簿から無作為に抽出されます。読売新聞の場合は47都道府県から250地点を選び3000人を対象としています。

郵送による方法は質問票を送って返送してもらうのですが、面接と同じ選挙人名簿から抽出されます。

問題はいろいろあります。調査は週末に行われることが多いため、サラリーマン層が不在の場合が多いことや、携帯が主流の現在では、固定電話のある家が限られ、調査に偏りが出るおそれもあります。このような社会の変化を考えて、その都度修正をしながら慎重に世論調査を行う必要があります。

□世論調査と内閣支持率――Xで分かる日本の政治

私の著書「総理の覚悟　政治記者が見た短命政権の裏側（中公新書クラレ）」では、5年5ヵ月の長期政権を誇った小泉純一郎内閣の後を継いだ第一次安倍内閣が2006年に誕生して以降、福田、麻生、鳩山、菅、野田短命政権の特徴を内閣支持率から解説しています。すべてXで説明できるのです。どういうことかと言うと、最初はそれぞれ支持率が高いのですが、半年も経たないうちに確実に落ちていきます。つまり支持率と不支持率が1年も経たないうちに交じり合って不支持が急上昇し支持が急降下する（Xの文字が浮き彫りになってくる）わけです。誰もがそれなりに期待されてスタートしながら、ほどなくして国民の支持を失っていきました。

「総理の覚悟」の前作に当たる「総理の器量（中公新書クラレ）」で、私は、「中曽根康弘にみる王道の政治」に始まり、「大平正芳にみる韜晦の政治」、「三木武夫にみる説得の政治」、「宮澤喜一にみる知性の政治」など、それぞれの政権に特徴的な名前をつけて紹介しました。しかし、「小泉純一郎による無借金の政治」以降、あまりにも短命過ぎて名前を付ける余裕がありませんでした。いわゆるXという字に短命政権の姿を見ることができます。そのXに終止符を打ったのが2012年12月に誕生した第二次安倍内閣でした。まさに「復活の政治」の登場となりました。第二次安倍内閣の支持率の推移（グラフ）を見れば分かるように、Xになるのは4年も経ってからです。しかし、その後は支持が不支持を逆転、2019年11月時点で支持49％、不支持36％（読売新聞調査）です。さらに、「モリ・カケ」でまたも支持が下がりますが、ほどなくして支持が増えます。

第二次安倍内閣の出来事

2012.12.16	衆院選で自民、公明両党が320議席超を獲得し圧勝
12.26	第96代の総理に就任。第二次安倍内閣が発足
2013. 1 .22	政府と日本銀行が2%のインフレ（物価上昇率）目標を明記した「共同声明」を発表
3 .15	日銀総裁に黒田東彦・アジア開発銀行総裁を起用する政府の人事案を参院が同意。安倍総理が総理官邸で記者会見し、TPP（環太平洋戦略的経済連携協定）への交渉参加を表明
4 .28	参院山口選挙区補選で自民党が勝利
4 .29	安倍総理がロシアでプーチン大統領と首脳会談。北方領土交渉を再開
5 .22	日経平均株価の終値が約5年5ヶ月ぶりに1万5600円台を回復
6 .23	東京都議選で自民党が全員当選し、都議会第1党を奪還
7 .21	参院選で自民党が圧勝。自公が参院でも過半数を制し、衆参で多数派が異なる「ねじれ国会」は解消
7 .23	日本政府がTPP交渉会合に正式参加
9 . 8	2020年夏季オリンピックの東京開催決定
10. 1	消費税を2014年4月から8%とする方針決定
12. 4	国家安全保障会議（NSC）発足
12. 6	特定秘密保護法成立
12.26	安倍総理が靖国神社参拝
12.27	沖縄県が名護市辺野古沖の埋め立て申請を承認
2014. 3 .30	日朝政府間協議が1年4ヶ月ぶりに再開
4 .24	東京でオバマ大統領と日米首脳会談

第二次安倍内閣／支持・不支持

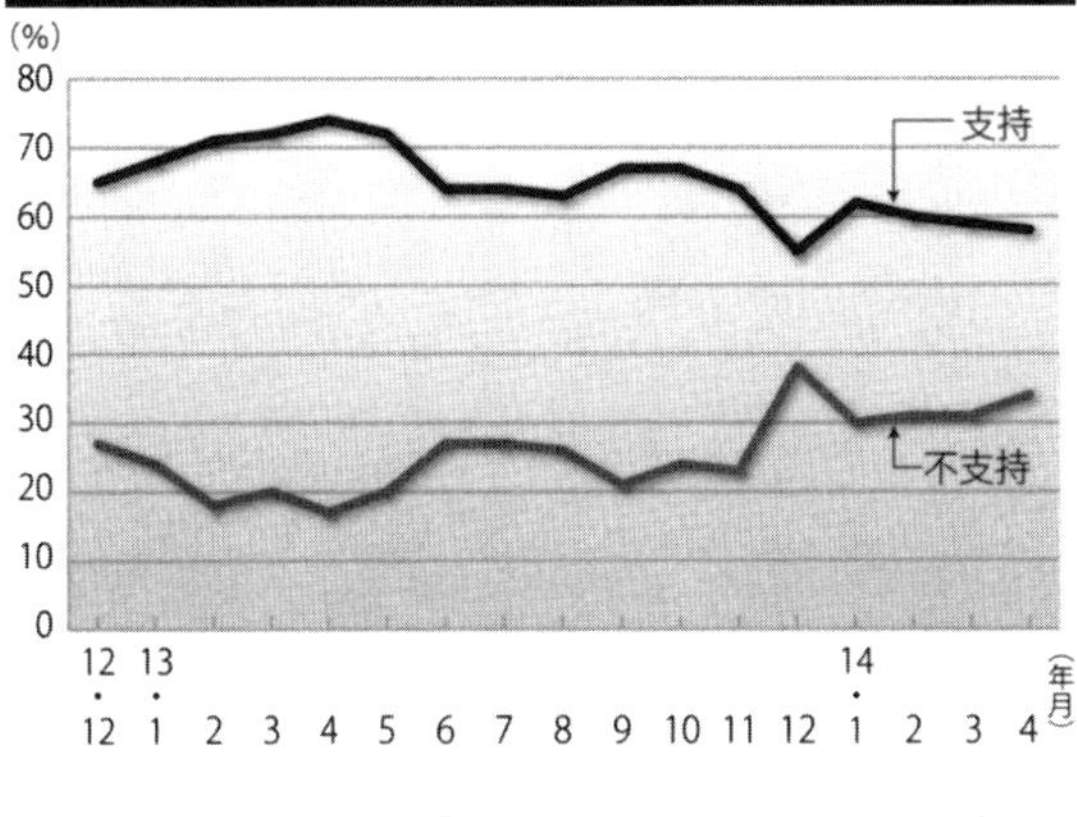

資料出所：橋本五郎『総理の覚悟—政治記者が見た短命政権の舞台裏』

□数字はあくまで数字

世論調査について見ていくとき、大切なのは数字そのものが絶対的ではないと認識することです。例えば読売新聞と朝日新聞が同じテーマで世論調査を行っても数値は一致しません。やり方も違いますから当然のことで、数字を追いかけるのではなく大きな傾向を見ることが重要です。

増税など国民負担がかかることについて世論調査を行えば、ほとんどの人が反対するでしょう。世論調査に基づいて政治を行うのであればこんなに楽なことはありません。というより政治は必要でなくなってしまいます。

政治家は国民の多くが感じる不満を真摯に受け止め、それでも必要なものは、必要ですよと、むしろ世論調査の数値を変えていくぐらいの心意気であらゆる政策に立ち向かっていかなければなりません。

小泉内閣には世論を自分の側に引き寄せてしまう力強さがありました。世論に振り回されず、それでも世論が味方してくれなければ困難な仕事はできないと思って方策を考えるバランスが政治家には求められます。

世論調査の中でも、選挙前の世論調査についてはいろいろな考え方があります。フランスでは選挙の1週間前の報道は禁じられています。「アナウンス効果」と言われ、選挙の前に世論調査結果を報道すると国民はそれに左右されます。それは避けるべきだという反対論があるのです。

例えば誰か1人を「選挙戦で有利である」と報じればなだれ込むようにこの人に票が集まるかもしれません。しかし、逆にそれならばほかの人に一票を投じようとする人が出てくるかもしれないということも言えます。

しかし、日本の有権者はだんだん成熟度を増しています。簡単に世論調査によって誘導されることはないと私は見ています。世論調査によって全体の状況を知ったうえで、自分としてどう判断するかを考えている人も随分増えているように思います。だから衆参のねじれ現象[14]のようなことが起きるのでしょう。

世論調査の結論としては、時代とともに制度も高まり、物事を考える大切な指標になるものではありますが、それを生かすも殺すも使う側に委ねられていると思います。

第3章

新聞取材の裏側

1. オフレコ発言って何？

□過去に問題になったオフレコ発言

第3章では、新聞取材の裏側をのぞいてみることにしましょう。

まず、オフレコ発言ですが、オフレコ、つまり「オフ・ザ・レコード」の略で平たく言えば非公式発言ということです。記者会見などで、誰それがこう言ったなどとニュース・ソースの発言のありのままを、報道側が記録しないと約束することです。記録しないのですから表にも出さないということです。

それがしばしば外に出てしまうことで大きな問題になったりするのはなぜでしょうか。最近、あまりオフレコ問題発言が見られません。何でもすぐ表に出るので、「オフレコ」が死語になりつつあるのも確かです。そこで、過去の新聞記事に注目しました。

2012年のことですが、9月8日、当時の鉢呂吉雄経済産業相が、東京電力福島第一原発事故周辺を視察した際の感想を「死の町」と発言[1]、翌9日、野田佳彦総理から「不穏当な発言」と指摘され、すぐに陳謝したということがありました。[2]

また、8日夜の都内の議員宿舎で記者団と懇談中、記者に防災服の袖を擦りつけるしぐさで「放射能をうつしてやる」と発言したことも判明しました。これらはそのまま報道しないという前提で内々に話したものですが、外に漏れて、鉢呂大臣は辞職に追い込まれました。

こういうことはしばしばあることです。以下に3つの記事を掲載しますが、随分昔のことのように思えてきます。

江藤総務庁長官が辞任

植民地発言で引責

後任に中山元郵政相

日本の植民地支配に関する発言が問題になっていた江藤隆美・総務庁長官は十三日夕、村山首相に辞表を提出し、受理された。国会の混乱回避が辞任の理由。首相は後任に中山正暉・元郵政相（自民・旧渡辺派）の起用を決め、十四日午前、天皇の認証を得て任命する。これにより、こじれていた日韓関係は修復へと向かい、一時、中止の公算が大きかった日韓首脳会談も予定通り開かれることになった。しかし、村山政権の閣僚辞任はすでに三人目。先月、「国会質問要求取引」の責任をとって更迭された田沢智治・前法相を含め、約一か月間に二人の閣僚が辞任しており、村山政権には打撃となっただけでなく、今後、与党内対立が激化することも予想され、一段と厳しい政局運営を強いられそうだ。（関連記事2・3・35面に）

江藤氏は十三日午後五時、首相官邸で村山首相に会って辞表を提出。このあと総務庁で会見し「私の出処進退の問題で、国民の諸っている宗教法人法の改正が危ぶまれるのなら、政治家として責任の重さを感じない訳には行かない」と述べ、国会の混乱を避けるために辞任したと強調した。

このあと首相は記者団に「会期末で、宗教法人法案を通す大事な時期でもあるし、本人から（辞意を）言われ、受けた」と述べた。

中山正暉氏

13日、辞表を提出し首相官邸を出る江藤総務庁長官（午後5時すぎ）

日韓 首脳会談予定通り

【ソウル13日＝宇惠一郎】日本の朝鮮半島植民地統治の評価をめぐる発言にからんで、江藤隆美総務庁長官が辞表を提出したことについて、韓国外務省のスポークスマンは十三日夕、韓国記者団の質問に答えて、「韓日両国関係のためには当然の措置と評価する」と述べ、アジア太平洋経済協力会議（APEC）が開かれる大阪での日韓首脳会談を十八日に行うほか、外相会談の開催も予定通り行う立場を強く示唆した。

また、同スポークスマンは、「韓日間の歴史認識問題については、日本側と続けて協議をしてゆく」と述べた。

一方、韓国外務当局は同日、読売新聞に対し、「江藤長官辞任は、日本が韓国側の要求を受け入れたものと考える。首脳会談は予定通り開かれるだろう」との見通しを示した。

宗教法人法 改正案が衆院通過

解説 悪例残す"外圧辞任"

2011年７月５日 読売新聞

松本復興相 辞任

被災地で放言 引責

就任9日目 首相退陣圧力一段と

松本龍復興相(60)は5日朝、菅首相に首相官邸で会い、辞任する考えを伝えた。兼務の防災相も辞任するとした。首相は慰留したが、最終的に了承した。松本氏は3日、東日本大震災復興のため、岩手、宮城両県知事に会った際、「知恵を出さないやつは助けない」などと述べ、宮城県知事が不快感を表明するなど、被災地で反発が広がっていた。辞任は、就任からわずか9日目となる。野党は国会で、菅首相の任命責任を含めて追及する方針だ。政府の復興の取り組みへの影響も予想され、首相に対する退陣圧力がさらに強まるのは必至だ。

＜辞任会見の要旨2面、関連記事2・12・13面、動画はYOLで＞

後任の打診 仙谷氏が固辞

松本氏は5日午前の閣議に先だって首相に会い、「真意は別として、発言の表現で被災者の心情を結果として傷つけた。国会運営をはじめ、内閣に迷惑をかける。スピード感を持って進めなければならない復興にマイナスの影響を与えかねない」と辞意を伝えた。首相はこの後の閣僚懇談会で、「（松本氏の）意思が固いので、辞表を受理した」と報告した。

松本氏は首相との会談後、内閣府で記者会見し、「被災者とは人一倍寄り添っているつもりだったが、言葉が足りなかったりして、被災者の心を痛めたことを本当におわび申しあげたい。言葉が足りなかったり、荒かったりしたのは不適切だった」と述べ、一連の発言を改めて謝罪した。

辞任の理由を問われると、「個人的な都合だ」と述べた。復興については「岩手でキックオフして、3日でノーサイドになった。相変わらず嫌いな与野党だが、心を合わせて復興に取り組んでほしい」と述べた。

松本氏の辞任を受け、首相は5日午前、仙谷由人官房副長官と首相官邸で会談し、後任への就任を打診したが、仙谷氏は固辞した。首相はこの後、斎藤勁民主党国会対策委員長代理と会い、5日中にも後任を決める意向を伝えた。

枝野官房長官は同日午前の記者会見で、「復興への影響ができるだけ小さくなるよう最大限の努力をしたい」と語った。

政府・与党内では、震災対応の継続性を維持する必要があることや、退陣表明した首相のもとで大幅な人事を行うことが困難なことを踏まえ、復興担当の平野達男内閣府副大臣を昇格させる案や他の閣僚に当面兼務させる案が浮上している。

松本氏は昨年9月に発足した菅改造内閣で環境相兼防災相として初入閣。今年6月27日には、東日本大震災の復興に取り組む復興相に防災相と兼務する形で就任した。政府の「復興対策本部」（本部長・菅首相）の副本部長にも就任した。

■達増拓也岩手県知事との会談

九州の人間だから、（被災地の）何市がどこの県とか分からん。

これからは知恵合戦だ。知恵を出したところは助けるけど、知恵を出さないやつは助けない。そのくらいの気持ちを持って。

■村井嘉浩宮城県知事との会談

（宮城県が要望する重点的な漁港整備について）3分の1から5分の1に集約すると言っているけど、県でコンセンサスを得ろよ。そうしないと我々何も知らんぞ。

お客さんが来る時は、自分が入ってから呼べ。いいか。長幼の序が分かっている自衛隊ならそんなことやるぞ。今の言葉はオフレコだ。書いたらその社は終わりだから。

野党、任命責任追及へ

松本復興相が自らの発言の責任を取って辞任したことで、退陣時期を明確にしない菅首相に対する風当たりは一段と強まりそうだ。特に、政府の復興対策の柱として新設された復興相が被災地の人々の感情を害する放言で辞任するという失態に、野党は首相の任命責任を追及する構えだ。

民主党の鳩山前首相は5日午前、国会内で記者団に対し、「当然、首相の任命責任は大きい」と述べた上で、鳩山氏は「次の方にバトンを渡す時だ」と、首相の早期退陣を改めて求めた。

自民党の谷垣総裁も党役員会で、松本氏の辞任について「もう首相の下で仕事をするのは耐えられない、ということだろう。首相は一刻も早く退陣した方がよい」と強調した。自民党など野党は松本氏の後任の人選を踏まえ、6日に再開される予定の国会審議でこの問題を追及する構えで、自民党の逢沢一郎国会対策委員長は国会内で記者団に、参院で首相に対する問責決議案を提出する可能性について、「党内、野党間で調整する」と述べた。首相はなお続投に意欲を崩しておらず、枝野官房長官は5日午前の記者会見で、「スピード感を持ってやらなければならない課題が目の前にある。その責任から逃れることは無責任だ」と強調した。

2012年９月11日 読売新聞

鉢呂経産相 辞任

放射能発言で引責

就任9日 野田政権に打撃

鉢呂吉雄経済産業相(63)は10日夜、東京電力福島第一原子力発電所事故を巡る不適切な言動の責任をとって野田首相に辞意を伝え、首相も了承した。野田政権としてこの問題の早期幕引きを図った形だが、自民党は首相の任命責任を追及する方針を変えておらず、今月2日に発足したばかりの政権には出だしから手痛い打撃となった。<鉢呂氏の会見要旨2面、「死のまち」発言要旨4面、関連記事2・3・4・39面>

鉢呂経産相

政府は10日夜の持ち回り閣議で、鉢呂氏の辞任を11日付で了承し、経産相の臨時代理に藤村官房長官を充てることを決めた。

鉢呂氏は9日の記者会見で、「原発周辺の自治体を「人っ子一人いない。まさに死のまち」と表現し、その日のうちに謝罪した。

さらに、原発周辺自治体の視察から帰京した8日夜、着ていた防災服の袖を取材記者にこすりつけるしぐさをし、「ほら、放射能」と発言した。

これを受け、野田首相は10日夜、東京・赤坂の衆院議員宿舎で鉢呂氏と会い、事情を聞いた。鉢呂氏はこの場で、原子力行政を所管する閣僚として、自らの言動の責任を取って辞任する考えを示し、首相もこれを受け入れた。

鉢呂氏はこの後、経産省で記者会見し、辞任の理由について「一連の発言で国民、福島県民に大きな不信を抱かせた。これに尽きる」と述べ、陳謝した。「死のまち」と表現したことに関しては「福島県民を逆なでするような言葉だった」と述べ、放射能を巡る8日夜の記者とのやりとりも、「不信を抱かせる言動ととらえられた。そう受け取られたならば、許されないと判断した」と語った。

辞任は、10日午後、神奈川県相模原市での工場視察から都内に戻る車中で決断したことも明らかにした。

鉢呂氏は、野田政権が最優先課題に位置づける東日本大震災からの復興や福島原発事故の収束のためには、福島県民の理解が不可欠で、そのためにも辞任は避けられないと判断した。13日召集の臨時国会や今後の自民、公明両党との政策協議への悪影響を回避する狙いもあったとみられる。

鉢呂氏の言動をめぐっては、民主党内からも「ゆゆしきことだ」(前原政調会長)と批判が相次ぎ、「辞任やむなし」との声が広がっていた。自民党の石原幹事長は10日、青森県弘前市での講演で、「(鉢呂氏の言動は)万死に値する。任命した野田首相の責任を追及していかねばならない」と述べた。公明党は鉢呂氏の早期辞任を評価し、震災復興などに向けた与野党協議には前向きな姿勢を示している。

経産相「ほら放射能」

鉢呂経産相

鉢呂経済産業相が野田首相とともに福島第一原子力発電所の周辺自治体を視察して帰京した8日夜、着ていた防災服の袖を取材記者にくっつけるしぐさをし、「ほら、放射能」と語りかけていたことが9日、明らかになった。原発を担当する閣僚として不適切な言動だとの批判が出るのは必至で、与党内では同日夜、進退問題に発展するとの見方が浮上した。

発言について、鉢呂氏は9日夜、記者団に「(現場に)親しいマスコミの皆さんが多く、被災地の話をしたというのが真意だ。(放射能をうつすとか)そういう発言はしていないと思う」と説明した。

この問題で、野田首相周辺と民主党幹部は9日夜、対応を協議した。

同党幹部の一人は、「参院では鉢呂経産相に対する問責決議案が出るだろう。国会運営はきつくなる」と述べ、鉢呂氏の進退論に言及した。

鉢呂氏はこれに先立ち、9日午前の記者会見で、福島第一原発周辺について、「人っ子一人いない。まさに死のまち」と表現したことについて、同日午後の記者会見で「被災地の皆さんに誤解を与える表現だったと真摯に反省し、表現を撤回し、深く陳謝申し上げる」と謝罪、発言を撤回した。

<関連記事4面>

□「政府筋」「政府高官」って誰のこと？

オフレコだからといって外へ出て困るような大事なことを報道しないのはおかしいのではないか、あるいはオフレコなのになぜ流出してしまうのかと疑問に思う人も多いはずです。そもそも、オフレコ取材が必要なのかと思う人も多いに違いありません。

新聞を読めば気づくと思いますが、「政府筋」や「政府高官」という言葉があちこちに出てきます。例えば「中国のデモについて政府筋はこう述べた」「政府高官はこのように語った」というような記述です。それはおかしいじゃないかという意見もあります。大事な発言なのだからちゃんと名前を出せと。しかし、現実にオフレコ発言は存在します。なぜなら、自分が言ったということを書かれてしまうと、ものを言わなくなるからです。

1つの問題を追及するとき、表に明らかになっていることだけでは書けないことがたくさんあります。問題の背景を説明するために「あなたの名前は出しませんが、こういうふうに言っているということは明らかにしますよ」というのがオフレコ発言です。

誰かが何かを言っているということが大切なのではなく、問題の背景を正確に報道することが目的ですから、あえて誰かの名前を出さなくても、「確かな筋はこう言っていますよ」ということを伝えるためにも「政府筋」「政府高官」という表現は許されると私は考えています。

オフレコには、そのこと自体を公表しない「完全オフレコ」というものがあります。ところが、最近では、これはオフレコだよといっても、それが容易に流れてしまうということがあります。どうしてこんなことになったのか。実際に聞いた本人が流していることもあるかもしれませんが、「これはオフレコの懇談という形で聞いたのだけど……」というような形で、同じ報道機関の中で情報が共有されます。すると情報がどんどん拡散されていき、そのうちどこかで漏れてしまうことになります。週刊誌はオフレコ発言を集めて、それを「売り」にしようとします。とても残念なことですが、週刊誌に漏らす人間もいるのが現実です。

大体オフレコ発言の出所は懇談の場です。名前を公表する記者会見とは違って、背景説明を行う懇談はオフレコになる場合が往々にしてあります。鉢呂氏の場合も懇談の席でのことでした。

名前を出すことがときには命にかかわることもありますし、「政府高官」という書き方をしても、本当に言っていないことを書くわけではなく、真実を知らせるための手段として、オフレコ発言が存在することを読者の皆さんにもぜひ理解していただきたいものです。

□総理の1日

日本という国は、新聞記者が四六時中総理大臣にくっついて話を聞く非常に珍しい国です。もちろんホワイトハウスにも大統領番がいますが、常にそばにいるわけではありません。官邸が新しくなってからは少し離れて歩いていますが、私たちの時代は、総理番の記者はいつも総理と一緒に歩いていました。総理には迷惑かもしれませんが、伝統というか、しきたりというか、最高権力者のそばにいて、一挙手一投足を監視するわけです。官邸にいるときだけでなく、外へ出れば、時事通信と共同通信がちゃんと行動を確認するようになっています。

新聞に掲載されている「総理の1日」は事細かに書かれているように見えて、載ってないことも多いのです。私にも経験がありますが、総理が表向きは秘書官と会っている時間に、実は私と会っていたということもありました。

「かごぬけ」という言葉を聞いたことがありますか。例えば、総理がどこかのホテルで誰かに会うとします。会っているのは本当だけれど、ほんの数分でそこを抜け出し、その後別の人間と会うことを、私たちは「かごぬけ」と呼んでいます。総理の側に立つなら、そうでもしないと、人に秘密に会えないということもあるでしょう。

このように、とりわけ政治の世界ではオフレコや秘密保持が重要視されますが、最近の政治家は新聞にオフレコにしたことを、いつの間にか自分からテレビでべらべらしゃべっている人も増えています。隔世の感があります。

2. 記者クラブの役割

□記者クラブの誕生

記者クラブは歴史が古く、1890年に大日本帝国議会がスタートしたとき、傍聴の取材を要求した記者たちが「議会出入り記者団」を結成したことに始まります。記者クラブは、情報を隠蔽しようとする公権力に情報公開を迫る組織として誕生したのです。

ただ、残念なことに第二次世界大戦の戦時統制下では、[3]大本営発表だけを報道することを余儀なくされました。戦後になって、記者クラブの目的や性格は時代とともに変化していきます。1949年に出された「記者クラブに関する新聞協会の方針」では、親睦と社交が目的とされています。背景には占領軍の意向があったと思われます。

１９７８年に「目的は、日常の取材活動を通じて相互の啓発と親睦をはかることにある」と、性格付けが一部変わりました。さらに、１９９７年には「取材拠点」と位置付けられるようになりました。その後、２００７年には、インターネットのさらなる普及や多メディアの状況を踏まえ、「取材・報道のための自主的な組織」という新たな見解を示しました。

見解のポイントは、「外国報道機関も含め、報道に長く携わり、一定のジャーナリストにも門戸は開かれるべき」としたことでした。加盟の要件として、①報道という公共的な目的を共有している、②クラブの運営に一定の責任を負う、③報道倫理の厳守―の3点を挙げました。中でも、報道倫理の厳守は特に強く求められています。正確で公正な報道、人権の尊重などは基本的な報道倫理です。これらの要件を満たせば、門戸は開かれつつあり、国内には大小さまざまな記者クラブがあります。

□記者クラブへの批判に答える

「開かれた記者クラブ」を強調している裏には、今なお続く記者クラブへの批判がありま す。特に外国メディアは、「日本の記者クラブは権力に追随している」という批判を繰り返しています。しかし、それは、正しい批判とは言い難いのです。なぜなら当局発表だけで新聞が作れるわけがないからです。

私たちは日々神経をすりへらしながら競争しています。ほかの新聞と違う、いいニュースをより早く書くことが新聞記者の使命だと思っているからです。記者クラブはそのための1つの方法、場に過ぎないのです。

記者クラブの閉鎖性を言う人もいます。誰に対しても門戸が開かれるべきだと言うのですが、例えばその人が年に1、2回しかクラブに現れないのでは、クラブの運営に責任を持っているとは言えません。

記者会見は記者クラブの主導で進められています。公的機関が記者の質疑を一方的に打ち切ったり、選別したりしないよう主体性を維持するためです。

記者クラブを使わず、「ユーチューブ」で記者会見を行う国会議員もいますが、それが今風で開かれた記者会見だとは私は思いません。厳しい追及を避けたいという意図も隠されています。記者クラブ制度とは、公権力に情報公開を迫る組織として誕生したという原点を忘れてはいけないと肝に銘じています。

□「ぶら下がり」って何のこと？

ひと昔前の私たちの時代は、四六時中総理のそばにいましたから、総理が執務室から出てくると、取り囲んで一緒に歩きながら質問していました。ただ、歩きながらでは大事な話はできないと、大平正芳総理[4]のときから、テレビ局が、今の「ぶら下がり」を始めました。それまでは総理が歩きながら話しているときは、テレビは映してはいけないことになっていました。その頃はテレビよりも新聞が優先されていたこともありましたが、テレビに映されると自由にものが言えなくなるという理由でした。

それが大平さんのときに、テレビの前でじかに話した方が真意を伝えられると、「ぶら下がり」を始め、定着していきました。

この「ぶら下がり」を最も効果的に使ったのが小泉純一郎[5]総理です。1日2回行いました。総理の発言を無視することはできませんから、「テレビジャック」ができたわけです。その一方で諸刃（もろは）の剣（つるぎ）となって自分にふりかかってくることもあります。つい、うっかり言ってしまって、それが命取りになることもあるのです。その点、小泉総理は優れていたというか、うまくテレビを利用しました。

野田総理は、日常的な「ぶら下がり」をやっていません。命取りになることを恐れていたのでしょうが、消極的過ぎました。自分を理解してもらう大事な機会を逸しており、この点は小泉氏に学ぶべきであったと思います。

「ぶら下がり」には賛否両論あります。官房長官ならまだしも最高権力者が1日に2回もテレビにさらされることはないという声もあります。また、つい言ってしまった言葉が独り歩きして外交問題に発展するのではと危惧する人もいます。
ただ、私は、2回が妥当なのかは別にして、一国の総理が、大事なことについて自分の考えを理解してもらう場として「ぶら下がり」はあっていいと思っています。

□外国に記者クラブはあるの？

日本の記者クラブが、外国メディアから批判されていることは前に述べました。では、外国ではどのような形をとっているのでしょうか。例えばアメリカのホワイトハウスでは、メディアで仕事をしていることが認められれば、基本的に記者会見に出席できます。ただ、2000年の9・11以来要件が大変厳しくなりました。ホワイトハウスに自由に出入りできるフリーパスは読売新聞の場合でも2名分しか入手していないそうです。

また、記者室に席が置けるのは、アメリカの報道機関や欧米の通信社だけで、日本は除外されています。

そして、記者会見といっても、最前列に座る人も、指名する人も決まっているそうです。かつてヘレン・トーマス[6)]というユナイテッド・プレス・インターナショナル（UPI）の名物女性記者がいつも最前列で質問していたことを思い出します。

開かれているとはどういうことなのか、十分に吟味する必要があります。

第4章

スクープは
こうして生まれた

1. スクープに与えられる新聞協会賞

第4章ではスクープについてお話しします。スクープに与えられる賞として権威があるのは新聞協会賞であり[1)]、これは日本新聞協会が主催する新聞・通信・放送に対する賞です。歴史は古く、1957年に創設され、「編集部門」「技術部門」「経営・業務部門」に分かれています。

ここ5年間の新聞協会賞編集部門の受賞一覧を表にまとめました。2014年は「徳洲会から猪瀬直樹前東京知事への5000万円提供をめぐる一連のスクープと関連報道」に対し贈られました。2015年は「群馬大学病院の腹腔鏡手術をめぐる一連の特報」が受賞、2016年は「天皇陛下『生前退位』の意向」のスクープです。2017年は「博多近海事件と調査情報漏洩スクープ」、2018年は「財務省による公文書の改ざんをめぐる一連のスクープ」が受賞しました。

●最近の新聞協会賞　主な受賞作（編集部門：2011～2019）

◇2019年度
■「関西電力役員らの金品受領問題」スクープと一連の報道：共同通信社
■イージス・アショア配備問題を巡る「適地調査、データずさん」のスクープなど一連の報道：秋田魁新報社
■台風21号　関空大打撃：毎日新聞大阪本社
■連載企画「データの世紀」とネット社会に関する一連の調査報道：日本経済新聞社

◇2018年度
■財務省による公文書の改ざんをめぐる一連のスクープ：朝日新聞社
■キャンペーン報道「旧優生保護法を問う」：毎日新聞社
■連載企画「止まった刻（とき）　検証・大川小事故」：河北新報社

◇2017年度
■博多金塊事件と捜査情報漏えいスクープ：西日本新聞社
■「防衛省『日報』保管も公表せず」の特報：日本放送協会
■ボルトも驚がく　日本リレー史上初の銀：毎日新聞東京本社
■議会の不正追及と改革を訴えるキャンペーン報道「民意と歩む」：北日本新聞社

◇2016年度
■「天皇陛下『生前退位』の意向」のスクープ：日本放送協会
■連続震度7「奇跡の救出」など熊本地震の写真報道：毎日新聞西部本社
■鬼怒川決壊「濁流に呑（の）み込まれる家族」のスクープ映像：フジテレビジョン
■命の軌跡　～東日本大震災5年　一連の報道～：岩手日報社

◇2015年度
■群馬大学病院での腹腔鏡手術をめぐる一連の特報：読売新聞東京本社
■御嶽山噴火「火山灰の中に生存者」のスクープ写真：産経新聞東京本社
■御嶽山噴火災害の一連の報道と連載企画「火山と生きる　検証・御嶽山噴火」を中心とするキャンペーン：信濃毎日新聞社
■NHKスペシャル「沖縄戦　全記録」：日本放送協会

◇2014年度
■「徳洲会から猪瀬直樹・前東京都知事への5000万円提供をめぐる一連のスクープ」と関連報道：朝日新聞社
■潮路はるかに　慶長遣欧使節船出帆400年：河北新報社
■「太郎さん」など認知症の身元不明者らを巡る「老いてさまよう」の一連の報道：毎日新聞東京本社
■東日本大震災・東京電力福島第一原発事故「原発事故関連死」不条理の連鎖：福島民報社
■「温かな手で－出産を支える社会へ」：信濃毎日新聞社

◇2013年度
■「手抜き除染」一連のスクープ：朝日新聞社
■柔道女子代表の暴力・パワーハラスメント問題のスクープ：共同通信社
■NHKスペシャル「世界初撮影！深海の超巨大イカ」：日本放送協会

◇2012年度
■東電女性社員殺害事件・再審請求審のDNA鑑定結果を巡る一連のスクープ：読売新聞東京本社

◇2011年度
■「力士が八百長メール」のスクープをはじめ大相撲八百長問題を巡る一連の報道：毎日新聞東京本社
■「3・11 大津波襲来の瞬間」をとらえたスクープ写真：（同上）

2. 最近の新聞協会賞から見たスクープの成り立ち

□財務省による公文書の改ざんをめぐる一連のスクープ

スクープとは、報道活動における特ダネのことです。他社を出し抜いてニュース価値のある事実を独占的に報道することです。歴史に名を刻むスクープは数え切れないほどありますが、雑誌『文芸春秋』で田中角栄の金脈を暴き出し、田中総理を退陣に追い込んだ立花隆さんの金脈報道が有名です。[2)]

ここでは新聞協会賞から直近5年間の編集部門における受賞作を取り上げました。まずは一昨年の「財務省による公文書の改ざんをめぐる一連のスクープ」（朝日新聞社東京社会部・大阪社会部取材班）を紹介します。

このスクープは「取引の不透明さが指摘されていた学校法人森友学園への国有地売却に関し、財務省が決裁文書を書き替えたうえで国会議員に提出していた事実を2018年3月2日付朝刊1面で特報した」ものです。続報で具体的な書き替えの内容を詳報したことにより、財務省が改ざんの事実を認め関係者を大量処分する事態につながり、公文書管理のあり方に一石を投じたことが授賞理由となりました。

　スクープの背景には、なぜ財務省の理財局長が国会での説明をかたくなに拒み続けているのかということに疑問を抱いたことがあります。財務局の公文書の中で、どの文書の、どの部分がどのように書き替えられていったか、一つひとつ事実を積み重ねた取材が3月2日付の紙面に結実しました。

　スクープと言うと、何か「犬も歩けば棒に当たる」といった突発的、偶然的な出来事であるように思われるかもしれませんが、地を這うように取材するという地道な努力からスクープは生まれるのです。

□博多金塊事件と捜査情報漏えいスクープ

　西日本新聞社は福岡市で巨額の金塊が盗まれた事件について、福岡県警が公表していない事実を2017年12月14日付朝刊で報じ、愛知県警による捜査情報漏えい疑惑を特報しました。独自に集めた情報と粘り強い取材により、警察の闇を表面化させたスクープは高く評価され、新聞協会賞に輝きました。記者は県警の捜査員、事件現場周辺、貴金属業者らへの取材を地道に続け、事実を積み重ねていきました。

　警察が未発表の金塊事件の発生や、もし報道しなかったら闇に葬られていた可能性が高い

「捜査情報の漏えい」を特報できたのは、「警察権力の監視」というような高尚な理想というよりは、事実に迫るために地道な取材活動を重ねた結果が受賞という栄誉につながったのです。マスコミの役割は権力の監視だとよく言われますが、それは極めて観念的であり、スクープの背景にはどんなときにも真相を突きとめたいという真摯な事実調査の姿勢があることが分かるのです。

□天皇陛下「生前退位」の意向のスクープ

スクープは新聞だけではありません。2016年の新聞協会賞は日本放送協会（NHK）のスクープが受賞しました。NHKは天皇陛下が生前退位のご意向を宮内庁関係者に伝えていることを2016年7月13日の番組で特報しました。たとえ普通のニュースであっても間違いは許されませんが、天皇陛下のご意向ということで重圧が何倍もかかる中、報道機関の存在を知らしめたことはとても意義のあることでした。国内外に与えた衝撃は大きく、皇室制度の歴史的転換となり得るスクープでした。ただ、天皇陛下のご意向をスクープとして報じるにはいくつかの課題があったようです。最も懸念されたのは、報道が、憲法をないがしろにした形で、天皇の退位を助長する結果になりはしないかという点でした。この点については、天皇陛下がご意向を示すことに慎重であった関係者が直ちに憲法違反とはならないとの解釈をしたようだとの情報が得られ、報道に向けて背中が押されたとのことです。

とはいうもののスクープには常にいくつもの課題があり、たとえスクープされても天皇陛下の退位の表明が先送りされてしまったら、たとえ短い時間であったとしても誤報になってしまうのではないかと取材者は苦しみました。この苦悩こそスクープと共にあるものだと私は思います。それにしても天皇陛下のご意向がスクープになるとはまさに前代未聞のことですが、スクープがあったことで、8月8日の天皇陛下のご意向のビデオメッセージが視聴者にとってよりわかりやすいものとなったことも大きな成果と言えます。

□群馬大学病院での腹腔鏡手術をめぐる一連の特報

2015年の新聞協会賞は読売新聞が受賞しました。読売新聞東京本社は、群馬大学で行われた腹腔鏡による高難度の肝臓手術で、3年半の間に8人の患者が死亡した事実を、2014年11月14日付朝刊1面で特報しました。続報では客観的な事実やデータ、証言を積み重ね、倫理審査や患者への説明が十分ないまま保険適用外の外科手術が繰り返された事実などを浮き彫りにしました。閉鎖的な医療現場の壁を丹念な取材で突き崩し、先進医療をめぐる問題を明らかにした調査報道は、社会に大きな影響を与えたスクープとして高く評価されました。取材を進める中で記者は特定の病院や医師個人の問題というよりは医療全体が抱える大きな課題が露わになった象徴的な事件ではないかと思うようになりました。問題を個別でとらえるのではなく大きな観点でとらえることで問題の本質に迫ることがあります。これこそ「鳥の目」でものを見るということにほかなりません。

□徳洲会から猪瀬直樹前東京都知事への5000万円提供をめぐる一連のスクープと関連報道

朝日新聞社は猪瀬直樹前東京都知事が2012年12月の都知事選前に、医療法人徳洲会グループから5千万円の提供を受けた事実を突き止め、2013年11月22日付け朝刊1面で特報し、2014年度の新聞協会賞を受賞しました。約434万票という日本の選挙史上最多得票で当選し、五輪招致の立役者の一人でもある前都知事の現金授受の事実は社会に大きな衝撃を与えました。続報でも、資金提供の直前、徳洲会側が、売却先が決まっていた東京電力病院の取得を目指す意向を伝えていたことを特報、報道によって知事は任期途中で辞任に追い込まれました。取材班は1年をかけて検察当局や徳洲会幹部、弁護士や銀行幹部などひたすら関係者を回りました。入手できる資料を徹底的に集める中で、何度も「もう記事にするのは無理なのではないか」と思ったそうです。そのたびに取材班のメンバーで「証拠となるものは何かないか」と想像を巡らせ、思いついたものや人を探しました。いくつもの壁を乗り越えながら、多くの国民が疑念の目を向ける「政治とカネ」の問題を暴き出したスクープは高く評価されました。一貫して流れているものは「あきらめないこと」です。

□「核密約文書　佐藤首相邸に日米首脳『合意議事録』存在、初の確認」のスクープ

最後に2010年度の新聞協会賞を紹介します。これは直近ではないのですが、日本の戦後史、現代史にとって第一級の資料を発掘した、まさに歴史的なスクープというものです。読売新聞の吉田清久記者は、沖縄交渉をめぐり、昭和44年に佐藤栄作首相とニクソン米大統領の間で交わされた有事の核持込みに関する合意文書が、佐藤氏の遺族のもとに保管されていたことを突き止めました。その写しを入手し全文和訳を添えて、2009年12月22日付け夕刊1面で特報しました。政府が一貫して文書の存在を否定してきた中で、決定的な証拠を示し、日米両国の首脳が核持ち込みに合意していた事実を明らかにし、秘匿されていた歴史の一端を解明しました。

□内部チェックの重要さ

スクープには常にドラマが付きまといます。スクープになるかどうかは紙一重のところが

あり、新聞社は現場だけに任すのではなく社内に適正報道委員会を設けています。とりわけ人命や人権に関わることについてのスクープを掲載するにあたっては慎重の上にも慎重を期さなければなりません。その事実が十分取材を尽くしたうえで浮かび上がってきたものかどうか、十重二十重にわたって社内のチェック機能が働きます。読売新聞は基本取材を怠ったことから2012年に「IPS移植」をめぐって誤った報道をしてしまったことを反省し、直後に適正報道委員会を設置、報道の精神に立ち返ることを肝に銘じています。

適正報道委員会は記事の正確性、妥当性を第三者的な立場から事前に審査する編集局の組織です。ちなみに前述の群馬大学の初報は適正報道委員会が正式に発足する前に審査した最初の記事でした。委員3人は取材の経緯や取材メモ、予定原稿を入念にチェック、最後には医療部の部長も交えて病院側が記事に反論できる余地のない100％確かなことだけを書くとの方針を決め、万全を期したうえでのスクープだったのです。

初報とその後の続報を含めると審査は数時間に及びました。「少しでもいい記事にしたい」、「絶対にミスはしない」との思いから委員は厳しい質問もしましたが、取材チームは粘り強い取材を続けました。新聞にとって大切なのは、他社に先駆けて特報することだけでは決してありません。内容の正確さ、裏付け取材の緻密さが評価されるべきです。粘りと努力の結晶とも言える記事が、新聞協会賞という最高の賞を受けることになるのです。

3. 誤報・虚報は事実と紙一重

□決めつけから生まれた誤報

いくつかスクープを紹介してきましたが、ここからは「事実と紙一重」と言われる誤報・虚報について自戒を込めて紹介していきます。

最近にない誤報ということで、まず、朝日新聞の「ハンセン病家族訴訟」の記事を取り上げました。これはどういうことかと言うと、元ハンセン病の家族への賠償を国に命じた熊本地裁判決について政府は高裁に控訴するかどうかが非常に大きな問題となっていました。朝日は2019年7月9日付朝刊の1面で「ハンセン病家族訴訟控訴へ」と報じました。「政府関係者が7月8日に明らかにしたもので、国側の責任を広く求めた判決は受け入れられないものの、家族への人権侵害を認め、支援が必要と判断した」という内容でした。

新聞で報じられる5日前に日本記者クラブ主催の党首討論会が開かれました。ハンセン病家族訴訟について聞かれた安倍首相は、「患者や家族の皆さんは人権を侵害され、大変つらい思いをされてきました。我々は非常に責任を感じなければなりません」と、非常に沈痛な面持ちで話していたのを、その場にいた私はしっかりこの目と耳で確認しています。そのとき、私は、控訴断念だと直感しました。ハンセン病患者とその家族をこれ以上苦しめることは人間として許されないと、心ある政治家なら考えるだろうと思ったのです。しかし、朝日は9日の朝刊で「控訴へ」と書きました。

政府はその当日、7月9日に控訴しない方針を表明、安倍首相の「異例のことだが控訴しない」という言葉も明らかにされました。そこで朝日は7月10日の朝刊の1面で「誤った記事 お詫びします」と書き、誤報に至った取材の経緯を2面に掲載しました。その中で「政権幹部を含む複数への関係者の取材を踏まえたものでしたが、十分ではなく誤報となりました」と、政治部長の署名入りで誤報について弁明しています。

取材経緯によれば7月8日夕、安倍首相の知り得る政権幹部に取材した結果、政府が控訴する方針は変わらないと判断したとあります。ここで一番大切なことは安倍首相本人に確認したかということです。誤解を恐れず言うならば、安倍首相に対しての偏った見方がどこかにあったのではないかと私は感じています。「安倍内閣だから非人間なことをするだろう」という思い込みはなかったかということです。

と言うのも、朝日は7月7日から5回にわたって、参院選を前にこれまで政府は何をしてきたのか、非正規の問題や年金問題、老後の生活費や外交問題など多岐にわたる特集を組んでいます。見出しも第1回目は「嘲笑する政治・続けるのか」となっており、民主党政権の失敗と比較して野党を揶揄、身内で固まってあざ笑う」と書きました。そして、野党を圧倒する議席に支えられた強固な基盤の中で「嘲笑する政治」が6年間続いてきたのではないかと投げかけているのです。5回とも徹底的に現政権に対する否定的な見出しでした。本来なら、特定秘密保護法、安保法案、テロ等準備罪などこれだけ国論を二分することをやっていながら、なぜ高い支持率を維持しているかということを解明するのがマスコミの役割なのではないかと私は思うのです。

先入観を持ったがゆえに今回の誤報が生まれたのではないかと考え、同じ新聞人として自らを戒めたいと思います。

2019年7月9日 朝日新聞

ハンセン病家族訴訟 控訴へ

政府、経済支援は検討

元ハンセン病患者の家族への賠償を国に命じた熊本地裁判決について、政府は控訴して高裁で争う方針を固めた。一方、家族に対する経済的な支援は別途、検討する。政府関係者が8日、明らかにした。国側の責任を広く認めた判決は受け入れられないものの、家族への人権侵害を認め、支援が必要と判断した。

今回の訴訟は、ハンセン病患者に対する国の隔離政策で差別を受けて家族の離散などを強いられたとして、元患者の家族561人が国に損害賠償と謝罪を請求。熊本地裁は先月28日、国の責任を認め、総額3億7675万円の支払いを命じた。元患者家族の被害に対し、国の賠償を命じる司法判断は初めてだった。

一方、母親が患者だった鳥取県の男性が2010年に起こした裁判では、一審の鳥取地裁が民法上の時効が過ぎているとして賠償請求を棄却。一般論として、差別に対して国は賠償責任を負うと判断したものの、18年の広島高裁松江支部の判決では、国の差別解消の法的責任も否定している。

この訴訟は最高裁で係争中。このため、政府内では今回の判決に対して控訴せず確定させることはできないとの意見が強く、控訴期限の12日を前に控訴する方針。一方で、元患者に対する国の隔離政策などの責任を認め、国に賠償を命じる判決が01年に確定していることなどを考慮し、家族に経済的な手当てをするあり方なども検討することとした。安倍晋三首相は3日の日本記者クラブ主催の党首討論会で「患者や家族のみなさんは人権が侵害され、大変つらい思いをしてきた。我々としては本当に責任を感じなければならない」と語っている。

今回の熊本地裁判決は、家族が訴えた被害は隔離政策が生じさせたと認め、「大多数の国民らによる偏見・差別を受ける社会構造をつくり、差別被害を発生させ、家族関係の形成を阻害した」と指摘。実際に差別体験があったと認められない原告も、結婚や就職で差別されることへの恐怖や心理的負担があり、共通の被害を受けたとした。

2019年7月10日 朝日新聞

ハンセン病家族訴訟 控訴せず

首相表明 人権侵害を考慮

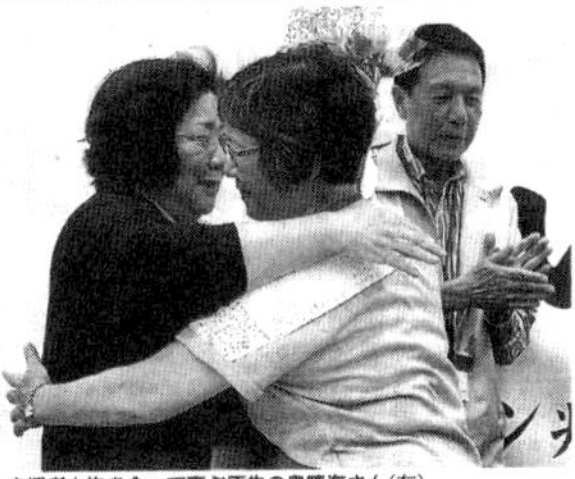

支援者と抱き合って喜ぶ原告の奥晴海さん（左）＝9日午後2時23分、東京都千代田区、恵原弘太郎撮影

元ハンセン病患者の家族への賠償を国に命じた熊本地裁判決について、政府は9日、控訴しない方針を決めた。安倍晋三首相が「異例のことだが、控訴をしない」と表明。政府内には控訴して高裁で争うべきだとの意見が大勢だったが、家族への人権侵害を考慮し、最終的に首相が判断した。原告側が控訴しなければ、地裁判決が確定する。

首相は同日、首相官邸内で根本匠厚生労働相と山下貴司法相に控訴しない方針で対応を進めるよう指示した。その後、記者団に対し、判決の一部に「受け入れがたい点がある」と指摘しつつ、「筆舌に尽くしがたい経験をされたご家族のご苦労をこれ以上、長引かせるわけにはいかない」と説明した。根本厚労相は「通常の訴訟対応の観点からは控訴せざるを得ない問題があるのは事実」としており、首相による政治判断を強調した。

一方、原告側は9日午後、国会内で記者会見し、首相に対して12日の控訴期限までに面会して被害の訴えを直接聞いたうえで、政府を代表して謝罪するよう要求。また、地裁が請求を棄却した20人を含む被害者全員を一括一律に被害回復する制度の創設の協議が12日までに始まらない場合、20人については控訴する可能性があるとした。

2面＝「異例」判断
4面＝与野党とも評価
12面＝社説
35面＝再生ここから

訴訟は、患者に対する国の誤った隔離政策で差別を受け、家族離散などを強いられたとして元患者の家族561人が国に損害賠償と謝罪を求めたもの。

熊本地裁は先月28日、国の責任を認め、2002年以降に被害が明らかになった20人を除き、総額3億7675万円の支払いを命じた。元患者家族の被害に国の賠償を命じる司法判断は初めて。

判決では国の責任を広くとらえ、厚労相（厚生相）や法相、文部科学相（文部相）が偏見差別を除去する義務を怠ったという違法性や、らい予防法の隔離規定を長年廃止しなかった国会議員の過失も認定。最高裁で係争中の別の裁判などに影響することへの懸念もあり、政府内には控訴せず判決を確定させることはできないとの意見が強かった。今後、政府は元患者家族への謝罪のほか救済制度づくりなどを進めるが、調整が難しい課題も多い。

ハンセン病はらい菌が原因で起きる感染症。感染力は非常に弱いが、重症化すると顔や手足が変形する。国は1907年に隔離政策を開始。40年代に特効薬が登場して以降、治る病気となり、治療後は他人に感染することがないことも知られるようになった。だが、国は96年のらい予防法廃止まで隔離政策を続けた。

誤った記事 おわびします

元ハンセン病患者の家族への賠償を国に命じた熊本地裁判決について、9日付朝刊で政府が控訴して高裁で争う方針を固めたと報じたのは誤りでした。おわびします。取材の経緯を2面に掲載しています。

□なぜ誤報が生まれるのか

決めつけてしまうことが誤報を生むことは随分あります。記者は常に懐疑の気持ちを持っていなければなりません。私が考えるジャーナリストの条件を紹介しますと、1つは「健全な相対主義」であれということです。自らを信じることは大切ですが、自分が一番正しいなどとは決して思わないことです。2つ目は「適度な懐疑心」です。例えば限られた時間の中で、限られた人にしか取材していない自分は間違っているのではないかという懐疑の気持ちを忘れないことが大切です。何か問題が起こったら乏しい材料の中で判断せざるを得ないときがあります。そういうときこそ「待てよ」と自分を疑う気持ちを持たなければなりません。ただ、あまり疑ってばかりいると何もできないので、適度というのはそういうことです。予断を持たずにもっともっと取材しなければならないと虚心に帰ることだと思います。

われわれ記者に対しては常に誘惑が付きまといます。というのは、あえて否定的なことを誰もが口を揃えて言うことがあり得るからです。それはこちらをびっくりさせる効果を狙っているわけで、取材して話していることのすべてが正しいかどうかというのは分かりません。そういうことを考えたときに、ハンセン病の家族訴訟を取材した記者に決めつけや思い込みがなかったかどうか、大きく問われるところです。

□過去の誤報の話

①幻の伊藤律会見記

これまでも誤報と言われるものがたくさん存在します。相当古い話になりますが、これは誤報・虚報と言うより「ねつ造」と言うべきでしょうか。

１９５０年９月末、朝日新聞に「伊藤律会見記」というものが掲載されました。[3]伊藤律はマッカーサー指令で公職追放され、地下に潜伏した共産党の幹部でした。当時警察は血眼になって伊藤律の行方を追っていましたが、朝日新聞神戸支局の記者が、兵庫県宝塚の山中で伊藤律との単独会見に成功したという特ダネが朝日新聞に載ったのです。実はこれが記者による全くのねつ造記事で、これにより、朝日新聞の信用は失墜します。後世「伊藤律幻の会見記」と言われるもので、書いた記者は退職処分を受け、朝日新聞は記事の全文を取り消しました。

②社会的に広がる波紋

「伊藤律幻の会見記」から39年後の１９８９年、朝日新聞は、また、問題の記事を報道しました。この年の４月20日の夕刊に[4]高さ４ｍ、周囲20ｍの世界最大級のアザミサンゴとしてギネスブックにも載ったことがある珊瑚に「K・Y」のイニシャルが落書きされ、傷つけられたというカラー写真が掲載されました。6段抜きの大きな写真でしたから、記憶にある方も多いことでしょう。

ところが、地元の人たちが調べたところ、この落書きは取材者の手によるものではないかということが明らかになりました。これを受け、朝日新聞は5月20日付の朝刊で、カメラマンが無傷の珊瑚に落書き文字を刻みつけたことを認め、謝罪しました。この事件は社会的に大きな波紋を呼び、カメラマンは懲戒処分、社長は交代を余儀なくされました。

1989年４月20日 朝日新聞

サンゴ汚した K・Yってだれだ

写'89 地球は何色？

これは一体なんのつもりだろう。沖縄・八重山群島西表島の西端、崎山湾へ、長径八㍍という巨大なアザミサンゴを撮影に行った私たちの同僚は、この「K・Y」のイニシアルを見つけたとき、しばし言葉を失った。

巨大サンゴの発見は、七年前。水深一五㍍のなだらかな斜面に、おわんを伏せたような形。高さ四㍍、周囲は二十㍍もあって、世界最大とギネスブックも認め、環境庁はその翌年、周辺を、人の手を加えてはならない海洋初の「自然環境保全地域」と「海中特別地区」に指定した。

たちまち有名になったことが、巨大サンゴを無残な姿にした。島を訪れるダイバーは年間三千人にも膨れあがって、よく見るとサンゴは、水中ナイフの傷やら、空気ボンベがぶつかった跡やらで、もはや満身傷だらけ。それもたやすく消えない傷なのだ。

日本人は、落書きにかけては今や世界に冠たる民族かもしれない。だけどこれは、将来の人たちが見たら、八〇年代日本人の記念碑になるに違いない。百年単位で育ってきたものを、瞬時に傷つけて恥じない、精神の貧しさの、すさんだ心の……。にしても、一体「K・Y」ってだれだ。

③「グリコ・森永事件」の犯人逮捕!?

1989年6月1日、毎日新聞夕刊4版（主として東京23区配布）に「グリコ事件で取り調べ　江崎社長の知人ら4人」という見出しが躍りました。当時社会現象とも言われたグリコ・森永事件の犯人逮捕というスクープは大きな反響を呼びましたが、これが誤報ということが分かり、犯人逮捕以上に大きな波紋を投げかけることになりました。[5)]

毎日新聞は、6月10日の朝刊に編集局長名で、6月1日夕刊の記事について謝罪すると同時に次のように弁明しました。

「入稿から問題の夕刊4版締め切りまでの時間的余裕が限られたものであったため、当局の捜査見通しについての取材に対し、本来万全を期すべき二重、三重のチェックという点で欠けるところがあった」。

私は当時この一文を読んで愕然としました。これは人に言う話ではありません。例えば何か生鮮品を売る人が、出荷までに時間がなかったので、不良品が混じっていたがチェックすることができず、そのまま出荷してしまいましたと言ったら、どうなりますか。もう誰も2度とその店から買おうとは思わないでしょう。

新聞に携わる一人として弁解するつもりはありませんが、細心の注意を払っていても誤報は起こり得ます。ただそのときにどのように対処するか、まさにそこに新聞の良心が問われているると思います。そういう意味からも局長名の弁明は新聞づくりの姿勢として実に大きな問題を内包しています。厳しい言い方をすれば、この弁明に見え隠れする体質こそが、誤報を生む原因になるのではないかとさえ、私には思えてなりません。

④基本取材を怠った「iPS移植」報道

２０１２年10月11日の朝刊で、読売新聞は「iPS心筋を移植」「初の臨用」という見出しで、森口尚史氏らによってiPS細胞（新型万能細胞）から心筋細胞を作り、心不全患者に細胞移植の治療が行われたと報じました。[6] 京都大学の山中伸弥教授がiPS細胞研究でノーベル生理学・医学賞を受賞することが決まった直後でもあり、事実とすれば、難治の患者にとって大変な朗報となる大スクープでした。

ところが、治療を試みたという米マサチューセッツ総合病院が手術は一切行われていないと否定、論文の共同執筆者に名を連ねる研究者も論文の存在やその内容も知らないことが明らかになり、iPS移植は虚偽であることが判明しました。また、森口氏の「ハーバード大学客員講師」という肩書も偽りでした。

読売新聞は13日の朝刊で、編集局長名でお詫びをするとともに、報道の経緯を検証の形で報じました。それによると、森口氏は「ハーバード大学客員教授」と名乗って、iPS治療の話を売り込み、細胞手術の動画や論文の草稿を送ってきました。そして論文は著名な科学雑誌に投稿したと説明しました。その後の取材は東大医学部付属病院の会議室で行われました。このことも虚偽を信じ込まされる理由になったようです。

しかし、これらのことは何ら弁明にはなりません。取材の基本、初歩的な確認が欠落しているからです。細胞手術が行われたと言うなら、病院に確認することが最低限必要です。肩書はハーバート大学に聞けば偽りかどうか分かることです。森口氏が「虚言癖」の持ち主で要注意人物だったことも、きちんと取材をしていれば明らかになったはずです。世界的なニュースであることを考えれば、チェック体制があまりにずさんだったとも言えます。すぐ分かるはずの「嘘」を平気で言う人がいることも驚きですが、それを見破ることができず、新聞の信頼性に大きな禍根をのこす誤報になりました。

⑤情報の海に広がるフェイクニュース

この項の最後に、最近世の中を騒がしているフェイクニュース[7)]について触れておきます。SNSが世論を誘導し、操作する政治的な手段として利用されていることが近年明らかとなり、大きな問題へと発展しています。2016年のアメリカ大統領選挙において、個人サイトやSNSを通じてフェイクニュースが意図的に拡散され、それが選挙結果に大きな影響を

2012年10月11日 読売新聞

iPS心筋を移植

初の臨床応用

ハーバード大日本人研究者　心不全患者に

あらゆる種類の細胞に変化できるiPS細胞（新型万能細胞）から心筋の細胞を作り、重症の心不全患者に細胞移植する治療を米ハーバード大学の日本人研究者らが6人の患者に実施したことが、10日わかった。iPS細胞を利用した世界初の臨床応用例で、最初の患者は退院し、約8か月たった現在も元気だという。ノーベル生理学・医学賞の受賞が決まった京都大の山中伸弥教授がマウスでiPS細胞を作製してから6年、夢の治療として世界がしのぎを削る臨床応用への動きが予想以上に早く進んでいる実態が浮き彫りになった。＜実用化へ加速3面＞

2月に治療　社会復帰

iPS細胞を利用した心筋の細胞移植を行ったのは、ハーバード大の森口尚史客員講師ら。森口講師は、肝臓がん治療や再生医療の研究をしており、東京大学客員研究員も務める。現地時間10、11日に米国で開かれる国際会議で発表するほか、科学誌ネイチャー・プロトコルズ電子版で近く手法を論文発表する。

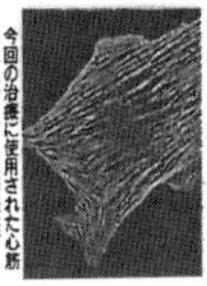

今回の治療に使用された心筋細胞（森口客員講師提供）

第1号の患者は米国人の男性(34)。男性は2009年2月に肝臓がん治療のため肝臓移植を受け、肝機能は回復したものの、今年2月に心臓が血液を全身に送り出す力が低下する「虚血性心筋症」を発症。回復が見込めなくなり、治療を受けることを決めたという。

チームは、移植時に摘出し凍結保存してあった男性の肝臓から、肝細胞に変化する手前の「前駆細胞」を採なり、肝臓の前駆細胞を主な材料とし、細胞増殖に関わるたんぱく質や薬剤を加えてiPS細胞を作製した。これを心筋細胞に変化させ、冷却装置を使った環境で大量に増殖させた。

男性は心臓バイパス手術を受けた後、特殊な注射器で心筋細胞を心臓の30か所に注入された。患者自身の組織から作製したので拒絶反応はない。細胞は定着し、心機能が徐々に回復、約10日後からほぼ正常になり、現在は平常の生活を送っているという。

iPS細胞を臨床応用する際には、将来がん化しないかなどの安全性を確認する必要がある。チームはブタの実験で安全性を確かめたうえで、緊急性を考慮したハーバード大の倫理委員会から「暫定承認」を得た。日本も技術的には可能だが、公的指針で動物実験を経た上で研究計画を立てて国に申請することが義務づけられ、今回のように緊急避難的な措置はできない。

森口講師は、「計6人の患者にiPS細胞から作った心筋細胞を注入したが、異常は起きていない。経過を注意深く見守っている」としている。

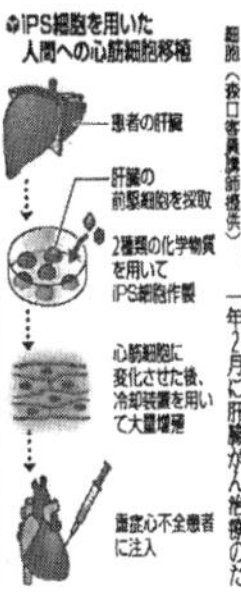

日本でも議論を

岡野栄之・慶応大教授の話「他に手だてのない患者とはいえ、安全性が完全に確認されたわけではない状態で細胞移植することは、日本では認められていないことで、驚きだ。こうした米国の動きについて、日本でも真剣に議論しないといけない」

安全性の確保課題

解　ハーバード大のチームが、iPS細胞から作った心筋細胞を初めて患者に移植したことは、動物実験にとどまっていた研究が、人間を対象とする研究の段階に移ったことを意味し、大きな節目を迎えたことになる。

基礎研究の成果を医療に応用する際、動物実験の成果がそのまま人に当てはまるとは限らない。実際、全身の筋肉が動かなくなる難病「筋萎縮性側索硬化症（ALS）」では、動物に効いた化学物質が人間には効果がなく、薬にならなかったこともある。研究の最終ステージでは、人間の体での研究が欠かせない。

日本でも来年にもiPS細胞を用いた臨床研究が始まる。山中伸弥・京都大学教授のノーベル賞受賞決定でiPS細胞の医療応用への期待が高まるが、患者の安全性を確保しつつ、医療としての確立を目指す必要がある。

（つくば支局　服部牧夫）

与えたことは世界の知るところです。もちろん、事実に反するような情報は、昔からありましたが、ネット社会の急速な発展によって、フェイクニュースが一気に拡散される状況は過去に例がありません。過激な記事を次々に発信するフェイクニュースサイトがマスメディアに食い込んできているのは危険な状態と言えます。

アメリカの大統領選のように有権者の見解、意思が容易に操作されてしまうのであれば、選挙制度に基づく民主主義の根幹が揺らいでしまう由々しき事態だと言えます。日本でもネット上には真実かどうか分からない情報が次々と現れ、拡散され続けています。みなさんも、ネット上で「○○事件は政府の陰謀！」だとか「○○を食べるとがんが治る！」などといったセンセーショナルな見出しを目にしたことがあると思います。

なぜ、フェイクニュースを流すのか、国際的な情報工作に用いられるケースもあればアクセス広告収入目当てということも考えられます。

出典が疑わしいと感じたら、情報ソースをチェックするために一度冷静に記事を読み直してみることをお勧めします。そして、他のメディアで確認してみることです。そんなとき新聞は大きな役割を果たすことでしょう。

第5章

新聞から「世界」と「日本」が見える

1. 世界の潮流をつかむ

□分かりやすくて　ためになって　面白い

私が新聞づくりにおいて、また記事を書くときの心構えとして大切にしているのは「分かりやすくて　ためになって　面白い」ということです。私が読売新聞の政治部長になって政治部員に心がけてほしいと訴えたことです。「分かりやすく」とは、自分たちが書いている記事が高校生にも、また、高齢の方にも分かってもらえる記事であるかどうかということです。難しい言葉を使っていないか、平易な文章になっているか、そのことをいつも意識して記事を書かなければと思っています。

「ためになって」とは新聞を読んで何か1つ勉強になったと思ってもらえる記事かどうかということです。新聞を通して今起きていることを理解してもらおうと、読売新聞では2018年の暮れから「基礎からわかるシリーズ」を企画しました。「基礎からわかるシリーズ」は、読売中高生新聞でも掲載していますが、一般読者向けに世界の情勢を優しく丁寧に解説するこのコーナーはおかげさまで好評です。

例えば2019年の7月27日付けで「基礎からわかる有志連合」[1]を掲載しました。これはアメリカのトランプ政権が、中東のホルムズ海峡周辺の航行の安全確保へ向けた有志連合構想を打ち出して国際協力を求めていることに対し、日本はどのように対処していくべきか、ということを、過去の事例やアメリカの狙い、国内法の規定などどこういう記事を読むことから手掛かりを探りました。日本が参加するのかしないのかということが大きな問題になっていますが、そこにはどういう壁があるのか、歴史に学びながらみんなで考えようというものです。新聞を読むことで、今世界はそれぞれのお国事情があって対立していることを考えれば、世界がひとつになってやるというのはいかに困難か、いかに国連が機能していないかということが分かります。

今回のイランに対する有志連合は、ヨーロッパは消極的でした。ドイツは参加せず、イギリスはもっと違う形はないかと模索しているということでした。では、日本はと言えば、現にある法律の中でできることは何かと考えました。これがまた日本的な特徴と言えるでしょう。本当に必要なら新たな法律を作ればよいのです。ホルムズ海峡を日本の船の8割が通っているのですから、積極的に貢献しなければなりません。しかし、有志連合に参加すれば日本はイラン、イラクに対しては中立を守り続けていけません。

ほかにも「基礎からわかる外国人労働者」、「基礎からわかる元号」などを掲載しました。

このシリーズによって、今世界で何が起きているのか、何が問題になっているのかということをよく分かってもらおうとしています。新聞を1面いっぱい使ってQ＆Aの形で読者に理解してもらおうという試みは、「分かりやすくて　ためになって　面白い」という新聞の役割を果たしていると言えるでしょう。読売では「基礎からわかるシリーズ」を今後も続けていきます。

それから、基礎が分かったうえでさらに一歩進んだ解説シリーズをこの8月から始めました。朝日も同じようなスタンスでシリーズを出していますが、見事に、まめにルビを振ってあり、これはいかがなものかと私は思います。すべての漢字に振っています。わずらわしくなってしまいます。大切なのは言葉の説明というよりは物事の本質に迫ることではないでしょうか。

新聞の役割も時代と共に変化しており、読売の「基礎からわかるシリーズ」は時代の先端を行っていると思います。ぜひ読んでいただきたいものです。

2019年7月27 読売新聞

基礎からわかる 有志連合

緩やかな多国籍安保協力

Q 定義は

Q 今回の目的は

ホルムズ海峡 民間船を警護

米国が主導した主な多国籍作戦

コソボ紛争(1999年)
民族間の虐殺防止へNATO軍が安保理の承認なしにセルビアを空爆

「イスラム国」空爆(2014年〜)
米主導の有志連合が「イスラム国」拠点を攻撃、約80か国・地域が参加

アフガン戦争(2001年〜)

米同時テロ後、米国が自衛権の行使として大規模軍事行動に踏み切った。治安維持のため最大時約50か国が派兵

湾岸戦争(1991年)
イラクのクウェート侵攻を受け、30か国以上の多国籍軍が安保理決議に基づき武力行使

ボスニア空爆(1995年)
民族紛争の終結を目指しNATO軍が安保理決議に基づき武力行使

イラク空爆(1998年)
イラクの国連査察拒否に対し、米英が2か国でバグダッドを空爆

イラク戦争(2003〜11年)
イラクの大量破壊兵器保有を理由に開戦。有志連合は最大時約50か国に

リビア空爆(2011年)
カダフィ政権の住民弾圧阻止へ米欧10か国以上が安保理決議に基づき軍事介入

ソマリア沖海賊対策(2009年〜)
海賊による商船襲撃防止へ日本を含む10か国以上が艦船を派遣

ホルムズ海峡周辺の海上警察活動(2001年〜)
第150連合任務部隊(CTF150)。テロ・犯罪組織による密輸防止が主任務。16か国が艦船を派遣
現在の構成メンバー
米、英、豪、カナダ、デンマーク、仏、独、伊、韓国、オランダ、ニュージーランド、パキスタン、ポルトガル、シンガポール、スペイン、トルコ

Q 日本の対応は

自衛隊派遣 高い壁

「戦闘行為」9条抵触も

「存立危機」困難の見方

安全な海域の警戒監視可能

トゥーリトル、トゥーレイト
湾岸 日本のトラウマ

Q なぜ「有志」形式

米の負担減と正当性確保

基礎からわかる外国人労働者

外国人労働者の受け入れを拡大する出入国管理・難民認定法（入管難民法）改正案が、臨時国会で審議されている。少子高齢化で人手不足が深刻化するなか、政府は単純労働を含む分野で、外国人に新たな働き手となって欲しい考えだ。日本の社会はどう変わるのか。新制度の仕組みや課題をまとめた。

Q 新制度の柱は

「特定技能1号・2号」創設

5年で34万人「上限」

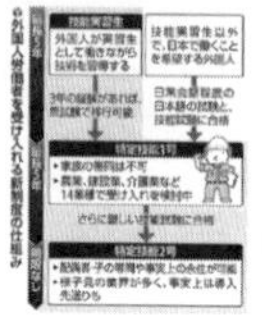

◆外国人労働者を受け入れる新制度の仕組み

◆外国人労働者の受け入れ見込み数

	初年度（2019年度）	5年目までの累計
介護業	5000人	5万～6万人
外食業	4000～5000人	4万1000～5万3000人
建設業	5000～6000人	3万～4万人
ビルクリーニング業	2000～7000人	2万8000～3万7000人
農業	3600～7300人	1万8000～3万6500人
飲食料品製造業	5200～6800人	2万6000～3万4000人
宿泊業	950～1050人	2万～2万2000人
素形材産業	3400～4300人	1万7000～2万1500人
造船・舶用工業	1300～1700人	1万～1万3000人
漁業	600～800人	7000～9000人
自動車整備業	300～800人	6000～7000人
産業機械製造業	850～1050人	4250～5250人
電気・電子情報関連産業	500～650人	3750～4700人
航空業	100人	1700～2200人
合計	3万2800～4万7550人	26万2700～34万5150人

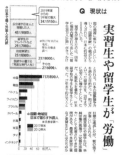

Q なぜ受け入れ拡大

人手不足深刻 中小は廃業も

Q 現状は

実習生や留学生が「労働」

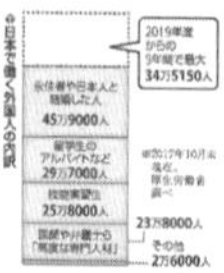

◆日本で働く外国人の内訳

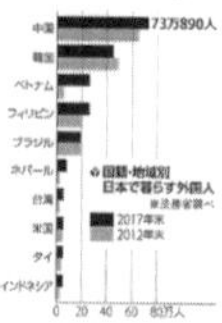

Q 何が課題 生活相談や日本語教育

◆外国人の受け入れを巡る主な経緯

Q 他国では ドイツや韓国が積極的

世界では、外国人労働者の受け入れを進める国が多い。語学研修を行ったり、違法な企業を排除したりする取り組みが目立つ。

欧州諸国の中で受け入れに積極的なのがドイツだ。昨年発行された就労目的の滞在許可証は約11万件に上る。母国で職業訓練を受けたことなどが条件だ。連邦雇用庁は国内の求人状況を調査し、人手不足が深刻な職種を半年おきに公表しており、最新のリストでは自動車整備や看護師など約120の職種が挙げられた。

独経済研究所は今年4月、国内でなお約44万人の労働者が不足しているとの報告書を公表した。このため、政府は受け入れ拡大へ制度改正を検討する。

独国内では、増加する外国人への風当たりも強まっている。ドイツ語能力の不足などで社会に順応できず、排斥される外国人労働者は多い。このため独政府は2005年以降、独語が不十分な外国人労働者らに600時間の語学研修を行い、法律や文化を学ぶ講習の受講も義務付けている。

アジア諸国では、韓国が外国人労働者の受け入れ先進国だとされる。04年、人手が足りない製造・建設・サービス・農畜産・水産の5分野を対象に、外国人労働者に単純労働を認める制度を導入した。ベトナムやフィリピンなど16の協定締結国に政府関連機関を置き、韓国での就労希望者に語学力などの選抜試験を行う。

今年9月現在、単純労働が可能な「非専門就業」の在留資格で働くのは約22万人。不正防止対策として、賃金不払いなどを起こした企業に対し、政府が雇用許可を取り消すことも可能だ。

日本の新制度はこれらの国々と比較されることになる。明治大の山脇啓造教授（移民政策論）は「外国人労働者を受け入れてきた国では、少子高齢化に伴う人口減が起きている。人材獲得競争は今後も続くだろう」と話す。

2019年２月26日 読売新聞

□「鳥の目」と「虫の目」

ものを見る視点として大切なのは、「鳥の目」と「虫の目」だと思います。「鳥瞰図」と「虫瞰図」と言ってもいいでしょう。

例えば、2012年の中国の反日デモを、まず「鳥の目」で見てみましょう。鳥の目のように大きな観点でものを見れば、反日デモは単に「反日」だけでなく、構造的にとらえなければいけなくなります。デモのきっかけは、何でもよかったのかもしれません。格差社会への不満が広がって、国を分裂させるようなエネルギーの矛先を日本に向けたとも言えます。

「鳥の目」で見てみると、過去の歴史での日本批判が今の政治を束ねる手段に使われているということが次第に明らかになってきます。

かつての日本の支配の影響が、今なお尾を引いているにしても、デモの主流に立つような若い人たちにはピンとこないはずです。だから徹底して反日教育を行っている結果がここに出ているとも言えるわけです。

「鳥の目」で見つめてみれば、満州事件の発端となった柳条湖事件[2)]から81年目の日に大規模デモを起こし、歴史の歯車を一気に戻そうとしてまで反日をあおり続けた真の意味が見えてきそうです。

では、同じようにこの反日デモを、今度は「虫の目」で見てみましょう。中国最大都市、上海は日本人の長期滞在者が多く、ほかの地域よりは平穏に時間が流れていたはずです。しかし、上海でも大規模デモが起こりました。このデモの現場で何があったか、デモに参加した人は、どんな人たちなのか、それは「虫の目」で見る必要があります。

徹底的にミクロに見る目と、時間的・空間的にマクロに見る目の両方があって初めて統一的な理解が可能になります。

「反日」の陰 社会不満

中国デモ拡大

広がる格差、就職はコネ

スキャナー SCANNER

尖閣諸島の領有権を主張し中国各地で19日、相次いだデモは、経済格差などの社会不満が高まる一部地域で暴徒化を招いた。指導部が交代する今秋の第18回共産党大会を控え、国内の安定を最優先課題とする胡錦濤政権は、「反日」に名を借りたデモが反政府運動に転化する事態を最も警戒している。（広東省深圳 吉田健一、四川省成都 関泰晴、本文記事1面）

◀反日デモで、窓ガラスが壊された日本料理店が入ったビル（19日、中国広東省深圳で）＝青山謙太郎撮影

深圳

同日午前9時半（日本時間同10時半）、200人程度でスタートした深圳のデモは、幹線道路を行進するうちに雪だるま式に増え、若者を中心に「4000人程度」（地元公安当局者）に。統制が利かなくなり、ビル3階に入居する日本料理店の看板が目に入ると一部の者が叫び始めた。

「小日本（日本人への蔑称）を打倒しろ」

ペットボトルを投げつけているうち、興奮した5、6人がビル入り口のドアのガラスを割って1階ロビーに乱入。ドアはめちゃくちゃに破壊された。別の日本料理店も看板を壊されたが、いずれも経営者は中国人だった。

参加者の一部は日本車を見つけると、窓ガラスを割ったり、ひっくり返した車の上で国旗を振ったりするなどして暴れた。ネットでは横転した日本車のパトカーの写真も転載された。

ガラスを割られた車に乗っていた40歳代の地元男性は「愛国の意を表すのに、こんなやり方は到底認められない」と憤った。だが、警官は午後4時のデモ終結まで、一部の暴徒化した参加者以外は制止しなかった。製造業が集中する深圳は、地方からの出稼ぎ労働者が多い。工場の低賃金など劣悪な労働条件に不満を抱く人も多く、台湾人工場経営者は「ガス抜きの意味も込めてデモを容認したのだろう」と指摘した。

大都市では当局が排除

成都

成都では10歳代後半から20歳代前半の若者を中心に2000人以上がデモ行進に参加。内陸部の中心都市で経済成長が急テンポで進む成都だが、その陰では若者間の経済格差が深刻化しつつある。

西南財経大中国家庭金融調査研究センターが5月に発表した全国の家計報告によると、10％の家庭が全家庭の収入の57％を独占。2012年の大卒者数は前年比20万人増の約680万人で、これに数十万人の就職浪人も加わり、就職難も常態化している。

デモに参加した成都の女子学生は「コネがないと、就職もできない」と嘆いた。地元有力国有企業の採用試験を受けたところ、担当者が「親類に（共産党の）関係者はいませんね」と話し、成績が良くても採用は難しいことを示唆されたという。

女子学生は「富裕層や共産党幹部の子供は就職の心配もない。庶民の子供は本当に不公平だ」と不満をぶちまけた。若者の不満の「はけ口」として、「反日」が格好の口実となっているという側面は否定できない。

成都では、過去の反日デモで襲撃を受けている日系スーパーのイトーヨーカドー前を、警官の輪が何重にも取り囲み、デモ隊の接近を阻んだ。立ち遅れた内陸部の経済発展は重要な政治課題。当局は今回、過剰な抗議は許さないとの断固とした姿勢を示した。

◆中国で近年起きた主な反日デモ

2004年3月	尖閣諸島に上陸した活動家らが沖縄県警に逮捕され、強制送還に。支援者が北京の日本大使館前で抗議
8月	サッカー・アジアカップ決勝で日本が中国を破ったことに大ブーイング。試合後、群衆の一部が「日の丸」を焼くなど騒ぎに
05年4月	日本が目指す国連安保理常任理事国入りに反対。北京で1万人以上、上海で数万人に膨れあがり、日本の公館や日本料理店に投石
10月	香港で小泉首相（当時）の靖国参拝に活動家約70人が抗議
06年8月	遼寧省瀋陽で、「タクシー運転手が日本人に殴られた」として、日本総領事館前で約300人が抗議
07年9月	満州事変の発端となった柳条湖事件から76年の18日、瀋陽や湖南省長沙で小規模反日デモ
10年9～10月	尖閣諸島沖の中国漁船衝突事件に抗議。四川省成都では2万人規模となり、日系スーパーや化粧品店などを襲撃

文学の世界で見れば、「鳥の目」で鳥瞰図的な小説を書いたのは司馬遼太郎[3)]だと思います。戦国時代や幕末・維新期など時代の転換期、激動期をたくましく生きる男たちを骨太のタッチで描いたのが司馬文学だと思います。

一方、「虫の目」で書いた作家と言えば山本周五郎[4)]に代表されるでしょう。山本周五郎はこんな風に語っています。

「文学の場合、慶長5年の何月何日に大阪城でどういうことがあったかということではなく、大阪のある商家の丁稚がどういう悲しい思いをしたかが大切なのであって、その悲しみの中から、彼がどういうことをしようとしたかを探究するのが文学の仕事であると私は思う」。彼は徹底的にミクロな部分に着目し、市井に生きる人々を生き生きと描きました。

歴史で言えば年表は「鳥の目」で見たものです。年表に載っている事象は時代を象徴しています。1192年に鎌倉幕府が開かれたのを私たちは、「いい国つくろう鎌倉幕府」と覚えました（現在は成立年を1185年とする説に基づいて教えられているそうですが）。この年は極めて重要です。律令国家から貴族政治となり、その後武士が権力を握った年だからです。それから明治維新まで続く武家政権のスタートなのです。しかし、年表だけでは1192年に生きていた人々がどんな生活を送っていたかは分かりません。

新聞には「鳥の目」も「虫の目」も両方必要です。「鳥の目」で時代を大きくとらえながら、

「虫の目」でそこにいる人たちをしっかり見て描くこと、これこそが新聞の役割だと私は思います。

□新聞比較の大切さ

新聞は居ながらにして世界の出来事を知ることができます。世界の潮流をつかむには、新聞を比較することも大切なことです。先にも書きましたが、朝日新聞は、すでに第3章で紹介したように2019年7月7日から5回にわたり、参院選を前にこれまで政府は何をしてきたのか、という特集を組んでいます。

5回とも徹底的に現政権に対する否定的な内容ですから、朝日しか読んでない読者は知らず知らずのうちに現政権に否定的になりがちだという側面もあるかと思います。

それでは、例えばこれだけのことをやっていながらも安倍内閣がなぜ高い支持率を維持しているのか、むしろそのことを問うことが大切ではないかと考えます。

朝日と対照的なのが産経新聞で、阿比留瑠比という編集委員は飽くことなく朝日新聞批判を続けています。産経新聞だけを読んでいるとどうなりますか。当然ながらいかに朝日はひどい新聞かと思ってしまいます。両紙を合わせて読んでいる人はそんなに多くはないでしょうが、客観的に事実を見るためにも新聞を比較して読むことはとても大切であると言えます。

2. 心に寄り添う社会面

□社会面こそ「虫の目」で

最後は社会面の話です。新聞を開けば毎日毎日暗いニュースばかりで、読者のため息が聞こえてきそうです。

読売新聞でも、せめて一週間に一度くらいは明るいニュースを社会面に載せようと試みたこともあります。しかし、限られた紙面では、最新のニュースで伝えなければならないことが優先されます。

その点、県版や地方版では地域の明るい話題を取り上げやすいということがあります。事件ばかり起こるわけではないですから、地方色を出しながら、地域の前向きの話題を取り上げるようにした方が、元気が出るというものです。

社会面でこそ、これまで何度もお話ししている「虫の目」が大切だと言えます。それはどういうことか。予算の取り上げ方を例に見てみましょう。

来年度の予算が決まったということになるとさまざまな角度から報道することになりま

す。1面では、予算を概観しながら日本経済はどうなるのか、借金はどうするのかという切り口で大きな観点から記事が展開していきます。

政治面では、一体この予算はどうやって決まったのか、そこにはどんな政治力学が働いたのか、決定の過程で隠された裏があったのか、というように政策決定を重点に取り上げます。

では社会面はどうか。その予算が、国民一人ひとりの生活にどのような影響を与えるのかという観点から掘り下げます。まさに「虫の目」です。

予算全体の規模から切り込んでいく経済面、政治力学に焦点を当てる政治面に加えて、国民の生活に照準をピタリと合わせて報道する社会面、これらがすべて合わさって、初めて予算の全貌が見えてくるのです。

☐忘れられない一本の記事

私が社会部に在籍したのは、わずか1年だけのことでしたが、配属された1975年の11月22日には公労協が一斉ストに突入したスト権ストがありました[5]。翌年には、ロッキード事件[6]が発覚するなどまさに激動の時代でした。その中にあって、今もなお深く心に残っている記事を紹介したいと思います。

「ケンカ殺人解決悲し」と大きく見出しが書かれ、私の署名があります。これは都民版に見開きで掲載されました。

事件の概要を説明しますと、新橋駅のタクシー乗り場で、サラリーマン同士のささいなケンカがありました。互いに分別ある年齢でありながらタクシーがなかなか来ない苛立ちに酒の酔いも加わって、暴力沙汰になってしまったようです。殴った方は相手が酔って眠ってしまったと思い込みその場を立ち去ります。

ところが殴られた方は首を骨折しており、3週間後に病院で死亡します。女手ひとつで育ててくれた母親への恩返しとしてマイホームを建てたばかりでした。

事件を担当した刑事課長は、2年前に起きた三井物産本社ビル爆破事件（1973年10月23日）で西新橋の現場にいち早く駆けつけ、自身も重傷を負った経験から、被害者の無念をくみ取り、必死で捜査を続け、事件は解決します。

加害者は出所したばかりで更生途上でした。しかし、重い責めを持って生きていくことになります。被害者、加害者、捜査員という3人の物語になっていますが、これは、日常生活の中で誰にでも起こり得ることです。あなたも私も、一歩間違えば人生が狂ってしまうこともあると、自戒と警告を込めて書いた記事でした。

後から分かったのですが被害者は私と大学が同期でした。卒業アルバムにちゃんと彼の顔が載っていました。切ない事件でした。

大きな事件が次々と起こる中で、私にとっては短い社会部時代の原点の記事として、今も忘れることができません。

社会面は巨悪の追求という大事な使命もありますが、人の喜怒哀楽に寄り添うことが社会面の大切な役割であると私は思っています。

けんか殺人解決悲し

▲死んだ堀内雅志さん(当時27歳)

昨年のクリスマスイブの日に、新橋駅前のタクシー乗り場で、若いサラリーマン同士のささいな原因のけんかがあった。いくら待っても来ない夜のタクシー。そのイライラに、アルコールの勢いが加わって、お互い大学卒の分別がありながら、暴力ざたになったのだった。勝った方は「酔って倒れたふりをしている」と意気揚々と立ち去ったが、不幸にも、被害者は打ちどころが悪く首の骨を折り、三週間後に死亡した。残酷なことに、死んだサラリーマンは、女手ひとつで自分を大学まで出してくれた母親への恩返しに、あちこちで融資を受けてマイホームを新築したばかり。勤務先でも、まじめ一方の有能な社員だった。口論の際、加害者の口走った言葉を頼りに、愛宕署の懸命の捜査で、事件はこのほどようやく解決したが、これから"殺人"という十字架を背負っていく犯人も哀れ。相手の死を全く知らず、まじめに勤めを続けていた。二人を死と殺人に追いやったもの、それが酒による理性の喪失だといっては、言葉が過ぎるだろうか。

(橋本五郎記者)

事件

新橋タクシー乗り場 互いに酔って口論

「昨年暮れ、新橋駅東口でけんかがあって亡くなった人がいたそうですが、もしかしたら、けんかの相手は私ではないでしょうか」――先月十六日午前十時ごろ、愛宕署捜査一課に若い男が同僚に付き添われ、うなだれて出頭してきた。同署の刑事が、有力容疑者の一人として、勤務先に訪ねて行ったばかりの男だ。同署では、すぐけんかの目撃者を呼んで"面通し"をしたところ、「間違いない」との証言を得た。手配の人相ともピッタリで、その場で傷害致死容疑として逮捕、事件は五十五日ぶりに解決した。

この男、品川区洗足一の二三の六、会社員大下[illegible](三二)は、クリスマスイブの昨年十二月二十四日午前零時三十分ごろ、国鉄新橋駅東口のタクシー乗り場で、会社の忘年会の帰りで女子社員らと車を待っていた品川区東大井六の一六の三、会社員堀内雅志さん(二七)に「いい女を連れているな」とひやかし、口論になった。数分間のやりとりの後、大下は堀内さんのエリ首をつかまえて連れて行こうとし、堀内さんに一発殴られたため、逆に殴り返し、あおむけに倒れた堀内さんに馬乗りになった。

なかなか立ち上がらない堀内さんを見て、そばにいた人が一一九番。それでも大下は「弱いもんだから、わざと酔ったふりをして倒れているんだろう」と、救急車で運ばれる堀内さんを見ながらタクシーで帰った。が、この時すでに堀内さんは、死に近づいていたのである。

けんかのあった夜、大下は会社の忘年会で、したたか飲んだ。新橋駅近くの火薬館で焼き鳥などをサカナに、夕方六時すぎから閉店までの五時間余り、ビールと日本酒を。閉店になり、アパートへ帰ろうと、初めは現場と反対側の新橋駅西口の烏森口でタクシーを待った。が、たちの悪い泥酔客と思ってか、近寄るタクシーはなく、三十分以上も立ちんぼう。そこで、イライラしながら東口へ。そして堀内さんと口論になるのだが、大下にいわせると、口論のさい堀内さんに「タクシー乗り場はここだけじゃない。烏森口へ行けばいい」といわれ、思わず胸にもったイライラが爆発したのだという。

それでも大下は、けんかの相手が死んだことなどはつゆ知らず、年が明けてもいつものように仕事を続けていた。ところが先月十四日、補強の仕事先へ行って留守の際に会社へ刑事が訪ねて来たことを知り、十五日に兄嫁と相談のうえ、翌日、同署に出頭を申し出にきたのだった。

大下は四十七年、大分工業大学土木科を卒業、大分市内の会社に勤めたが一年でやめ、単身上京し、港区西新橋にあるケーブル線埋設工事関係の会社に就職した。作業係としての仕事はまじめ一方だった。しかし、無類の酒好き。「日本酒なら一・八リットル、ビールは一ダース、ウイスキーでもボトル半分は平気」と本人自らもいう。自然と酒の上での間違いも多くなり、一昨年九月には飲み屋でけんか、港署員に同署で逮捕されて罰金六万円を言い渡されたこともある。

大下は二十日間の拘留後、今月八日起訴された。同署の調べに対し、「ちょっとしたことだと思っていたのが、こんな大変なことになるとは……。今はただ堀内さんのごめい福を祈るだけです」と、終始一貫、神妙な態度だったという。

被害者

マイホーム 新築つかの間 慶大卒、母と妹残し

一方、堀内さんにとっては、全く降ってわいたような災難だった。救急車で虎ノ門の川崎病院に運ばれ、入院したものの、二日後には容体が悪化して文京区千駄木にある日本医科大病院に移された。正月明けには一時回復したように見えたが、それでも胸から下はマヒした状態。殴られた時のショックが大きかったと見えて、ベッドに横たわっていても、足と手を縮めて身構えた状態の姿でいると思っていたらしい。家族の看護のかいもなく、しまいには声も出なくなって、一月十四日夜すぎ首の骨折が原因で息を引き取った。

忘年会帰りに突然の死。家族の驚きは深く、一人息子を失った母親は「一緒に死ぬ」と遺体に泣きすがった。父親が亡くなった時、「子供二人がいるんだから、母親ががんばらなくちゃ」と励ました気丈さも、今度ばかりは改める余裕もなく、ぼう然としていた。しかも、犯人はわからない。二重の苦しみが家族を打ちのめした。

十五年前に父を亡くした堀内さんは、病院事務員をしながら女手ひとつで子供二人を育ててきた母親と、四月から晴れて就職する大学四年生の妹との三人暮らしだった。四十五年三月、慶応大学経済学部政治学科を卒業して、ビンのセンをつくっている日本クラウンコルク株式会社(港区新橋四の三一の五)に入社、本社開発室に配属されていた。有能な社員を失った同社では、最近号の社内報で次のようにその死を悼んだ。「抜群の能力に培われた企画力と指導力により、常に我々の先頭に立ち、物事の処理に当たっていた姿が今でも忘れられない」――。

会社だけではない。家庭に帰れば一家の大黒柱。長い間苦労をかけた母親への、せめてもの親孝行のしるしと思ったのだろうか、会社をはじめあちこちから融資を受け、全く独力で家の新築に取りかかっていた。二階建てのその家は、昨年十二月初め、事件の半月前に完成したばかりだった。

事件のあと、愛宕署では現場近くに犯人の人相の特徴などを書いた看板を掲げ、情報提供を呼びかけた
▼

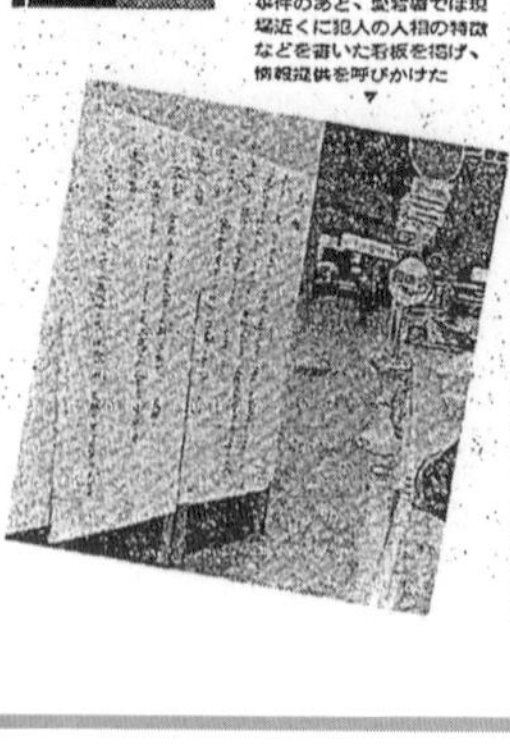

1976年３月13日 読売新聞

捜査

手がかりは駅名だけ

難航一か月、やっと浮かぶ

不幸な殺人事件の起きた新横浜東口のタクシー乗り場。不況の影響が色濃く、最近は酔っぱらいも激減したが、それでも車道を千鳥足が……

酒好き27歳〝相手の死〟知らず

執念

不慮の災難に同情

爆破事件で殉職の田中刑事課長

一昨年の三井ビル爆破事件のさい、いち早く現場にかけつけ重傷を負った愛宕署の田中正一刑事課長。堀内さんの不慮の死に心から同情して執念の捜査をし、事件を解決した

メモ

傷害致死

1年に47件

□他人事ではない死亡記事

社会面は、漫画が載っている第1社会面、その右隣の第2社会面、そしてそこで掲載し切れないものをその前の頁で載せる第3社会面から成り立っています。社会面の特徴としては、大きな記事だけではなく、何かの賞の記事や、展覧会の記事のような小さなベタ記事も意外に多くの読者がいます。

その中でも、多くの読者の目が行くところは、やはり死亡記事でしょう。とりわけ高齢になると、人ごとではなくなり、敏感になります。義理を大切にする日本人にとって、義理を欠かないためにも死亡記事は役立ちます。

企業の総務担当者は毎朝必ず死亡記事を点検していると聞いたことがあります。田中角栄元総理は「結婚式には行かなくてもよいから葬式には行け」と常々語っていたそうです。

もちろん、死亡記事で紹介される人は著名な人に限られていますが、地方紙の中には、町の人すべての亡くなった人を掲載する新聞もあります。死亡記事と同時に子どもの誕生を報じている新聞もあります。どんな時代にあっても、人間の生き死には一番大切なのです。

□４コマ漫画の楽しみ

１面のコラムがときに新聞のオアシスと言われることもありますが、４コマ漫画も読者の楽しみの１つ、オアシスになっています。

読売新聞朝刊の４コマ漫画「コボちゃん」（植田まさし[7]）は、「あっぱれさん」（秋竜山[8]）の後を引き継いだものですが、２０１９年10月には1万３０００回を超えました。これまでの読売新聞の連載漫画の最長記録は「サンワリ君」（鈴木義司[9]）の1万１２４０回ですから大健闘と言えます。新聞の４コマ漫画としては全国で初めてカラー化されました。

４コマ漫画の役割は本当に大きいと思います。漫画と一緒に報道されている社会面には、明るいものはあまりありません　新聞を広げ、まず漫画から読むという読者も多いと聞きます。漫画と読者がつながるように、２０１０年にはコボちゃんに妹を誕生させましたが、今や、ミホちゃんは主役級の活躍です。

季節のネタ、時事ネタ、普通の人々の日常生活などが盛り込まれた４コマ漫画は私たちの日常の縮図です。暗いニュースが続く紙面の中で、一服の清涼剤です。

読売新聞 4コマ漫画「コボちゃん」（植田まさし）

読売新聞 4コマ漫画「コボちゃん」（植田まさし）

□隠れた人気？　身の上相談

社会面というのは無味乾燥になってはいけないと思います。いっぱいニュースがある中で、なぜその問題を取り上げるのか。心がこもっていなければ読者に伝わりません。喜怒哀楽を共にすることで目が曇ってしまってはいけませんが、心の奥底で喜びや悲しみ、怒りに共感していること、それが大切です。

前述の「ケンカ殺人解決悲し」を書いたときも、事実はきちんと報道しつつ、誰かを一方的に責めることはできない、宿命に近い物語としてペンをとったつもりです。

社会部に1年在籍したと書きましたが、私は政治部志望でした。読売新聞では、希望の部に配属される前にほかの部を経験することになっています。社会部にいたわずかな期間にロッキード事件が起こりましたが、政治部志望は本当に正しいのだろうかと真剣に悩みました。政治の世界では読者の思いとつながれないのではないか、自分のやりたい仕事は社会部にこそあるのではないかと思ったのです。

結果としては1年で社会部を離れ、志望通り政治部に配属されましたが、そのとき悩んだことは政治記者としての日々に役立ったと思っています。政治家を取材しながらも、1人の国民にとって政治はどんな意味があるのかを常に考えることになりました。

意外と言っては何ですが、生活情報面の身の上相談のコーナーも根強い人気があります。読売新聞の「人生案内」は長く続いています。相談に答える人は、ときに相談者を叱りつけるなどさまざまな工夫をしています。高い位置からアドバイスするのではなく、同じように悩みながら励ましているので、読む側にも共感の気持ちが湧いてきます。身の上相談は新聞と読者をつなぐ格好の場となっています。ここにも新聞の魅力があります。

同性愛 17歳下の彼に裏切られ

40代前半の会社員男性。同性愛者です。17歳年下の男性と別れ、怒りや憎しみ、悲しみでいっぱいです。

彼は同じ職場の人で、素朴でまじめな性格、男らしい姿やしぐさを好きになりました。嫌われるのを覚悟で同性愛者だと告げると、彼はそれを受け入れ、肉体関係にまで発展しました。

彼は、女性が好きでもあるので、彼女ができたことを私にきちんと話してくれれば、「すてきな時間を過ごせた」と、感謝で終わらせるつもりでした。ところがある日突然、彼は「彼女ができそう。もう遊べない」と告げ、翌日から突き放した態度をとり出しました。私に黙って合コンに行っていたのです。

私は交際中、彼の食事作りや洗濯、掃除をしてきました。食費だけで数十万円しましたが、彼からは1円ももらっていません。それなのにうそをつかれ、裏切られたのです。彼への感情をどう消化すればいいでしょうか。彼の結婚式にウエディングドレスを着て乗り込もうかなどと復讐を考えたり、訴訟を検討したりする毎日です。（大阪・Y男）

人生案内

久田 恵（作 家）

悔しくて悲しい思いは分かります。けれど、こういうことは恋愛にはつきものです。異性同士の恋愛でも同じ。失恋をすれば、みな、裏切られたとの激しい感情に陥ります。誰もが、人生で1度や2度は経験することとも言えます。しかも、相手は17歳年下の若者。「ほれた方が、尽くしてくれて当たり前」と思いがち。別の相手と恋におちれば、どんなエゴイストにもなってしまうものなのです。

こういった痛手は、時間に解決を任せるしかありません。訴訟にしたり、復讐を考えたりすれば、それだけ傷が深くなるばかり。相手に彼女ができたら、すてきな時間を過ごせたと納得して別れようと決めていたのですから、この試練を乗り越えましょう。

そこにあなたの人としての力量がかかっていると思います。その時、その時の彼と心を通わせていた時間は、真実であったのではないでしょうか。あなたの人生を豊かにした確かな一コマだったのではないでしょうか。他者に恨みを残さない人生、それが賢明な道なのだと、私は思います。

2012年12月8日 読売新聞

人生案内

息子の進学希望校に不安

40代主婦。中学3年生の息子の進学先で悩んでいます。

息子は小学生の頃からサッカーを始め、夢はプロのサッカー選手。現在もチームに所属して、練習に励んでいます。

先日、あるサッカーの強豪校の推薦を得られそうだという知らせを受けました。息子は行く気満々です。親としても応援したいのですが、その高校では、過去に生徒の暴行事件や教員の不祥事がありました。入学後に息子が巻き込まれないか、その中で息子が落ち着いて勉強や部活ができるか気がかりです。親が学校を信頼できないのです。

サッカーの強いほかの高校に行けばとアドバイスしましたが、息子はよほどその高校が気に入っているのか「自分は大丈夫」と希望を曲げません。

希望通りに進学させて親は静かに見守るか、強制的にほかの高校に行かせて人生には自分の思い通りにならないこともあると教えるべきか。助言をお願いします。

（C子）

増田　明美
（スポーツ解説者）

せっかく推薦を受けたのに、学校がそんな風では心配ですね。もろ手を挙げて喜べないあなたの気持ちが分かります。でも、息子さんは「自分は大丈夫」と言い切っています。きっと強い眼差しであなたに向き合ったことでしょう。まだ中3なのに、目標がしっかりしていて素晴らしいです。

息子さんの情熱と覚悟を大切にしてあげてほしいと思います。私も勧誘を受けて高校へ進みましたが、子どもにとって自分の実力を買って勧誘してくれた指導者のもとでは、よりがんばる力が湧いてきます。息子さんはその指導者のもと、「プロのサッカー選手になる」という目標にまっしぐらに進むでしょう。学校の雰囲気のことなどを考えている暇はないと思いますよ。

それに自分が決めた道ならば、たとえ故障など何があっても、歯を食いしばって乗り越えていけます。反対に誰かに決められた道ならば、苦しい時にそれを言い訳に逃げてしまうかもしれません。進路のことで意見し合ったことは良かったと思います。自分で決めた道を歩むことで、息子さんはまた強くなるでしょう。見守ってあげてくださいね。

□ 新聞社と義捐金

災害や大惨事が発生したとき、新聞社は独自で義捐金を募集します。これは、いろんな機関が働きかけた方が募金を発掘しやすい、お金が集まるということがあるからです。

1885年の大阪の大洪水に対し、地元の朝日新聞が行った義捐金活動が、新聞社としての先駆けと言われています。本格的に義捐金活動を行ったのは、あまり知られていませんが、実は福沢諭吉でした。

1888年の磐梯山噴火、1890年の紀伊半島沖でのオスマン帝国の軍艦の座礁、1891年の濃尾地震、1896年の三陸大津波など、福沢諭吉は自らが創刊した日刊紙「時事新報」で義捐金を呼びかけました。

1886年にイギリスの汽船ノルマントン号が沈没して、20余名の日本人が死亡したときには、総額1800円の義捐金のうち、6000円を福沢が集めました。義捐金集めのノウハウに優れていたからですが、福沢自身はもちろん、家族も協力を惜しみませんでした。濃尾地震の被災者に、木綿のはんてん百枚を送ろうと、福沢夫人や令嬢たちが徹夜して縫い上げたと当時の「時事新報」[10]は報じています。

時代が近代化に向けて大きく舵をとろうとしたとき、助け合いの精神が育まれ、新聞社の義捐金もその一環として、言わば近代化の中から生まれたということは重要です。最近の社会面は、明るいニュースがなく、作り手もつらいことが多いのですが、相互助け合いの精神は、今も日本の中に連綿と受け継がれており、積極的に報道しなければいけないと思っています。

第6章

新聞の
上手な使い方

1．インターネットと比べてみれば……

□価値判断ができるのはどっち？

論文などを書くときに、インターネットで調べたことをそのまま使う大学生が多いことを大学関係者から聞きますが、全く嘆かわしいことです。もちろんインターネットを悪く言うつもりはありませんが、インターネットを使うときは、慎重の上にも慎重に取り扱うことが必要です。インターネットは補助的に使うものであって、真実が知りたければ新聞を含めて十分確認しながら使うべきです。電話で新聞社に聞くこともできます。

新聞とインターネットの一番の違いは、新聞は価値判断ができるということ。見出しの大きさなどによって、今この問題がどれほど大切であるかという価値判断を、紙面を通じて行っています。インターネットでは原発問題も、タレントの結婚も全く並列的に扱われていますが、新聞の価値判断は絶対的なものではないにしても参考にすることができます。

インターネットの情報は、多くは新聞を利用しています。その情報に最後まで責任を負うということにはなっていません。もし、利用している新聞などの情報源そのものが間違っていたらどうなるのでしょう。

テレビのワイドショーなどでその日の新聞を張り付けて解説している番組が多くなっています。てっとり早く、お金もかからないからでしょうが、やはり新聞が信頼されているからこそと思います。

最近の若者はスマホなどで新聞を読んでいるようですが、実際に紙面を広げることで凝縮した世界を目にすることができます。新聞を広げる楽しみを知ってほしいと切に願います。

□切り抜きは永遠の新聞利用法

50年間、新聞記者を続けてきて、何を一番頼りにしてきたかと言うと、新聞の切り抜きです。新聞の縮刷版もありますし、今では簡単にインターネットで検索することも可能ですが、自分で切り抜くことで、何度も新聞を読むことになり、理解が深まるのです。読んだうえで何を切り抜くか選択しますから、まずこれで1回。いざ切り抜くときには、目で記事を追いながら切っていきます。これが2回目です。そして切り抜きを、例えばA４の紙に張り付けてファイルしようというときにもう一度読みます。大体3回も読めばその記事の内容をしっかり把握することができます。

私は子どもたちや大学生に話をするときいつも言うことは、物事を「鳥の目」と「虫の目」

を持って、統一的、構造的に理解するためには、新聞の切り抜きが一番の近道ですよということです。インターネットから引いた事柄はすぐに頭を通り過ぎてしまいますが、自分で切り抜けば、ずっと頭に残るはずです。

自分でも理解しながら切り抜いておけば、そのときはそれでおしまいになっても、しばらく経ってから、こういうことがあったのだと思い出すことができます。

新聞は、何か大きな出来事が起こったとき、例えば尖閣諸島をめぐる報道にしても、その日その日の事実を報道するだけではなく、領土問題全体がどうなっているかについても必ずまとめをします。切り抜いておけば、領土問題全体を考えるときの手助けにもなってくれます。

私は整理がうまい方ではなく、「編集手帳」を書いていた竹内君のようにたくさんの引き出しを持っていませんから、何かを書くとき頼りになるのは新聞の切り抜きです。精魂込めて読んだ本が記憶に残るように、自分で切り抜けば、その内容は必ず頭に残っているものです。

切り抜きにはいろんなやり方があります。カッター派やはさみ派、中には物差し派なんて人もいます。私はずっとカッターを使っていましたが、下に敷いた新聞の記事も切ってしまいやすいので、最近ではもっぱらはさみを使っています。

特に子どもたちには、新聞の切り抜きを大いに勧めたいと思います。それによって大きく体系的に物事を見る目や、具体的な事実を見る目が育まれ、物事の理解の度合いが深まるに違いありません。今は簡単にコピーができる時代なので、新聞も切り抜きよりもすぐにコピーしてしまいがちです。でも、コピーしているだけでは記憶に残りません。自分で切り抜くということを習慣にできるようぜひ教育していただきたいものです。

□スクラップの楽しみ

２０１９年９月、東京・大手町の読売新聞東京本社で「新聞スクラップ　わたし流」というトークイベントが開かれました。作家の青山七恵さん、北九州市の東筑紫学園高校２年の梅田明日佳君、東京農大教授の柴田文隆さんの３人が個性的な切り抜き方法を報告しました。青山さんは「秩序なし、志なし、制限なし」で気ままに切り、特に気に入ったものは冷蔵庫に貼っているそうです。梅田君は、興味ある話題はその後も追跡してスクラップする、記事の感想や記事をもとに自分でも取材した結果も書いているとのことです。元読売新聞科学部長の柴田文隆さんは、Ｂ６判のカードを使用、「カード１枚、記事１件」をルールにして、日付や新聞名、掲載面を切り取る前に書くようにしていると報告しました。いずれも参考になります。

□生きた、書いた、切り抜いた！

哲学者西田幾多郎[1]に「或教授の退職の辞」という随筆があります。その中で、教授は、「回顧すれば、私の生涯は極めて簡単なものであった。その前半は黒板を前にして座った。その後半は黒板を後にして立った。黒板に向かって一回転をなしたといえば、それで私の伝記は尽きるのである」と語っています。

私はその言葉を引用して、コラムに書いたことがあります。つまりその教授のひそみに倣えば私の人生もまた「新聞を切り抜き、それを捨てて、また切り抜いて終わってしまう」。それで尽きる人生だということです。

新聞は1つの大事な文化だと思います。時代の空気を反映し、人間や社会のさまざまな姿を映し出しています。そして、使いようによってはとても役立つ生きるうえでの「補助線」にもなり得るものだと思います。

人生はドラマに満ちています。今を生きる無数の無名の人たちの人生ドラマを、できるだけ忠実に再現していくことも、新聞の大きな役割だと思います。

あとがき

「数ある職業の中からその職業を選ぶということは、いかに生きるかということと同じなのだ」。学生諸君から就職の相談を受けた際、あるいは読売新聞の新入社員の研修会などでしばしば口にしていることです。それじゃ自分はどうなんだとブーメランのように自らに跳ね返ってくる言葉でもあります。新聞記者になろうとした私の原点は、「まえがき」でも書きましたように、この世の「なぜ」に答えることでした。

この50年、果たしてそれに答える仕事をしてきたのか、内心忸怩たるものがありますが、読売新聞にこれまで書いてきたコラムや書評を、『範は歴史にあり』『宿命に生き 運命に挑む』『「二回半」読む―書評の仕事1995～2011』『虚心に読む―書評の仕事2011～2020』（いずれも藤原書店）などの形で出版してきました。新聞社にお世話になっている者として、新聞はこんな風に作られているんですよと読者の皆さんにお伝えすることは記者としての義務であり責任であると思って『新聞の力』を出版しました。どうか少しでも新聞離れを食い止めることが出来ればこれ以上の幸せはありません。

今回の出版にあたっては労働調査会の綱島秀夫さんにひとかたならぬお世話になりました。

また永田佳さんには前回同様、適切なアドバイスをいただき、脚注をつくってもらいました。本当にありがとうございました。私の秘書の阿部匡子さんには、これまでの私の著書すべてがそうであったように、連絡から新聞記事の探索まですべてをやっていただきました。深く感謝しています。

令和2年4月

橋本　五郎

第1章

P68

1）万葉集

日本の詩歌の源、最古の和歌集。奈良時代末に編まれて以降、読み継がれてきた20巻4,500余首には、天皇、宮廷歌人から無名の男女に至るさまざまな身分の人々の歌が収められている。編纂には大伴家持が何らかの形で関わったと伝えられている。

P96

2）明治三陸地震津波

1896年6月15日午後8時頃、三陸沖で発生した地震により大津波が襲来、三陸沿岸を中心に死者約2万2千人、全半壊家屋1万戸以上という我が国津波災害史上最大の被害となった。最大38.2mの津波が確認されている。

P104

3）全国学力テスト

1960年代に「全国中学校一斉学力テスト」の名で始まったが、競争の過熱によって1964年に全員調査を中止、全体的な学力の低下を背景に2007年に復活した。「義務教育の機会均等とその水準の維持向上」を目的とする。

P105

4）日本新聞協会

1946年7月創立と同時に新聞倫理綱領を定めた。新聞倫理の向上に努め、新聞の発行部数や普及度など新聞産業の実態を把握するための研究・調査活動を展開している。毎年10月15日からの「新聞週間」には新聞大会を開催、新聞協会賞などの表彰を行っている。

P106

5）国民生活時間調査

1960年以降、5年ごとに全国の10歳以上の国民を無作為抽出して実施される。時間の面から日本人の生活実態を明らかにする社会的な基礎データとして各方面で広く利用されている。

第2章

P112

1）世界新聞・ニュース発行者協会（ＷＡＮ－ＩＦＲＡ）

世界120ヵ国の報道機関18,000社を代表する団体。ニュース業界の研究およびサービスの発展を目的として2009年にＷＡＮとＩＦＲＡが統合して発足。

P114

2）戸別配達

新聞の戸別配達が始まったのは、東京日日新聞が創刊された1872年2月21日の翌日からと言われている。販売所経由になったのは1903年。かつて配達員は各新聞社の名前が入った半纏を身に着けていた。

P129

3）石狩川

北海道中央西部を流れ、石狩湾へ注ぐ一級河川。長さ268㎞は信濃川、利根川に次いで全国3位、流域面積は利根川に次いで全国で2番目。2001年に北海道遺産に選定された。

P136

4）１府12省庁

1999年に成立した中央省庁等改革関連法に基づき、１府22省庁を統廃合、2001年から実施した。イギリスの行政改革をモデルに行政のスリム化をめざした。

P146

5）細川護熙（1938年～）

東京都出身。朝日新聞記者を経て参議院議員、熊本県知事を歴任後、8党派の連立内閣による第79代内閣総理大臣。旧肥後熊本藩細川家第18代当主。政界引退後は陶芸家として活動している。

P149

6）福沢諭吉（1835～1901年）

幕末から明治中期を代表する思想家、教育家。慶應義塾の創始者。政論新聞「郵便報知新聞」の社説に、1879年7月28日から8月14日にわたって「国会論」を執筆した。

P165

7）石井英夫（1933年～）

神奈川県出身。1955年に産経新聞入社。1969年から2004年までの35年間の長きにわたり看板コラム「産経抄（最初はサンケイ抄）」を執筆した。」

8）深代惇郎（1929～1975年）

東京都出身。1953年に朝日新聞入社。社会部次長、ヨーロッパ総局長等を歴任後、1973年に論説委員となり「天声人語」を執筆。病気のため46歳で早逝。

P166

9）森繁久彌（1913～2009年）

1947年に映画デビュー以来、ラジオやテレビ、舞台に数多く出演し、国民的喜劇俳優として一時代を築いた。映画はもちろん、舞台でも、「屋根の上のヴァイオリン弾き」が900回の上演を達成、作詞や作曲も手掛ける唯一無二の存在として長く活躍した。

P167

10）武州山（1976～）

青森県出身、1999年初場所初土俵、2008年九州場所において32歳5ヵ月で新入幕を果たした。幕内在位11場所で最高位は西前頭3枚目。左四つからの寄りを得意とした。

P183

11）世論調査

社会的問題、政治的争点、政策などについて世論の動向を明らかにする目的で、マスコミや公的機関、調査会社等が行う統計的な社会調査。

12）宮沢喜一（1919～2007年）

広島県出身。第78代内閣総理大臣。池田勇人蔵相の秘書官として政界入りを果たす。1998年の小渕内閣において、総理大臣経験者としては異例の大蔵大臣に就任した。

13）宏池会

自民党の派閥の1つで1957年に池田勇人が結成、大平正芳、鈴木善幸、宮沢喜一など大物政治家が名を連ねた。基本路線は対米協調、経済優先の保守本流と言われる。

P191

14）衆参のねじれ現象

国会において衆議院で与党が過半数の議席を獲得しながら、参議院では野党が過半数の議席を維持している状態のことで、2007年7月の参議院議員選挙の結果を受けて報道で使われるようになった。ねじれ国会、逆転国会とも言われ、いずれもマスコミの造語。

第3章

P194

1）福島第一原発事故

2011年3月11日の東北地方太平洋沖地震とその後の津波によって、東京電力(株)福島第一原子力発電所の1、3、4号機で水素爆発が起こり、原子炉建屋が破損した事故。放射性物質が大気中に放出された。

2）野田佳彦（1957年〜）

千葉県出身。千葉県議会議員を2期歴任の後1993年に衆議院議員初当選。第95代内閣総理大臣。松下政経塾の第1期生。

P202

3）大本営発表

太平洋戦争において、軍事最高統帥機関の大本営が行った公式発表のこと。戦況が悪化しているにもかかわらず、国威発揚のため、陸海軍の戦績が優勢であるかのような虚偽の発表を繰り返した。

P205

4）大平正芳（1910〜1980年）

香川県出身。外相、蔵相、通産相等を歴任し第68、69代内閣総理大臣。田中内閣の外相として日中国交正常化交渉で重要な役割を果たした。1980年6月の衆参同時選挙中に倒れ、6月12日死去。

5）小泉純一郎（1942年〜）

神奈川県出身。第87〜89代内閣総理大臣で、在任期間1980日は戦後第3番目の長期政権となった。郵政民営化を実現。北朝鮮を訪問し、拉致被害者を帰国に導いた。2009年、政界を引退。

P206

6）ヘレン・トーマス（1920年〜）

アメリカの女性ジャーナリストの草分け。1943年にＵＰＩ通信に入社の後、1961年のケネディ政権発足とともにホワイトハウス詰めの記者として定例記者会見の最前列に座り続けてきた名物記者。2010年6月に引退。

第4章

P208

1）新聞協会賞

新聞協会に加盟するすべてのメディアが対象。編集部門は「ニュース」「写真・映像」「企画」の3部門に分かれる。10月の新聞週間に開かれる新聞大会で賞状、メダルが贈られる。

P210

2）田中角栄（1918～1993）

新潟県出身。第64、65代内閣総理大臣。総理に就任の1972年に日中国交回復を実現した。1976年ロッキード事件で逮捕され、自民党を離党した後も「闇将軍」として政界に影響を与えた。

P223

3）伊藤律（1913～1989年）

政治運動家。公職追放の翌年、1951年に中国に密出国したが、中国当局に拘禁される。1980年に29年ぶりに帰国した。

4）アザミサンゴ

四国以南に生息する美しいサンゴ。沖縄県西表島で1982年に発見されたアザミサンゴは世界最大級として1986年にギネスブックに載った。

P226

5）グリコ・森永事件

1984年と1985年に京阪神を中心に起こった一連の企業脅迫事件。犯人は「かいじん21面相」を名乗り、報道機関や週刊誌を挑発、劇場型犯罪と名付けられた。

P227

6）iPS細胞

人工多能性幹細胞と訳され、2007年に京都大学の山中伸弥教授らのグループが論文として発表した。ES細胞（胚性幹細胞）と同じように、さまざまな細胞への分化が可能で再生医療・創薬への応用が期待される。

P228

7）フェイクニュース

センセーショナル性を持ち、広告収入や、著名人・政治運動・企業などの信用失墜を目的としたオンライン上で広く共有されるように作成された偽のニュース記事。「悪ふざけ」や社会の混乱を目的としたものも存在する。

第5章

P233

1）ホルムズ海峡

ペルシャ湾とオマーン湾の間にある世界的な海上交通の要衝で。ホルムズ海峡を巡って、イランとアメリカおよびその同盟湾岸諸国との間で緊張が続いている。

P238

2）柳条湖事件

1931年9月18日に、日本の統治下における満州・柳条湖において満州鉄道の線路が一部爆破された事件。満州事変の発端となった。

P241

3）司馬遼太郎（1923～1966年）

大阪市生まれ。小説家、ノンフィクション作家、評論家。産経新聞文化部在職中に『梟の城』で直木賞受賞。代表作に『竜馬がゆく』『国盗り物語』『坂の上の雲』など。“司馬史観”といわれる自在な眼で歴史を見つめた作品は今もなお多くの読者を魅了する。

4）山本周五郎（1903～1967年）

山梨県生まれ。小説家。小学校卒業後に徒弟として住みこんだ商店の名前をペンネームにした。代表作に「樅の木は残った」「さぶ」「ながい坂」など。市井に生きる庶民を温かいまなざしで描き続け「文学は賞のためにあるのではない」と直木賞はじめ文学賞を固辞した。

P244

5）スト権スト

国鉄（現ＪＲ）、郵便、電電公社（現ＮＴＴ）などの労働組合が、公務員には認められていないストライキ権を要求して行った統一ストライキ。1975年11月26日から８日間続き、その間国鉄は全線でほぼ運休した。

6）ロッキード事件

アメリカの大手航空機製造会社ロッキード社の日本に対する航空機売り込みに絡む大規模汚職事件。1976年2月、アメリカの上院公聴会で発覚、日本の政・官・財の癒着構造が明らかになった。

P251

7）植田まさし（1947年～）

東京都出身（幼少期を香川県で過ごす）。1971年にデビュー。1982年4月から「コボちゃん」を連載。代表作に「すっから母さん」「かりあげ君」「おとぼけ課長」等。

8）秋竜山（1942年～）

静岡県出身。1966年に上京し漫画家デビュー。独特の作風と奇抜なアイデアで知られる。1994年には高校の国語の教科書に漫画とエッセイが採用された。

9）鈴木義司（1928～2004年）

東京都出身。専門学校卒業後、療養生活の中で漫画を描き始める。1976年から18年間続いた「お笑いマンが道場」（中京テレビ系）に蝶ネクタイ姿で出演、話題を呼んだ。

P258

10）時事新報

1882年3月に福沢諭吉が創刊した日刊新聞。自由民権運動の真っただ中、中立派の政論紙として高く評価された。その後、慶応義塾大学関係者の協力で継続されたが、1936年に廃刊した。

第6章

P266

1）西田幾多郎（1870～1945年）

石川県出身。近代日本を代表する哲学者。日常生活を深く探究することで最も深い哲学が生まれることを信念として『善の研究』（1911年）はじめ多くの論文を発表した。

【著者紹介】

橋本　五郎（はしもと　ごろう）

読売新聞特別編集委員。1946年、秋田県に生まれる。70年、慶應義塾大学法学部政治学科を卒業、読売新聞社に入社。論説委員、政治部長、編集局次長を歴任し、06年より現職。21年余にわたって読売新聞の書評委員を務めている。日本テレビ「スッキリ」、読売テレビ「ウェークアップ！ぷらす」、「情報ライブ ミヤネ屋」にコメンテーターとして出演している。2014年度日本記者クラブ賞受賞。著書に『官房長官と幹事長』（青春出版社）、『一も人、二も人、三も人 ― 心に響く51の言葉』（中央公論新社）、『範は歴史にあり』、『「二回半」読む』、『宿命に生き 運命に挑む』、『虚心に読む』（共に藤原書店）、『総理の器量　政治記者が見たリーダー秘話』、『総理の覚悟　政治記者が見た短命政権の舞台裏』（共に中公新書ラクレ）などがある。

新聞の力（ちから） **—新聞で世界が見える**

令和２年６月30日　初版発行

著　者　橋本　五郎
発行人　藤澤　直明
発行所　労働調査会
〒170-0004 東京都豊島区北大塚2-4-5
TEL：03-3915-6401
FAX：03-3918-8618
http://www.chosakai.co.jp/

ISBN978-4-86319-757-2 C2030